北京大学中国语言学研究中心

现代汉语共同语历史研究

（18JJD740001，2018年教育部人文社会科学重点研究基地重大项目）

早期北京话研究书系

主编 郭锐

国家出版基金项目

早期北京话语气词研究

陈颖 著

北京大学出版社
PEKING UNIVERSITY PRESS

图书在版编目(CIP)数据

早期北京话语气词研究 / 陈颖著. — 北京:北京大学出版社,2018.12
(早期北京话珍本典籍校释与研究)
ISBN 978-7-301-29807-7

Ⅰ.①早… Ⅱ.①陈… Ⅲ.①北京话—语气(语法)—研究 Ⅳ.①H172.1

中国版本图书馆CIP数据核字(2018)第193178号

书　　名	早期北京话语气词研究 ZAOQI BEIJINGHUA YUQICI YANJIU
著作责任者	陈　颖　著
责任编辑	崔　蕊
标准书号	ISBN 978-7-301-29807-7
出版发行	北京大学出版社
地　　址	北京市海淀区成府路205号　100871
网　　址	http://www.pup.cn　新浪微博:@北京大学出版社
电子信箱	zpup@pup.cn
电　　话	邮购部 010-62752015　发行部 010-62750672　编辑部 010-62754144
印刷者	北京虎彩文化传播有限公司
经销者	新华书店
	720毫米×1020毫米　16开本　21.25印张　291千字 2018年12月第1版　2018年12月第1次印刷
定　　价	88.00元

未经许可,不得以任何方式复制或抄袭本书之部分或全部内容。
版权所有,侵权必究
举报电话:010-62752024　电子信箱:fd@pup.pku.edu.cn
图书如有印装质量问题,请与出版部联系,电话:010-62756370

总　序

　　语言是文化的重要组成部分，也是文化的载体。语言中有历史。

　　多元一体的中华文化，体现在我国丰富的民族文化和地域文化及其语言和方言之中。

　　北京是辽金元明清五代国都（辽时为陪都），千余年来，逐渐成为中华民族所公认的政治中心。北方多个少数民族文化与汉文化在这里碰撞、融合，产生出以汉文化为主体的、带有民族文化风味的特色文化。

　　现今的北京话是我国汉语方言和地域文化中极具特色的一支，它与辽金元明四代的北京话是否有直接继承关系还不是十分清楚。但可以肯定的是，它与清代以来旗人语言文化与汉人语言文化的彼此交融有直接关系。再往前追溯，旗人与汉人语言文化的接触与交融在入关前已经十分深刻。本丛书收集整理的这些语料直接反映了清代以来北京话、京味儿文化的发展变化。

　　早期北京话有独特的历史传承和文化底蕴，于中华文化、历史有特别的意义。

　　一者，这一时期的北京历经满汉双语共存、双语互协而新生出的汉语方言——北京话，它最终成为我国民族共同语（普通话）的基础方言。这一过程是中华多元一体文化自然形成的诸过程之一，对于了解形成中华文化多元一体关系的具体进程有重要的价值。

　　二者，清代以来，北京曾历经数次重要的社会变动：清王朝的逐渐孱弱、八国联军的入侵、帝制覆灭和民国建立及其伴随的满汉关系变化、各路军阀的来来往往、日本侵略者的占领等等。在这些不同的社会环境下，北京人的构成有无重要变化？北京话和京味儿文化是否有变化？进一步地，地域方言和文化与自身的传承性或发展性有着什么样的关系？与社会变迁有着什么样的关系？清代以至民国时期早期北京话的语料为研究语言文化自身传承性与社会的关系提供了很好的素材。

了解历史才能更好地把握未来。中华人民共和国成立后，北京不仅是全国的政治中心，而且是全国的文化和科研中心，新的北京话和京味儿文化或正在形成。什么是老北京京味儿文化的精华？如何传承这些精华？为把握新的地域文化形成的规律，为传承地域文化的精华，必须对过去的地域文化的特色及其形成过程进行细致的研究和理性的分析。而近几十年来，各种新的传媒形式不断涌现，外来西方文化和国内其他地域文化的冲击越来越强烈，北京地区人口流动日趋频繁，老北京人逐渐分散，老北京话已几近消失。清代以来各个重要历史时期早期北京话语料的保护整理和研究迫在眉睫。

"早期北京话珍本典籍校释与研究（暨早期北京话文献数字化工程）"是北京大学中国语言学研究中心研究成果，由"早期北京话珍稀文献集成""早期北京话数据库"和"早期北京话研究书系"三部分组成。"集成"收录从清中叶到民国末年反映早期北京话面貌的珍稀文献并对内容加以整理，"数据库"为研究者分析语料提供便利，"研究书系"是在上述文献和数据库基础上对早期北京话的集中研究，反映了当前相关研究的最新进展。

本丛书可以为语言学、历史学、社会学、民俗学、文化学等多方面的研究提供素材。

愿本丛书的出版为中华优秀文化的传承做出贡献！

王洪君　郭锐　刘云
2016年10月

早期北京话的语言研究价值
——"早期北京话研究书系"序

早期北京话指清中叶至民国时期的北京话。北京话在现代汉语中的地位极其特殊而重要，现代汉语的标准语——普通话——是以北京话为基础，普通话的语音标准是北京语音，普通话的词汇和语法也与北京话有密切联系。因此，要探讨普通话的语音、词汇、语法的来源，不能不涉及北京话。由于缺乏足够的材料，元明清初的北京话还无法进行系统的研究，与今天的北京话有直接的继承关系的北京话材料在清中叶才开始出现。但此时的北京话地位并不高，书面语传统也不够深厚，全国的通语是南京官话，而非北京官话。到1850年前后，北京话才取得通语的地位，并对日后的国语和普通话产生决定性的影响。

不过汉语学界对早期北京话的研究却相对薄弱。这一方面是因为过去对早期北京话材料了解不多，更重要的原因是重视不够。研究汉语史的，重视的是上古汉语、中古汉语和近代汉语；研究现代汉语的，重视的是1949年以后特别是改革开放以来的普通话语料；研究方言的，重视的是地方方言，尤其是东南方言，而北京话与普通话较为接近，晚清民国时期的北京话反倒少人问津，成了"三不管地带"。

随着清中叶至民国时期北京话语料的挖掘、整理工作的开展，早期北京话的面貌开始清晰地展现出来。根据初步考察，我们对这一时期北京话的语言研究价值有了大致的认识。可以说，清中叶以来的北京话是近代汉语过渡到现代汉语的桥梁。其中尤为重要的是，晚清民国时期，即19世纪40年代至1949年的一百多年间，北京话以及作为全国通语的北京官话、国语发生了一系列的变化，包括语音、词汇、语法，这些变化奠定了今天普通话的基本格局，而1950年至今的普通话则没有大的变化。

下面我们看看北京话在晚清民国时期发生的一些变化。

从语音方面看,变化至少有:

1. 庄组字翘舌~平舌交替

庄组字本来都读为舌尖后翘舌声母,其中大约30%今天读作舌尖前平舌音。但在晚清时期,有些字仍读作翘舌音,以威妥玛(Thomas F. Wade)《寻津录》(Hsin Ching Lu 1859)的记音为例:"瑟"读shê、"仄"读chai。还有相当一部分字有翘舌和平舌两读,形成文白异读:所(so~shuo)、涩(sê~shê)、责(chai~tsê)。另外,有些字今天读作翘舌声母,当时却有平舌声母的读法,如:豺(ts'ai)、铡(tsê)。

2. 声母ng彻底消失

北京周边的河北、山西、山东方言,中古疑母字的开口呼一般保留ng[ŋ]声母,影母字开口呼也读ng声母。清末的北京话还保留个别的ng声母字,如:饿(ngê)、恶(ngê)〔富善(Chauncey Goodrich)《华英袖珍字典》(A Pocket Dictionary (Chinese-English) Pekingese Syllabary 1891)〕。普通话中,ng[ŋ]声母完全消失。

3. 见系二等字舌面音声母和舌根音声母的交替

见系二等字在全国多数方言中仍保留舌根音声母,当代普通话中大部分见系二等字读作舌面音声母,但有约四分之一的见系二等字保留舌根音声母的读法,如"隔、革、客、港、耕、衡、楷"等。普通话中读作舌根音声母的字,在清末的北京话中,有一部分有舌面音声母的读法,如《华英袖珍字典》(1891)的记音:楷(ch'iai~k'ai)、港(chiang)、隔(chieh~kê)、揩(ch'ieh)、耕(ching~kêng)、耿(ching~kêng)。今音读作舌面音声母的见系二等字在稍早还有保留舌根音读法的,如《寻津录》(1859)的记音:项(hang~hsiang)、敲(ch'iao~k'ao)、街(chieh~kai)。

4. o~e交替

今音读作e[ɤ]韵母的字,对应到《寻津录》(1859),有两个来源,一个是e[ɤ]韵母,如:德(tê)、册(ts'ê)、遮(chê);另一个是o韵母,如:和(ho)、合(ho)、哥(ko)、刻(k'o)、热(jo)。从o到e的变化经历了多音并行和择一留存两个阶段，如：酌（chê~cho）、刻（k'o~k'ê）、乐（lo~lê）、洛（lê~lo）、额（o~ê）。在《华英袖珍字典》（1891）中，"若、弱、热"都有两读：jê或jo。最后择一保留的，有的是e韵母（刻、乐、热），有的是o韵母（酌、洛、若、弱）。

5. 宕江摄入声文白异读

《寻津录》（1859）中宕江摄入声文白异读主要是韵母o/io和ao/iao的差异，如：若（jo~yao）、约（yo~yao）、薄（po~pao）、脚（chio~chiao）、鹊（ch'io~ch'iao），这样的文白差异应该在更早的时候就已产生。二三等文读为üe韵母大约从1850年前后开始，《寻津录》（1859）中只出现了"学略却确岳"五字读üe韵母文读音。之后的三十来年间，短暂出现过üo韵母，但很快合并到üe韵母。üe作为文读音全面取代io韵母，大约在19世纪末完成。

晚清民国时期白读音的数量要明显多于当代的读音。如下面这些字在当代读文读音，而在当时只有或还有白读音：弱（jao）、爵（chiao~chio）、鹊（ch'io~ch'iao）、学（hsio~hsüeh~hsiao）、略（lio~lüeh~liao）。

6. 曾梗摄入声文白异读

曾梗摄入声字的文白异读，主要是e（o）韵母和ai韵母的差异，这样的格局自19世纪40年代以来没有改变，但清末北京话的文白两读并存要明显多于当代，如《华英袖珍字典》（1891）的记音：侧（ts'ê~chai）、泽（tsê~chai）、责（tsê~chai）、册（ts'ê~ch'ai）、拆（ts'ê~ch'ai）、窄（tsê~chai）、宅（chê~chai）、麦（mo~mai）、白（po~pai）、拍（p'o~p'ai）。

7. iai韵母消失

"解、鞋、挨、携、崖、涯"等蟹摄开口二等见系字在《音韵逢源》（1840）中，韵母为iai。到《寻津录》（1859），只有"涯"仍有iai的异读，其他字都读作ie韵母或ai、ia韵母。之后iai韵母完全消失。

8. 清入字声调差异

清入字在普通话中的声调归并分歧较大，但在清末，清入字的声调归并分歧更大，主要表现就是一字多调现象。如《寻津录》（1859）中的清入字声调：级（chi^2~chi^4）、给（chi^3~chi^4~kei^4）、甲（chia^1~chia^3）、节（chieh^2~

chieh³）、赤（ch'ih¹~ch'ih⁴）、菊（chü¹~chü²）、黑（hei¹~hei³）、骨（ku¹~ku²~ku³）、铁（t'ieh³~t'ieh⁴）、脱（t'o¹~t'o³），这些多调字在当代普通话中只有一种调类。

次浊入在清末民初时期读作非去声的情况也较多，如：入（ju³~ju⁴）、略（liao⁴~lio³~lüeh³）、麦（mai¹~mai⁴）。

以上这些成系统的语音变化有的产生更早，但变化结束并定型是在清末民初时期。

除此之外，一些虚词读音的变化也在晚清民国时期发生并定型。

助词和语气词"了"本读liao，在19世纪30年代或更早出现lo的读音，常写作"咯"，这应是轻声引起的弱化读法。此后，又进一步弱化为la（常写作"喇""啦"）、le[lə]。"了"的音变大致经历了四个阶段：

读音	liao	lo	la	le
开始时间	19世纪30年代前	19世纪30年代	19世纪50年代	1908

而语气词"呢"和助词"的"，也分别经历了ni——na——ne[nə]和di——da——de[tə]的语音弱化阶段。

语气词"啊"的语音变体，在当代普通话中有较为严格的条件，而晚清民国时期"啊"音变的条件与之有所不同。"呀"（ya）可以出现在：-ng后（请问贵姓呀？/《小额》），-n后（他这首诗不曾押着官韵呀！/《儿女英雄传》），-u后（您说有多么可恶呀！/《北京风俗问答》），舌尖元音后（拿饭来我吃呀。/蔡友梅《鬼吹灯》）。"哇"可以出现在-ng后（做什么用哇？/湛引铭《讲演聊斋》）。这种现象与现在汉语学界所讲的语流音变条件似乎并不吻合，到底应如何分析，值得深入探讨。

此外，还有一些特殊的读音，也在早期北京话材料中有所反映。

"俩"读作lia，一般认为是"两个"的合音。但在晚清北京话材料中，有"俩个"的说法。这似乎对合音说提出了挑战，更合理的解释也许应该是"两"受到后一音节"个"的声母影响，导致韵尾脱落，然后是"个"的脱落，形成"俩"直接修饰名词的用法。

一些词汇的特殊写法，则反映了当时的特殊读音。有些是轻声引起的读音变化，如：知得（知道）、归着（归置）、拾到（拾掇）、额啦大（额老大）、先头啦（先头里）；有些则是后来消失的白读音，如：大料（大略）、略下（撂下）。

可以看到，北京话在清代发生了一系列的语音变化，这些变化到19世纪末或20世纪初基本结束，现代汉语的语音格局在这个时期基本奠定。那么这些变化过程是如何进行的，是北京话自发的变化还是受到南京官话或其他方言的影响产生的，这些问题都可以通过早期北京话的材料找到答案。同时，这一时期北京话语音的研究，也可以为普通话的审音工作提供重要的参考。

词汇方面，晚清民国时期的北京话有一些异于普通话甚至当代北京话的词语，如：颏膝盖（膝盖）、打铁（互相吹捧）、骑驴（替人办事时在钱财上做手脚以牟利）、心工儿（心眼儿）、转影壁（故意避而不见）、扛头（不同意对方的要求或条件）、散哄（因不利情况而作罢或中止）、胰子（肥皂）、烙铁（熨斗）、嚼裹（花销）、发怯（害怕）、多咱（什么时候）、晌午歪（午后）。

为什么有一些北京话词语没有传承到普通话中？究其原因，是晚清民国时期汉语共同语的词汇系统，经历了"南京官话——北京官话/南京官话——南北官话混合"三个阶段。根据艾约瑟《汉语官话语法》（1857）、威妥玛《语言自迩集》（1867）等文献记述，在1850年前后，通语由南京官话改为北京官话。当时的汉语教科书也由南京官话改为北京官话。不过，南京官话并没有消失，而是仍在南方通行。因此，南北官话并存成为晚清语言生活的重要特征。美国北长老会传教士狄考文编著的汉语教科书《官话类编》（1892）就是反映南北官话并存现象的重要文献。下面的例子是《官话类编》记录的北京官话和南京官话的词汇差异：

A		B		C	
北京官话	南京官话	北京官话	南京官话	北京官话	南京官话
白薯	山芋	耗子	老鼠	烙铁	熨斗
白菜	黄芽菜	脑袋	头	日头	太阳
煤油	火油	窟窿	洞	稀罕	喜欢
上头	高头	雹子	冰雹	胰子	肥皂
抽烟	吃烟	分儿	地步	见天	天天
扔	丢	自各儿	自己	东家	老板
馒头	馍馍	些个	一些	巧了	好像
多少	几多	姑爷	女婿	眊眜	留意

南北官话并存和对立的局面在民国时期演变为南北官话的混合,南北两种官话合并为一种共同语,即国语。作为国语的继承者,普通话的词汇,有的来自北京官话(如A列),有的来自南京官话(如C列),有的既来自北京官话,又来自南京官话(如B列)。普通话中与北京官话和南京官话无关的词不多见,如:火柴(北/南:取灯儿/洋火)、勺子(匙子/调羹)、本来(原根儿/起根儿)。那些在今天被看作北京土话的词汇,实际上是被南京官话挤掉而未进入普通话的北京官话词汇,如:胰子、烙铁、见天。

晚清时期北京话语法在研究上的重要性主要可以从两个方面来看。一是普通话的不少语法现象,是在这一时期的北京话中萌芽甚至发展成熟的。如兼表致使和被动的标记"让"的形成、受益标记"给"的形成、"程度副词+名词"格式的产生、协同伴随介词和并列连词"跟"的产生等。二是普通话的不少语法现象,与晚清北京话有差异。比如:

1. 反复问格式:普通话的带宾语的反复问格式有"V否VO"(吃不吃饭)、"VO否VO"(吃饭不吃饭)、"VO否V"(吃饭不吃)等格式,但在晚清时期北京话中没有"V否VO"格式。

2. 双及物格式:普通话有"V+间接宾语+直接宾语"(送他一本书)、"V给+间接宾语+直接宾语"(送给他一本书)、"V+直接宾语+给+间接宾语"(带一本书给他)、"给+间接宾语+V+直接宾语"(给他带一本书)四种常见格式,晚清时期北京话没有"V+直接宾语+给+间接宾语"格式。

3. 趋向动词与动作动词构成的连谓结构语序:普通话可以说"吃饭去",也可以说"去吃饭",而晚清时期北京话只说"吃饭去"。

4. 进行体的表达形式:普通话主要用"在VP""正在VP",晚清时期北京话主要用"VP呢"。

5. 被动标记:普通话用"被、让、叫、给",晚清时期北京话主要用"让、叫"。

6. 协同、伴随介词:普通话用"和、同、跟",晚清时期北京话主要用"跟"。

7. 时间起点介词:普通话主要用"从、打",晚清时期北京话主要用"打、起、解、且、由"。

8. 时间终点介词:普通话用"到、等到",晚清时期北京话用"到、赶、赶到"。

可以看到,晚清时期北京话的有些语法形式没有进入普通话,如时间起点介词"起、解、且";有些语法项目,普通话除了采用晚清时期北京话的语法形式外,还采用晚清时期北京话没有的语法形式,如反复问格式"V否VO"、双及物格式"V+直接宾语+给+间接宾语"、被动标记"给"。这些在晚清时期北京话中没有的语法形式容易被看作后来普通话发展出的新语法形式。但如果联系到晚清南北官话的并存,那么可以发现今天普通话的这些语法形式,其实不少是南北官话混合的结果。下面看看晚清南北官话语法形式的差异:

	语法项目	北京官话	南京官话
1	反复问句	VO不V,VO不VO	V不VO,VO不VO
2	双及物格式	送他书,送给他书	送他书,送书给他
3	去VP	VP去	去VP
4	进行体	VP呢	在VP
5	被动标记	叫,让	被,给,叫(少见)
6	致使动词	叫,让	给,叫(少见)
7	协同介词	跟	和,同
8	并列连词	跟	和,同
9	工具介词	使	用
10	时间终点介词	赶,赶到	到,等到
11	时间起点介词	打,起,解,且,由	从

从上表可以看到,普通话语法形式与清末北京话的语法形式的差异,其实很多不是历时演变导致的,而是南北官话混合带来的。

普通话的语法形式与词汇一样,也是南北官话混合的结果。词汇混合的结果往往是择一,而语法混合的结果则更多是来自南北官话的多种语法形式并存。因此,要弄清今天普通话词汇和语法形式的来源,就必须对清末民初北京话的词汇和语法以及同一时期的南京官话的词汇和语法做一个梳理。

朱德熙先生在《现代汉语语法研究的对象是什么?》(1987)一文中认为,由于普通话,特别是普通话书面语是一个混杂的系统,应把普通话的不同层次分别开来,北京话是现代汉语标准语(普通话)的基础方言,因此研究现代汉语语法应首先研究清楚北京话口语语法,才能对普通话书面语做整体性的综合研究。朱德熙先生的观点非常深刻,不过朱先生在写作这篇文章时,主要是从方言成分混入普通话角度讨论的,还没有认识到普通话主要是北京官话和南京官话的混合,我们今天对早期北京话的研究为朱德熙先生的观点提供了另一个角度的支持。早期北京话的研究,也可以对朱德熙先生的观点做一个补充:由于普通话主要是北京官话和南京官话混合而成,所以研究现代汉语语法不仅要首先研究北京话语法,还需要对普通话中来自南京官话的成分加以梳理。只说北京话是普通话的基础是不够的,南京官话是普通话的第二基础。

此外,早期北京话文献反映的文字方面的问题也值得关注。早期北京话文献中异体字的使用非常普遍,为今天异体字的整理提供了很好的素材。其中一些异体字的使用,可以弥补今天异体字整理的疏漏。如:

> 有一天,一個狐狸進一個葡萄園裡去,瞧見很熟的葡萄在高架上垂掛著,他説:"想必是好吃的。"就咂着嘴兒讚了讚,驢跤了半天,總搆不着。(《伊苏普喻言》(1879))

"搆"在《第一批异体字整理表》中,处理为"构(構)"的异体字,但根据原注"搆:读上平,以物及物也",不应是"构"之异体。查《华英袖珍字典》

（1891），"搆"释为"to plot, to reach up to"，"plot"可看作"构"的意思，而"to reach up to"的意思是"达到"，因此，这种用法的"搆"应看作"够（伸向不易达到的地方去接触或拿取）"的异体字。"驫䠙"，原注"驫：上平，驤也""䠙：去声，跳也"，根据注释和文意，"驫䠙"应为"蹿纵"，而《第一批异体字整理表》把"䠙"处理为"踪"的异体，未看作"纵"的异体，也未收"驫"字。

早期北京话呈现出来的语音、词汇、语法现象，也为当代汉语研究的一些疑难问题提供了一个解决的窗口。比如："啦"到底是不是"了"和"啊"的合音？晚清民国北京话的研究表明，"啦"并不是"了+啊"的合音，而是"了"弱化过程的一个阶段。普通话的同义词和同义句式为何比一般方言多？这是因为北京官话和南京官话词汇和语法的混合形成国语/普通话，北京官话和南京官话中不同的词汇、语法形式并存于普通话中，就形成同义词和同义语法形式。"给"为何可表被动但不表致使？被动标记和致使标记有密切的联系，很多语言、方言都使用相同形式表达致使和被动，根据语言类型学和历史语法的研究，是致使标记演变为被动标记，而不是相反。但普通话中"给"可以做被动标记，却不能做致使标记，似乎违反了致使标记演变为被动标记的共性，这是为什么？如果从南北官话的混合的角度看，也许可以得到解释：南京官话中"给"可以表致使，并演变为被动标记；而普通话中"给"的被动标记用法很可能不是普通话自发产生的，而是来自南京官话。因此表面上看是普通话"给"跳过了致使标记用法直接产生被动标记用法，实质是普通话只从南京官话中借来了"给"的被动标记用法，而没有借致使标记用法。这些问题在本书系的几部著作中，都会有详细的探讨，相信读者能从中得到满意的答案。

早期北京话研究的先行者是日本学者。1876年后，日本兴起了北京话学习的热潮，出版了大量北京话教材和资料，为后世研究带来了便利。太田辰夫先生在20世纪40年代就开始早期北京话的研究，提出了著名的北京话的七个特征。其后辈学者佐藤晴彦、远藤光晓、山田忠司、地藏堂贞二、竹越孝、内田庆市、落合守和等进一步把早期北京话的研究推向深入。国内的研究起步稍晚，吕叔湘等老一辈学者在研究中已经开始关注《白话聊斋》等民初京味儿小说，可惜受制于材料匮乏等多方因素，研究未能延续。北京大学是北京话研究重镇，林焘先生对北京话的形成有独到的研究，20世纪80年代初带领北大中文系1979级、1980级、1981级汉语专业本科生调查北京话，留下了珍贵的资料。20世纪90年代以来，经蒋绍愚、江蓝生等先生倡导，局面有所改变。深圳大学张卫东，清华大学张美兰，厦门大学李无未，中山大学李炜，北京语言大学高晓虹、张世方、魏兆惠，苏州大学曹炜等学者在早期北京话的语音、词汇、语法方面都有深入研究。2007年，北京大学中国语言学研究中心将北京话研究作为中心的重要研究方向，重点在两个方面，一是深度挖掘新材料，即将面世的"早期北京话珍稀文献集成"（刘云主编）将为研究者提供极大便利；二是培养新生力量，"早期北京话研究书系"的作者刘云、周晨萌、陈晓、陈颖、翟赟、艾溢芳等一批以北京话为主攻方向的年轻学者已经崭露头角，让人看到了早期北京话研究的勃勃生机。希望本书系的问世，能够把早期北京话研究推向新的高度，为汉语研究提供新的视角，解决过去研究的一些疑难问题，也期待更多研究者来关注这座汉语研究的"富矿"。

郭　锐

2016年5月7日于北京五道口

目 录

第一章 绪论 …………………………………………………… 1
  1.1 问题的提出 ………………………………………………… 1
  1.2 研究综述 …………………………………………………… 3
  1.3 研究意义 …………………………………………………… 8
  1.4 研究方法 …………………………………………………… 9
  1.5 语料类型 …………………………………………………… 11

第二章 早期北京话语气词语义分析 ………………………… 18
  2.1 啊 …………………………………………………………… 21
  2.2 呢 …………………………………………………………… 32
  2.3 哪 …………………………………………………………… 46
  2.4 么/吗 ……………………………………………………… 53
  2.5 罢/吧 ……………………………………………………… 64
  2.6 了 …………………………………………………………… 75
  2.7 小结 ………………………………………………………… 92

第三章 "啊"和"呀""哇""哪" ………………………………… 97
  3.1 问题的提出 ………………………………………………… 97
  3.2 "啊、呀、哇、哪"的出现条件和分布 ………………… 100
  3.3 "呀"的性质及与"啊"的关系 …………………………… 121
  3.4 哪 …………………………………………………………… 143

3.5 "哇"的性质及与"啊"的关系 ………………………… 145
3.6 "哟、呦、喊、呕、呀"的性质及与"啊"的关系 ……… 147
3.7 小结 ………………………………………………… 154

第四章 "了"和"啦"的关系 ………………………………… 156
4.1 问题的提出 ………………………………………… 156
4.2 早期北京话语料所反映的"了"的读音 …………… 157
4.3 "了"音变的四个阶段 ……………………………… 182
4.4 "了"读音变化的性质 ……………………………… 188
4.5 汉语方言的佐证 …………………………………… 192
4.6 小结 ………………………………………………… 197

第五章 "呢"和"哪"的关系 ………………………………… 198
5.1 问题的提出 ………………………………………… 198
5.2 早期北京话语料所反映的"呢"的读音 …………… 201
5.3 "呢"读音变化的性质 ……………………………… 232
5.4 "呢"语音形式的跨方言比较 ……………………… 233
5.5 小结 ………………………………………………… 235
5.6 附论 ………………………………………………… 236

第六章 "么"和"吗"的关系 ………………………………… 240
6.1 问题的提出 ………………………………………… 240
6.2 早期北京话语料所反映的"么"的读音 …………… 240
6.3 小结 ………………………………………………… 257
6.4 附论：《官话口语语法》所记"么"的读音问题 …… 261

第七章 "咧""罢咧"和"否咧" ……………………………… 263
7.1 咧 …………………………………………………… 264
7.2 罢咧 ………………………………………………… 281

7.3 否咧 …………………………………………… 286
7.4 罢了—罢咧—否咧—呢 …………………… 290
7.5 附论：从"了、呢、吗"的弱化看《你呢贵姓》
    的成书时间 ………………………………… 291

第八章 结语 …………………………………………… 294
8.1 研究结论 …………………………………………… 294
8.2 研究启示 …………………………………………… 297
8.3 研究展望 …………………………………………… 301

参考文献 ………………………………………………… 303
语料文献 ………………………………………………… 315

第一章　绪论

1.1　问题的提出

语气词又叫语气助词,《马氏文通》称之为"助字",界说如下:"凡虚字用以煞字与句读者,曰'助字'。凡字句但以实字砌成者,其决断婉转,虚神未易传出,于是有'也''矣''乎''哉'诸字以之顿煞,而神情毕露矣。所谓助字者,盖以助实字以达字句内应有之神情也。"(马建忠,1898)分析"也、矣、乎、哉"用例时,或说"表决断口气也",或说"所以决其事之有也",或说"所以顿读,即以起下,示句意未尽绝也"。王力(1943)对语气词的定义是:"凡语言对于各种情绪的表示方式,叫做语气。表示语气的虚词叫语气词。"黎锦熙(1959)称语气词为"助词",是"用来帮助词和语句,以表示说话时之神情、态度的",并把语气词和叹词并称为"情态词"。

马建忠认为语气词具有语篇、判断和传情功能,王力和黎锦熙则关注语气词的传情作用,他们的定义都反映出语气词意义空灵的特点。也正因此,语气词的具体范围和功能一直众说纷纭。

现代汉语研究较多关注当代语气词的使用情况,汉语史研究通常关注从文言语气词到白话语气词的转变,多以明清时期为下限。而清中叶至民国作为过渡时期,较少受到关注。我们把这一时期的北京话称作早期北京话,其语气词在用法和读音上都跟现代汉语不太一样。

比如语气词"了$_2$"除了用于表示新事态出现,还用于表示持续和夸张：

（1）a. 他今年夏天到这儿来的，就住在这东关外头福盛店里了。（《官话指南》）

b. 他那份儿的不高兴，比落弟的举人还难受了。（《北京风俗问答》）

在读音上，"呀"和"哪"通常被认为是"啊"的语音变体，但在早期北京话语料中，不合语音规则的"呀"和"哪"并非个例，需要从语音变体之外的角度加以考察：

（2）a. 柱四说："那也行呀。"（蔡友梅《五人义》）

b. 今天报上都有甚么题目呀？（《华日教室会话》）

（3）a. ——令尊大人好哪？——托福很康健。（《速修汉语大成》）

b. 您打算要博施济众哪，那如何能成哪？（《北京风俗问答》）

语气词"啦""哪"通常被解释为"了/呢+啊"的合音，用于解释早期北京话的用例有一定的困难。如：

（4）a. 小王也有信出来啦吧？（蔡友梅《小额》）

b. 他住在这儿哪么，我以为是他还在东京哪。（《支那惯用语句例解》）

考察早期北京话的各类注音材料还可以发现，其语气词的读法和现在不同，一百年间有明显的读音弱化过程，比如"了"从 liao 到 lo 到 la 再到 lə，"呢"从 ni 到 na 到 nə，"么"从 mo/ma 到 mə。这种变化是怎么发生的，条件是什么，有何规律，和语义用法的关系如何，都值得进一步研究。

1.2 研究综述

1.2.1 语气系统及语气词研究

1.2.1.1 语气和语气词系统

语气到底包括哪些，和其他相关范畴的关系如何，一直是研究难题。比如孙汝建（1998）认为广义语气包括了 modality（语气，通过句调表现）和 tone（口气，通过各种词类和格式等表现）。张云秋（2002）认为口气是表达语气时流露出来的情感评价，无标记的口气是中性的，有标记的口气可以分出强、中、弱三个层次。吕叔湘（1942）认为广义语气包括了狭义语气和语意（正反、虚实）、语势（轻重、缓急），与狭义语气有关的分别是认识（直陈、疑问）、行动（商量、祈使）和感情（感叹、惊讶）。王力（1943）将语气分为四大类十二小类，即：确定（决定、表明、夸张）、不定（疑问、反诘、假设、揣测）、意志（祈使、催促、忍受）、感叹（不平、论理）。贺阳（1992）讨论汉语书面语语气系统，包括功能语气（陈述、疑问、祈使、感叹）、评判语气（认知、模态、履义、能愿）和情感语气（诧异、料定、领悟、侥幸、表情）。徐晶凝（2000）将普通话基本语气系统分为表态（重说、委婉、诧异、庆幸、婉惜）、表意（单纯询问、提醒注意、揣测）和表情（舒缓随便、不满责怪、慷慨）。齐沪扬（2002）讨论现代汉语语气系统，分为功能语气（陈述、疑问、祈使、感叹）和意志语气（可能、能愿、允许、料悟）两大类。可以看到，各家界定语气的范围大小和分类标准都不尽相同。仅就疑问而言，到底是与认识有关，还是和功能语气、表意有关？疑问的范围是否包括反诘？疑问和询问是平行关系还是包含关系？各家认识并不一致。再如意志愿望一类，王力（1943）认为包括了祈使、催促、忍受，是四大类语气之一，齐沪扬（2002）则认为包括了可能、能愿、允许和料悟，在语气系统中与功能语气并列。徐晶凝（2000）没有将意志愿望确立为一类语气，贺阳（1992）纳入评判语气一类，吕叔湘（1942）则认为是广义语气中虚说的语意一类。可见，各家分类的角度不同，具体的归类处理差别很大。

在 Palmer(1986)、Bybee et.al(1994)情态理论和 Benveniste(1971)主观性理论的影响下,鲁川(2003)、崔希亮(2003)、沈力(2003)、彭利贞(2005)、徐晶凝(2000)、武果(2007)、石定栩(2009)、何文彬(2013b)等将汉语语气词纳入情态系统和主观范畴内进行考察,力求构建不同于英语的汉语情态系统和语气系统。在 Halliday(1994)功能语法理论的影响下,张伯江(1997a)、乐耀(2011)、陈颖(2009)、屈承熹(2008a)、彭宣维(2000)等讨论了语气词的交际作用和篇章功能。这些研究在吸收国外语言研究理论的基础上,探讨汉语语气词事实,与英语 mood/modality 区分,构建汉语语气系统,注重语气意义与语法形式结合。

语气词是一个相对封闭的类,但具体有哪些成员,并未取得完全一致的看法。常用语气词"啊、呢、吧、吗"没有争议,"了$_2$"和"的"的语气词身份就受人置疑,赵元任(1968)、王力(1943)将它们纳入语气词,朱德熙(1982)认为"了$_2$"是语气词而"的"不是,徐晶凝(2008a)根据时体表达和情态表达的关系将它们判定为语气词的非典型成员和边缘成员。翟燕(2013)还将"就是(了)、不成"等纳入了语气词范围。

和其他词类相比,语气词成员之间的关系错综复杂,在对语言事实的观察更加全面,区分也更为精细之后,分层次研究及共现序列研究成为考察语气词的必需工作。朱德熙(1982)按线性分布顺序将语气词分为表时态、表疑问/祈使和表态度/情感三组,史冠新(2008)认为"的、了"是准语气词,"啊、呢、吗、吧"是语气词,各有不同的辖域,准语气词总是出现在语气词前。

1.2.1.2 语气词的多角度分析

胡明扬(1981)系统地讨论了语气助词,除了细致的语音描写,还提出了语气助词意义研究的"概括性"和"排他性"两条原则。储诚志(1994)提出分析语气词的两种方法,即"最小差异对比法(有无语气词——比对)"和"最大共性归纳法(是否具有普遍性)",与胡明扬的两条原则本质上是相同的。

储诚志（1994）认为语气词 U 对句子 S 的语气 M 可能发生四种作用：增添、加强、共生、无直接作用。齐沪扬（2002）将语气词的作用归纳为表义功能（传信和传疑）、完句功能（自由和黏着）和篇章功能（停顿和照应）。孙汝建（2005）归纳语气词的四种语用功能为增添口气、消减口气、指明疑问点、暗示预设。

张小峰（2003）从信息凸显功能和话语结构标记功能角度考察语气词"吧、呢、啊"的话语功能。陈俊芳、郭雁文（2005）归纳了疑问语气词的概念、人际、语篇三大功能及各自的次元功能，又运用关联理论分析了四大语气词的语用功能。屈承熹（2008b）通过分析"嘛"的语境及共现标记，认为"嘛"在语义层面表示的是其前语法单位的消息显而易见。强星娜（2007）认为"嘛"和"呢"的区别在于他问和自问，"嘛"表现了知情状态和直陈语气，作为语气词正在向话题标记发展。沈威（2010）在句管控理论背景之下讨论"啊、吧、嘛、呢"的用法，关注了说话人对听话人的主观意愿。王洪君等（2009）从语体角度提出"了$_2$"的意义在于话主营造了"主观近距互动"氛围。

语气词位于句末或句中停顿处的位置使其语篇功能越来越受人关注。方梅（1994）通过语音模式和表义功能分析，认为句中语气词反映了句子次要信息和重要信息的划分，是"主位-述位"结构的标志。Wu（2003）运用话轮分析的方法讨论交际中的互动立场，分析了语气词 ou 和 a 的功能，比如低调 ou 的功能是恳请听话人确认或表示惊讶。屈承熹、李彬（2004）认为"吧"的基本功能是表说话者的迟疑，其语篇功能是对听话者而发及增强与其语境的关联性。强星娜（2011）把语气词看成是语义为空的语法性话题标记，适用于常规陈述句和祈使句。朱敏（2012）在日语语气和人称的关系的研究基础上，讨论了汉语中人称与语气的选择性，特别是第一、第二人称在各功能语气中的选择标记性及受限成因，对形式化的语用研究富有启发性。方梅（2016）从言语行为理论角度分析了语气词变异形式

"呀、哪、啦"的互动功能及句法后果。完权(2018)认为"呢"在互动性强的言语交际中表达较高的信据力。

形式理论大多认为汉语语气词的作用是标示句类(邓思颖,2010)。Boya Li(2006)讨论了汉语句末小品词和句法结构的关系,对普通话"吧、吗、呢、啊"作了功能和形式句法上的解释。邓思颖(2010)提出,带上语气的小句才成为句子,语气表达话段意义,可以体现为语气词,汉语的语气词可以分为焦点、程度、感情,只在根句出现。

1.2.1.3 方言和专书语气词研究

赵元任(1926)开创了方言语气词对比研究的先河,在对语气词研究和方言对比领域都具有重要意义。此后,各方言志及方言语法著作大都设立专章讨论各具特色的语气词。宋秀令(1994)描写了汾阳方言语气词,钱乃荣(1997)将上海话语气词按语义分出六十五类,李小凡(1998)将苏州方言语气词分为事态、情态、询问、暂顿四大类,范慧琴(2007)将山西定襄方言十五个语气词分为事态、情态和疑问三类,特别分析了普通话无对应的结合语气词,充分体现了方言特色。邢向东(2002)将神木方言语气词按陈述、虚拟、提顿、疑问、感叹、祈使六类语气进行描写。翟燕(2008)通过《金瓶梅》《醒世姻缘传》和《聊斋志异》梳理了明清时期山东方言中的助词,通过文献详尽考察了十七个语气助词的用法、来源和特点,方法具有参考价值。

1.2.2 早期北京话研究

曹志耘、张世方(2000)总结了20世纪的北京话研究,指出"北京话语法的研究与语音研究相比显得十分单薄,甚至不及词汇研究"。因为人们对方言差异的感知首先是在语音和词汇,再加上共同语以北京话为基础,语法差异更难为人所察。

1.2.2.1 北京话研究

赵元任《汉语口语语法》(1968)全面开启了对北京口语的研究,书名虽为"汉语",但作者明确说是以"二十世纪中叶的北京方言"的"非正式发言的那种风格"为对象。全书详尽地描写了北京话语法体系,对语气词也作了读法、写法和用法上的分析,见解多有独到之处,但全书重在词法,描写语气词只是列举性质。

八十年代,人们对老舍作品进行了较为全面的语法研究,包括口语句式和口语特色等。人们意识到了北京话与共同语的不同,着力挖掘其特色,但语料范围很有限。

林焘(1987a、b)讨论了北京官话的来源和划分,认为北京话和东北话有着密切的联系,侯精一(2001)则认为北京话是在康熙年间形成的。胡明扬(1987)对北京话作了较为全面的研究,包括界定范围和概念、归纳语音、词汇、语法等特点。胡明扬等(1992)还将北京话研究深入到语体、具体词类等。周一民(2002)对北京话作了语音、词汇、语法等方面的部分现象梳理,对语气词作了简单的分析。北京话虚词研究逐步细致和深入,如马希文(1987)指出北京方言里表示动作进行主要的手段是句末加"呢","着"是表示某种状态,刘一之(2000)则认为"着"表现了"在某种情况/状态下"或"以某种方式/行为"。

1.2.2.2 早期北京话研究

五六十年代,日本学者太田辰夫、藤堂明保开始对清代北京话进行语法研究,太田辰夫(1950、1958、1991)研究了《儿女英雄传》《小额》《北京》的语法和词汇。江蓝生(1994、1995)通过《燕京妇语》讨论了清末北京话的语音、词汇和语法上的特点,如语气词"呢"用在非疑问句句末表示提醒、请求。

刘云(2013)整理出一批早期北京话材料,为进一步研究奠定了基础。除了小说和话本,早期北京话还比较完整地保存在域外汉语学习材料中。随着对这些语料的挖掘,人们逐渐重视,研究的范围逐步扩大,一批硕士论文对这些材料作了初步整理和研究。如李蕊(2010)研究了《官话类编》,周磊(2011)研究了《华英文义津逮》,艾溢芳(2016)整理了《北京话语音读本》所反映的北京话音系,姚澜(2014)整理了《寻津录》,徐美红(2013)和张一凡(2014)整理了《官话口语语法》,杨雪漓(2015)研究了朝鲜后期汉语教科书的介词。还有一些博士论文和专项研究的整理较为全面,讨论更加深入。宋桔(2011)对《语言自迩集》作了文献整理和语法研究,从意义出发描写分析了文献所反映的语法现象,虽未设专节讨论语气词,但在"感叹词"一节里分析了较具特色的语气词"罢"。任玉函(2013)描写了朝鲜后期汉语教科书的语音、词汇和语法,分析了一些较突出的语言现象。李无未、杨杏红(2011)对日本明治时期的北京官话课本进行研究,举例性质地描写了一些语气词。杨杏红(2014)还分析了一些语气词字形和读音现象。李春红(2017)分析了日据时期"满洲语"会话教科书的词汇语法特征及特殊汉语现象。

1.3　研究意义

本书以早期北京话语气词为研究对象,主要考察各类语料中最常见的语气词"啊、呀、哇、哪、呢、咧、了、啦、吧、吗",研究意义体现在如下三个方面:

1.3.1　北京话及共同语研究

北京话是汉民族共同语——普通话的重要基础。北京话在形成过程中受到了北方方言和满语的巨大影响,在清代"定型并作为通用语使用"(太田辰夫,1991),到了民国时期又经历了"欧化"的洗礼,词汇和语法系统发生了很大变化。在北京话的发展史上,清中叶和民国时期是一个承前启后的重要转型期,当代北京话和普通话的很多语言现象,都是在这一时期产生。另一方面,当代北京话与早期北京话也有很多不同,早期北京话的不少现象在当代北京话中已经消失或发生变化。晚清民国又正是官话新标准的确立时期,从南方官话到北方官话的转变,其中重要的因素当然是北京所具备的政治经济地位等,而这种转变又反过来对北京话的发展产生了进一步的影响。

1.3.2 语气词历时研究

语气词从古到今的变化极大,"上古的语气词全部都没有在口语里留传下来"(王力,1989)。因此语气词的研究大多分为两段,从上古到近代的语气词描写分析为一段,对现代白话语气词的描写分析为一段,清中叶至民国时期作为过渡,其语气词面貌少有详细描写。考察这一时期的语气词,不仅可以在共时层面有所补充,也可以将近代和现代语气词描写衔接起来,对于认识当代北京话和普通话的语音、词汇、语法现象都有重要的价值。

1.3.3 语气词功能研究

语气词位于句末,语音轻弱,意义空灵,相较其他词类,存在读法和写法的极大差异。加上语言发展过程中的语音变化、历时留存的方言影响,同一个语气词采用不同写法,或是同一个字形记录不同的语气词,都给研究带来极大干扰。事实上,对于语气词这样有限分布的词类而言,语音形式比语法形式更为重要,研究需要将语音和意义结合起来。语义方面,以语气词传递情绪和态度的互动功能为基础,区分全句的语气和语气词所表示的语气,考察语气词在不同语境中的功能;语音方面,以注音材料为依据,考察语气词的读音变化,讨论这种变化的句法语义条件。这样,在进行历时考察时,将形式和意义结合起来,既避免空谈,又注重实证。

1.4 研究方法

1.4.1 重视不同性质语料的差异

众多语料在时间、地域、编写者各方面都有差异,本书特别关注这些不同和所揭示的语言面貌之间的关系。特别是 19 世纪 50 年代到 20 世纪

40年代，百年间社会动荡，语言受到外来文化冲击的同时，自身也在经历大的变革，厘清语言内外部众多因素之间的关系至为重要。

本研究倚重语料文献，而经典文献几经传抄，后世多对其进行改动，这些改动能充分反映语言的变化，值得重视。如《清文指要》（1789）被威妥玛《语言自迩集》（1867）改编，《总译亚细亚言语集·支那官话部》（1880）用日语全文翻译了《语言自迩集》，《自习完璧支那语集成》（1921）用韩语翻译了《语言自迩集》。本书特别重视翻译、改编后的字句变动所反映的语言变化。另外，文献的发行时间可能比所记录的语言现象产生时间延后，不能确定准确时间的文献至少要确立上下限时段。如《华音撮要》至今未能确定发行时间，但可以肯定不晚于1877年。

域外汉语教科书的编写者多为传教士、商人和外交人员，其自身的汉语水平高低不齐，这些教科书虽然大多经过汉语母语者校订，但繁杂的编写过程仍使部分教科书有一些不太地道的表达。如《英清会话独案内》（1885）第一部分是从英语会话材料翻译为汉语和日语，汉语较为生硬，而第二部分只有汉语和日语对译，汉语表述就更为地道。本书凡遇孤例均谨慎处理。

有些汉语教科书可能会有汉语方言的影响，加上记音不准，抄写流传的讹误，本书在使用时特别留意这一点，比如朝鲜汉语教科书受东北方言影响，所使用的助词和语气词都呈现出和西方、日本汉语教科书不同的面貌。

1.4.2 描写和统计相结合

为做到点面结合，本书在近百部语料中选取代表性语料作重点描写，在考察范围内尽可能穷尽性统计。代表性语料的确立以体现上述三项差异（时间、地域、编写者）为基本原则，力求宽泛地覆盖各类语言现象，视描写现象的具体情况增加同时期其他语料，为了说明历时关系参考近代和现当代语料。域外汉语教科书对语气词的解释说明也一并转录，便于整体把握编写教材时代的语气词面貌和人们对语气词的认识。另外，本书重视语气词的语音变化问题。分析语音形式必定要结合意义，纯粹语义分析特别是语气分析容易流于个人主观体悟，跨时间和跨地域的语料统计能反映出语音和语义演变的倾向，因此研究时尽力做到描写和统计相结合。

1.4.3　文献记音和方言相结合

为突破语气词在读法和写法上的差异带来的研究困难，本书的考察以早期北京话记音语料为主，主要是各类域外汉语教科书。尽管各种注音能反映实际读音，但因文本材料的书面记录性及刊行时间的滞后性，随着新材料的发掘，本书所有涉及演变分期的时间点结论可能会有所提前，"更恰当的说法是这种成分的出现'不晚于'某个时期"（胡明扬，1991）。文献的记音反映了百年前的北京话语音面貌，既是汉语发展过程中的一部分，理应在其他方言中有相似情形。本书力求寻找其他方言中的类似现象，与历史记录呼应。

1.5　语料类型 [①]

本书所定义的"北京话"包括北京土话和以北京话为标准的北京官话，所考察的早期北京话语料时间范围是清中叶至20世纪40年代，分本土和域外两大类。本土材料包括满人、清人及民国人士编写的正音教科书和以旗人为主创作的京味小说，域外材料包括西方人、日本人和朝鲜人编写的外族人学习北京官话的教科书和词典。这两种不同性质的语料互相补充，较为充分地反映了当时北京话的口语面貌，可以避免因个人语言风格及创作目的而造成的语料片面问题。

---

① 具体书目及书中表格所用简称参见本书所附"语料文献"。

1.5.1　满汉、满蒙汉合璧教科书

为了帮助满人学习满语,清雍正年间开始,出现了一批满汉对照及满蒙汉对照的满语教材,包括《清文启蒙》(1730)、《清文指要》(1789)、《三合语录》(1830)等。《清文启蒙》全名《满汉字清文启蒙》,是由满人舞格寿平所编写的满汉对照的满语教科书,共四卷。其卷二《兼汉满洲套话》经过改编修订成为《兼满汉语满洲套话清文启蒙》(1761),并用满文字母对汉文部分作了注音。竹越孝(2012)将满文注音逐字转写为拉丁字母,满语发音、日语意译、汉语发音和汉语文本形成四行标注。

1.5.2　清人所编官话正音书

清中叶,为了消除方言阻碍(特别是闽粤地区),清政府开始推行官话,出现了一批官话正音书,目前所见最早的正音读本有道光十四年(1834)刊印的高静亭《正音撮要》(据高静亭自序,该书写成于1810年)。其后,莎彝尊编写《正音咀华》(1853),他在自题中标明:"是书为习正音者设也。"这两本书因为"正音"之名,较为忠实地反映了当时的官话语音面貌。

1.5.3　官话国语推广材料

一是注音字母材料。为帮助国人快速识字,清末民国时期的官话国语运动中出版了一批注音字母读物,有面向社会大众的普及性读本和报纸,也有面向国语讲习所学员和中小学生的教科书。如王照的官话注音读物《对兵说话》(1904/1957)用他自创的合声字母注音,字母借自汉字偏旁笔画,王璞《实用国语会话》(1920)、齐铁恨《国语会话》(1925)和乐嗣炳《实用国语会话》(1933)等则采用注音符号标音。

二是国语留声片教材。1922年,赵元任受国语统一筹备会之托,在上海商务印书馆出版了《国语留声片课本》,用注音字母标音,并在美国哥伦比亚留声机公司录制了国语留声片,采用了以北京语音为基础,又照

顾南方官话而带入声声调的"老国音"。全书分"国音"和"国语"两部分,"国音"共八课,介绍国音字母、校正方音及变调规则,"国语"共七课,有三课介绍词类和标点知识,另外四课为会话、文选和诗选,逐字注音。

1935年,赵元任在上海商务印书馆出版了《新国语留声片课本》(乙种,国语罗马字本),采用以北京音系为基础的"新国音",用罗马字母标音。仍分"国音"和"国语"两部分,但内容有所调整,"国音"部分增加了卷舌韵练习和听写练习,"国语"部分的会话材料有增删。书末附国语罗马字用法和拼法一览表。

1924年至1929年,老舍在伦敦大学东方学院从事汉语教学工作,与人合作编写了国语教材《灵格风东方语言教程:汉语》(*Linguaphone Oriental Language Courses: Chinese*)(又名《言语声片》),并录制唱片,由伦敦灵格风出版社出版。根据远藤光晓(1986),教材出版于1930年,但老舍完成唱片录制是1928年。全书共分上下两卷,主要内容分三十课,每课分上下两部分,包括单音词、复合词和会话练习。下卷主要是根据唱片内容誊写而来,三十课中文文本逐字用罗马字注音,并加全句英文翻译。

1.5.4　京味小说

学界对京味文学的定义各有不同,如王一川(2006)认为京味文学五要素是"地、事、风、话、性",这五个要素体现在作品中表现出京味文学的五个特征,即"北京场、北京事、北京风、北京话、北京性",对"京味"的限制较多;侯晓晨(2014)则认为京味的两个必备条件是"地道的北京口语"和"体现北京特有的语言趣味和生活趣味",以前者为最基本、最重要的因素,"京味"涵盖的范围较宽。本书赞成后一种观点,以语言为最主要的标准,重点考察五位京味小说家的作品。

蔡友梅(1872—1921),旗人出身,在《顺天时报》《京话日报》《益世报》(北平)和《国强报》上发表了大量"社会小说",是早期京味小说家的代表人物(刘云,2011)。本书所用材料包括《小额》(1907)和21

部"新鲜滋味"小说(1919—1921);《姑作婆》《理学周》《麻花刘》《库缎眼》《刘军门》《苦鸳鸯》《铁王三》《花甲姻缘》《鬼吹灯》《赵三黑》《张文斌》《搜救孤》《王遁世》《小蝎子》《曹二更》《董新心》《五人义》《鬼社会》《忠孝全》《张二奎》《一壶醋》。

徐剑胆,生卒年待考,曾在《正宗爱国报》开辟"庄言录"小说专栏,还担任过《京话日报》《天津白话报》《爱国白话报》《实事白话报》小说主笔(胡全章,2009)。本书所用材料包括署名"亚铃"的《何喜珠》(1913年9月7日起载于《白话捷报》)和《劫后再生缘》(1913年10月14日起载于《白话捷报》)。

勋锐,笔名尹箴明、湛引铭,生年不详,卒于1925年,1909年起与张智兰、庄耀亭一起在《群强报》上连载《聊斋》故事(孟兆臣,2009)。本书所用材料为署名"湛引铭"的载于《北京新报》之《讲演聊斋》,包括1919年《水莽草》《狐嫁女》《任秀》《贾儿》《成仙》《连琐》《小翠》《红玉》《张诚》《丐仙》和1922年《大力将军》《姬生》《老饕》《叶生》。

穆儒丏,1885年生于北京健锐营,满洲正蓝旗人,与老舍、王度庐并列为民国三大满族小说家(张菊玲,2009)。本书所用材料《北京》从1923年2月28日至同年9月20日连载于《盛京时报》,1924年结集成书出版,是具有浓重自传色彩的小说(长井裕子,2006)。

老舍(1899—1966),北京满族正红旗人,一生创作时间长,数量多。本书选取了他不同时期的作品,包括1926年《老张的哲学》、1929年《二马》、1933年《猫城记》、1936年《骆驼祥子》、1940年《文博士》、1944年《火葬》、1961年《正红旗下》。

1.5.5 西人编著的北京官话教材和词典

利用域外汉籍来研究汉语,汉语教科书是其中必不可少的一部分。它从外国人的视角看汉语,可以完善汉语的发展状况,补充白话小说的语体局限。清代中后期,基督教传教士、外交官、汉学家们进入中国,为了各自的目的而编写汉语教材（张西平，2009）。19世纪50年代之前，大多数西方汉语教材编写者以南京官话作为汉语标准，如影响较大的1822年《汉文启蒙》（法国雷慕沙 Abel Rémusat（1788—1832），*Eléméns de la Grammaire Chinoise*）、1857年《汉语课本》（德国硕特 Wilhelm Schott（1802—1889），*Chinesische Sprachlehre*）、1857年《官话口语语法》（英国艾约瑟 Joseph Edkins（1823—1925），*A Grammar of the Chinese Colloquial Language Commonly Called the Mandarin Dialect*）等，给汉字所注读音均标有入声。

目前所见的最早以北京音为标准编写的西方汉语教材是1859年《寻津录》（*Hsin Ching Lu*）。作者威妥玛（Wade Thomas Francis，1818—1895），英国外交官。1859年在香港出版的《寻津录》是他编写的第一本汉语教材，也是他着手制订汉语拉丁字母注音方法的标志。他在《寻津录》前言中明确提出"北京话已经是官方译员必须学习的内容"，书中使用的501句汉语口语句子可以反映当时的北京话面貌，均用威妥玛式标音法逐字标音。

其次是威妥玛1867年出版的《语言自迩集》（*Yü-Yen Tzŭ-Erh Chi, A Progressive Course Designed to Assist the Student of Colloquial Chinese*），这是他影响最大的汉语教材。该书1867年初版，本书使用1886年第2版，两个版本的语气词面貌相近①。该书的编写目的主要是协助使馆见习译员学习北京官话口语，其中的散语章练习、问答章、谈论篇和以《西厢记》为蓝本的"秀才求婚"有大量的汉语句子和段落，以当时的北京官话为标准（宋桔，2011）。

1871年英国来华海关人员司登得（George Carter Stent）的《汉英合璧相连字汇》（*A Chinese and English Vocabulary in the Pekinese Dialect*）以词典形式收录了两万多个汉语词条，以词条首字母顺序编排，

---

① 根据张美兰、刘曼（2013），《语言自迩集》第2版只改动了第1版的两处语气词，不影响本书结论，数据依据第1版。

以威妥玛式拼音标音,并用英语给词目释义。

英国汉学家翟理斯(Giles Herbert Allen)于1872年出版了《汉言无师自明》(*Chinese without a Teacher*),这是他编写的第一部汉语学习教材,按旅客、商人、家庭主妇、运动员、商店、水手等类别分为14课,每课32句,每句话有英文句子和汉语注音对照,书末附词汇表。初版没有汉字,再版时才增加了汉字,其注音方法与威妥玛式拼音相似,被后世合称为"威妥玛—翟理斯拼音"(Wade-Giles Romanisation System)。该书于1887年、1901年、1922年多次再版,本书主要使用1872年第1版。翟理斯还在1873年出版了《语学举隅》(*A Dictionary of Colloquial Idioms in the Mandarin Dialect*),主要以231个英语动词为纲,收录了1030个汉英对照的句子,并逐一标注了汉字读音。

1892年《官话类编》(*A Course of Mandarin Lessons, Based on Idiom*),作者狄考文(Mateer Calvin Wilson,1836—1908)是北美长老会传教士。该书于1892年初版,本书使用1900年改订第2版。该书的最大特点是关注到官话内部的差异:"要必以通行者为是,兼有不通行者,则并列之,其列法,北京在右南京在左,如有三行并列,即山东居其中。"书中包含了200篇汉语课文和13篇汉语对话和演讲。

1907年《华英文义津逮》(*The Chinese Language and How to Learn It*)的作者是英国外交官禧在明(Hillier Walter Caine,?—1927)(周磊,2011)。该书初版于1907年,本书使用1913年第3版。全书分上下两卷。上卷有13篇课文,包括"善恶报应传""神豆传""报恩狗"等故事。下卷有12篇故事,包括"赵城虎""瞳人语""种梨""劳山道士""鸟语""菱角""细柳""促织""王成""雏鹡""向杲""骂鸭"。上下卷均对部分字词注音并释义。

1912年《汉语通释》(*Lehrgang der nordchinesischen Umgangssprache*)的作者是德国莱辛(Ferd. Lessing)和欧德曼(Wilh. Othmer),全书共49课,每课分汉字、语法、词汇和简短会话/故事四个部分。汉字和词汇解释有罗马字注音。

1918 年《北京话语音读本》(*A Mandarin Phonetic Reader in the Pekinese Dialect*)的作者是高本汉(Karlgren Klas Bernhard Johannes，1889—1978)，瑞典汉学家，该书是其《汉语音韵学研究》的姊妹篇，其中 20 篇中文文本，包括了民间故事、笑话、会话交谈等，并且用隆德尔字母逐字标音转写(艾溢芳，2016)。

1.5.6　日本北京官话教材和词典

近代日本与中国清朝政府建立外交关系后，江户时代以长崎为中心的汉语口语学习是以南京官话为标准的，被称作"唐话"。1871 年成立的"汉语学所"教授南京官话，1876 年 9 月才转为教学北京官话，"进入明治后，中国语教育之所以被重视，是外交上的需要，而带来向北京官话转变的契机，也是外交上的需要"。(六角恒广，1988)日本人自编了大量汉语会话教材，也翻译了一些西方汉语教材。日本自编汉语教材如《日清会话附军用语》(1894)、《北京官话实用日清会话》(1904)、《支那语会话独习》(1938)、《华日教室会话》(1943)等。日本翻译的西方汉语教材以《总译亚细亚言语集》(1880)为代表。本书语料来源主要是六角恒广《中国语教本类集成》。大部分语料有假名字母注音，部分用拉丁字母注音。

1.5.7　朝鲜汉语教材

朝鲜王朝时期，由于与明朝的频繁交往，"几乎没有人把汉字汉文和汉文化当做外国语和外国文化看待"(张西平，2009)。朝鲜中期，司译院就开始自行编写汉语口语教材，朝鲜末期设立了官立汉语学校，把汉语作为外国语进行教学。1910 年日本吞并朝鲜后，官方汉语教学中断，仍有一些汉语口语教材出版。本书考察的朝鲜汉语教材主要出自汪维辉(2005)《朝鲜时代汉语教科书丛刊》，汪维辉等(2011)《朝鲜时代汉语教科书丛刊续编》，朴在渊、金雅瑛《汉语会话书》(2009)、《汉语会话书续编》(2011)和《骑着匹(六堂文库)·中华正音(华峰文库)》(2011)。部分朝鲜汉语教材有谚文注音，具有重要参考价值。

第二章　早期北京话语气词语义分析

白话语气词"啊、吗、呢、吧"早已产生，长期和文言语气词共存，即杨永龙（2003）所说的"语法演变并非新陈代谢，更像四世同堂"。语气词系统的全面转变是在晚清民国完成的，既有文字形式的调整，又有读音弱化的过程。这些变化都以语气词表情表态的语义为核心。既是表情表态，就离不开和语调等其他表达语气手段的配合。

传递语气的首要因素是语调，讨论语气词的作用要考虑到这一点，不能把语调传递的信息归到语气词身上。但是，相同形式的句子若带上了不同的语调和不同的语气词，其意义的差别就不能绝对归因为语调。语气词只要出现，就会增强或削弱原有的语气。所以，讨论语气词的意义，既不能把整个句式的意义归结到语气词身上，也不能将语气词完全从句式及语调所表达的意义中剥离开。本书将从语气词在不同句类中的用法来讨论其语义功能。

Ochs, etc.（1996）提出："话语的形式和互动参与者之间的关系转换是纠缠在一起的"，"作为互动结构，语言形式可以被看成是不同交际者的合作成果"。交际中，说话人说出信息或态度的同时，对听话人也有不同程度的要求或期待，说什么、如何说，很大程度上取决于对话双方的社会地位和交际需求。如赵元任（1968）就曾提到句末的下降尾音"表示说话人有一种优越感或殷勤的态度（they express a somewhat superior or condescending attitude on the part of the speaker），比如大人跟小孩说话时就是"，这种由高低位置决定的态度表现在语言形式中，即为互动的成果。

说话人在说出一段话的同时,也表明了自己对这段话的立场、态度和感情,这种说话人"自我"表现成分的特性是主观性(subjectivity)。交互主观性(intersubjectivity,也译为"主体间性")则牵涉到说话人对听话人的注意,把听话人当作话语事件的参与者(Lyons,1977)。

Traugott & Dasher(2002)指出,主观性是交互主观性的先决条件,最具有主观性的表达有以下特征:

1)明确的时间、空间指示;
2)明确标记说话人对说话内容的态度,包括对命题的认知态度;
3)明确标记说话人对说话内容前后关系的态度,即话语结构,包括其指示的各个方面;
4)以相关原则(The Relevance-Heuristic)为主。

最具有交互主观性的表达有以下特征:

1)明确的社会指示(对说话人施加给第一、二人称的指示情形有何种态度);
2)明确标记说话人对听话人的注意,如避免正面作答、礼貌标记、尊称等[①];
3)以相关原则为主,即意在言外。

具体到说话的内容,传递信息(如陈述句)或情绪(如感叹句)主要体现主观性,索取信息(如疑问句)或态度(如祈使句)则更多体现交互主观性。在汉语中,传递/索取信息、情绪或态度的主要手段是语调和语气词。它们既有各自的互动性质,又互相影响,彼此作用,在不同目的的

[①] 典型的"互动"是指说听双方共同的行为,一方怎么说,另一方怎么回应。但从说话人的角度看,有无听话人、是怎样的听话人,也会影响到说话人"怎么说",即如何在话语中标记出"对听话人的注意",本书讨论的互动就是这种类型。

言语交际中呈现出多种互动效果。

　　句类和传递/索取信息、情绪或态度的关系并非简单的一一对应。吕叔湘（1942）指出，语气是概念和内容相同的语句"因使用目的不同所生的分别"，兼用语调与语气词两种手段表示。王力（1943）将语气分为四大类十二小类，在每个语气小类之下列出了对应的语气词用例。按照对听话人由高到低的要求程度，大致可将这些语气及对应的语气词排列如下：

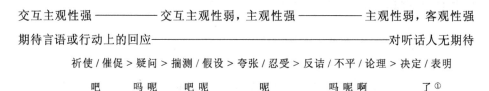

图 2.1　交互主观性和语气词的对应

　　尽管语气词是多功能的，一个语气词可以表达不止一种语气，各语气词的功能互有交叉，但还是可以大致归纳出语气词在互动等级序列上的高低，即：吧 > 吗 > 呢 > 啊 > 了。

　　语气词的语义决定了它的互动等级，放到不同的句类中，增强或减弱句子原有的语气，提升或降低句子原有的互动功能。语气词的互动等级又与其语音形式相关：语气词的开口度越大，互动等级越高（主观性、交互主观性强）②。开口度越大，发音越响亮，越适宜和听者互动。

　　本章将从互动角度讨论这几个主要语气词的语义。

---

① 王力（1943）在"表明"类语气中的用例是"的"，如："刚才是我淘气，不叫开门的。"在此序列中"的"应和"了"处于同一等级。"的"的语气词性质颇有争议，本文不作讨论，故未列入。

② 和其他语气词相比，"啊"的元音开口度较大，但多弱读，故而才有"呀、哪、哇"等语音变体，因而并不违背"开口度越大，发音越响亮"的原则。而"呀、哪、哇"等变体也有主观情绪的有无和强弱之别，参见第三章。

2.1 啊

2.1.1 "啊"的用法

"啊"作为语气词的身份毋庸置疑,但它表达的语气意义却众说纷纭,难以统一。有的从篇章角度看,如 Boya Li(2006)认为"啊"强调其上下文相关;也有的试图给出统一的语义解释,如 Li & Thompson(1981)认为其作用是舒缓语气。

观察"啊"的分布,适合各种句类。1892年《官话类编》对语气词"啊"的用法观察得非常仔细:

> 啊 $A^1, É^1$:有不同用法的句末小品词:
> 1. 正式称呼或祈祷的结尾:我们在天上的父啊。| 李四啊,为人都有个天理良心哪,你这样糟蹋好人,是有罪的呀。
> 2. 疑问的结尾:才回来吗?家里都好啊?| 你要和我一块儿走啊,还是要先走哪?
> 3. 强调命令或宣告:天不早喇,你得赶快的走啊。| 张三哪张三哪,我们姓张的脸,都叫你自己丢了啊。
>
> (第六十一课)

"啊"在不同的句类中作用不全然一致,对命题的肯定程度和对说话者的态度都有不同。北京大学中文系1955、1957级语言班(1982)认为"啊"在问句中使语气缓和而不生硬,在陈述句中表示解释、申明、显而易见。"解释、申明"常与表现强硬的态度相联系,那么陈述句中的"啊"和疑问句中的"啊"就是矛盾的。

吕叔湘(1942)指出,多数"啊"语句只表示说话人的精神相当紧张或兴奋。这一点启发我们,这种紧张或兴奋,是在会话中面对听话人才具备的。屈承熹(2005)把"啊"称为"关心虚词",指该句所表述的内容代表说话者个人的关心。屈承熹(2006)还认为"啊"表示"个人介入",包括说话者的关切和肯定的程度。关心、关切和介入,都是需要对象的。所以,"啊"的基本功能在于表现说话人对听话人的关注①,即不仅是说话人的自我表达,更是面对听话人传递命题的主观情绪,因而多见于对话材料。"啊"传递的情绪是由不同句类的主观情态意义决定的,它在不同句类中出现的频率也不同。以下按"啊"所出现的句类分析其作用。

2.1.1.1 感叹句

"啊"所在的感叹句大多有情态副词,如"真、可、好"等。说话人通过命题传递信息,通过副词传递主观情感,通过"啊"传递对听话人的关注,全句表示说话人向听话人传递对命题的深信不疑以及由此引发的感慨:

(1) a. 雨太多了,住了罢,一阵阵下的好焦心的啊!(《寻津录》)
   b. 看起这个来,是"有志者事竟成",和"有志不在年高",这两句话真是不假啊!(《语言自迩集》)
   c. 可巧琴童出来,见他主人在半悬空里爬著墙,急忙的叫说:"老爷可别撒手,小心摔下来,可不是玩儿的啊!"(《语言自迩集》)
   d. 要知道生意的工夫,从小儿直学到老,也是不能学完的,常言道:"长到老,学不了。"这实在是顶有理的话啊!(《支那语书取研究》)

2.1.1.2 疑问句

"啊"本身不表示疑问语气,但可以对问句的语气起到增强或减弱的作用,这是由它所附着的不同问句类型决定的。

反问句功能和感叹句相当,以问句形式传递信息和主观态度,是无疑而问。"啊"的作用是表现对问句命题的强烈主观态度并传递给听话人,

---

① 关注,也称"关照",即 focus,参见 Arie Verhagen(2005)。

增强质问的语气：

（2）若不懂好歹,不明道理,与那畜牲何异<u>啊</u>？（《语言自迩集》）

真性问句中,特指问句的疑问语气由疑问词和语调承担,反复问句的疑问语气由 AB-NEG（-AB）句式承担,是非问句的疑问语气由句调承担,都与"啊"无关。发问就是"求应",从礼貌原则上看是有损他人的表达,而"啊"的作用是表现对听话人的关注,也就可以缓和质询的语气,所以赵元任（1968）说问句中不用"啊"有点生硬,用了"啊"语气就和缓客气一点。如：

（3）a. 兄台,你打量教我们的是谁<u>啊</u>？（《语言自迩集》,特指问）
b. 想必是我们家里的人们,说我没在家,你恼咯,是这个缘故不是<u>啊</u>？（《语言自迩集》,反复问）
c. ——前次兄弟曾托孔兄来,面求老兄一件事,今日我斗胆特来奉恳。——不是为令弟的那件事情<u>啊</u>？——不错,就是那件事。（《官话指南》,是非问）

选择问句的疑问语气主要由多个选项并列的句式来承担,有时还加上句末语气词"呢"。大多数情况下,"啊"出现在前一选项末,作用与句中停顿的"啊"一样,关注听话人,控制话语权（参见 2.1.1.5 节）。如：

（4）要从此成名<u>啊</u>,还是要靠着这个过日子呢？（《语言自迩集》,选择问）

早期北京话语料中,"啊"出现的是非问,近一半是见面问候,以问句形式传递信息问候对方,是仪式化的问句。如：

（5）兄府上都好<u>啊</u>？（《语言自迩集》）

2.1.1.3 陈述句

吕叔湘（1942）强调，并非用了"啊"就算感叹语气。"啊"用于陈述句中，附在完整的命题之后，句中没有情态副词，因此全句比"啊"感叹句的主观色彩弱。陈述句和感叹句的区别正是在于说话人主观情绪的强弱程度不同。带有语气词"啊"的命题，情态副词的有无决定了主观性的强弱程度。"啊"陈述句多用于对话环境，虽然主观性稍弱，但仍能关注到听话人，即具有交互主观性：

（6）a. 雨是足够用的了，地里的庄稼，都缓过来了，河里井里都有了水了，人心也就定了<u>啊</u>。(《寻津录》)

b. 想来说话、行事还正派，故此，人家都服我，愿意给我出力<u>啊</u>。(《语言自迩集》)

2.1.1.4 祈使句

祈使句的基本交际功能是命令、禁止听话人做某事，充分表现了说话人对听话人的注意，因此可以不用"啊"。但祈使句的话语功能是威胁面子行为〔FTA，face-threatening act（s）〕，Brown & Levinson（1987）在礼貌原则下提出相应的对策，见图2.2。

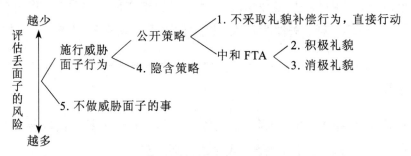

图 2.2 环境决定对策（Brown & Levinson, 1987）

在祈使句中使用"啊"就是实施礼貌策略的积极礼貌手段之一——照顾听者〔Notice, attend to H (his interests, wants, needs, goods)〕，中和了FTA，是补救措施，因此有缓和语气的作用。如：

（7）a. 别错过了机会啊！（《语言自迩集》）
　　　b. 奉求奉求！叫门哪叫门哪！救人啊！（《日清会话附军用语》）
　　　c. 请拿菜来啊。（《速修汉语大成》）

以上考察了"啊"在不同句类中的作用，归纳如下：

表 2.1 "啊"在不同句类中的作用

	句子的交际功能				"啊"的功能	
	传递		索取		关注听话人	对全句语气的作用
	信息	情绪	信息	态度		
感叹句	+	+			+	增强
反问句	+	+			+	增强
陈述句	+				+	增强
真性问句			+		+	减弱
祈使句			+	+	+	减弱

可见，"啊"对句子语气的作用是增强还是减弱，取决于"啊"所处句子的交际功能。"啊"在互动等级序列中处于较低的一端，把它放到互动功能较强的疑问句和祈使句中，就拉低了句子对听话人的要求。

2.1.1.5 句中

句中停顿处使用"啊"，最常见的情况是用在呼语后，呼语的交际功能很明确，加上"啊"更突出了近距离的交互作用：

（8）一天，众虾蟆聚会，一齐仰天求告说："老天爷啊，赐给一个管理我们的好主人罢。"（《伊苏普喻言》）

假设小句和话题这两种句中停顿加上"啊"可以关注听话人，示意话轮尚未完成，从而控制话语权而不出现话轮转换，赵元任（1968）把这种作用称为"让说话人自己有时间想想下面该说什么"：

（9）a. 您若是上邮政局去啊，劳您驾，就手儿给我买一块钱的信票。（《华英文义津逮》）

b. 这个肉啊，是祖宗的克食，有强让的理么？（《语言自迩集》）

"啊"用在列举项后示意话轮未完，然后继续列举，因而起到分隔音节的作用：

（10）我先是顺着风儿走还好些儿，后来迎着风儿走的时候儿，那脸啊、腮啊，就像针儿扎的似的，冻得疼。（《语言自迩集》）

2.1.2 "啊"的主观性

上节讨论了"啊"的功能是关注听话人，体现了说话人的主观性。以下从三方面事实观察"啊"所反映的说话人对听话人的亲近态度。为避免不同性质的语料及不同作者带来的书写形式的干扰，本节穷尽考察了蔡友梅小说中的"啊"（包括"啊"的语音变体"呀"和"哪$_1$"）。

2.1.2.1 熟人呼语加"啊"

蔡友梅小说中对听话人使用呼语加"啊"共 26 例，其中 24 例的场景均为亲属关系长对幼和非亲属关系权高对位低，既体现了说话人对交际双方地位的判定，也反映了说话人对听话人的亲近态度。亲属关系属于 Leech（1983）所指的固定关系，权势关系是因交际目的而产生的临时关系。长对幼或权高对位低时，使用呼语加"啊"就显得很自然。比如亲属关系中长者对晚辈说话就很随意：

（11）a. 伊太太说："大哥儿呀，你跟二哥儿、跟你妹妹，你们先吃吧。"（《小额》）

b. 倒是明五爷说了几句大实话，说："得了，额啦大呀，谁让你错了呢，赔个不是吧。"（《小额》）

非亲属关系中权势优越的一方对另一方说话，使用呼语加"啊"表现"老交情"和"不要客气"，也体现出这种随意，比如太医院的当红医生徐吉春给小额看病：

（12）小额说："您救救儿我啵。我盼了您好几天啦。上回我这条命不是您救的吗？"说着，爬在炕上，就给徐吉春闹了一个头。徐吉春说："喊呀，少峰呀，这是怎么啦？咱们是老交情，不要这样子客气的。"（《小额》）

当固定的亲属关系和临时的权势关系不一致时，交际目的优先，固定关系服从于临时交际目的。以下两个"幼对长""位低对权高"使用呼语加"啊"的用例，可以用"体现亲近态度"的目的来较好地解释。

一例是小文子对母亲用了"啊"。他对母亲拜神很不以为然，用呼语加"啊"来拉近和母亲的距离，掩饰自己的不耐烦：

（13）小文子儿虽然没念过多少书，可是向来不信服这些个（总算不迷信），又是个爆竹脾气，立刻说道："老爱弄这个瞎事。这不是妖……""妖言惑众"没说出来，小文子儿的媳妇儿连推带瞪，说："徐先生来了没有？你告诉奶奶去吧。"小文子儿这才来到东屋，额大奶奶刚磕完了头，小文子儿说："奶奶啊，徐先生明儿个……""明儿个一早"没说出来，额大奶奶是怕老仙爷知道请大夫挑眼，赶紧说道："回头再说吧。你也给老仙爷磕个头吧。"（《小额》）

另一例是小额求金针刘看病，他居于临时权势关系中较低的一方，但为了缩小距离，所以连同称呼"兄弟"一并使用语气词"啊"，为的是希望对方"别多心"：

（14）又待了两天，那天金针刘来的晚点儿，小额留他吃的晚饭，自己陪着。正吃饭的时候儿，小额就跟金针刘说："兄弟<u>呀</u>，你救我这条命，我真是感念不尽。我有一句话，兄弟你可别多心，您瞧我这个疙瘩，还得多少日子才能收口儿呢？"（《小额》）

2.1.2.2 陌生人对话用"啊"

Leech（1983）提出圆滑原则（The Tact Maxim），即：当听话人需要付出的努力越多、说听双方的社会距离越远、听话人对说话人的权威性越高时，消极表达中就需要提供更多的选择和相应的间接表达。也就是说，双方关系越亲密，表达越直接；关系越疏远，就越需要"套近乎"。在陌生人的对话中，语气词"啊"的求亲近作用就显得更为重要和刻意。

蔡友梅小说中，询问"贵姓"共19例，其中9例带"啊"，表示说话人的客气态度，10例不带"啊"的用例用于表现对听话人不客气的态度或随意、亲密的关系。如下例小脑袋春子等一伙地痞上伊老者家道歉，善大爷是王府的教书先生，他的身份决定了对来者的客气态度，既用到尊称"您"，也用了"啊"。小脑袋春子没有文化，自然不会用这些方法表达亲密：

（15）想到这儿，才要说话，就瞧一个小脑袋儿尖鼻子的人对着善大爷说：<u>"大哥贵姓？</u>"善大爷说："我姓善。<u>您贵姓啊？</u>"（《小额》）

下例小额和赵六的问答也能说明这一点。小额开始没认出赵六来，第一次询问姓名是非常客气的，使用了"请问""阁下"和语气词等手段。赵六套了一阵近乎，小额知道是熟人，再次问姓名，就随意多了：

（16）登时小额吓了一跳，细瞧这个人，……瞧着很透着眼生，……小额说："我也犯不上跑。<u>请问阁下贵姓呀？</u>"那个黑胖子又一冷笑说："……"小额说："……实在的没瞧见兄弟，失照，失照。我瞧见兄弟您很眼熟，仿佛在那儿见过似的，一时可就想不起来啦，千万的要恕乎我。兄弟倒是<u>贵姓</u>？"（《小额》）

蔡友梅在叙述询问姓名的规矩时，将"贵姓啊"当作常例。如：

（17）问姓名的时候儿："来了？""来喽。""<u>贵姓啊</u>？""姓曹。""台甫怎么称呼？""有朋友送两个草字，叫作淡菊。"（《忠孝全》）

其他表示尊敬的亲密手段还包括加上称谓语或尊称代词，如"先生贵姓""您贵姓"。如果存心欺负对方、不求亲近就不用任何手段，如下例：

（18）王志远当时一介绍，徐堃恭恭敬敬的给他作了一个揖，刘二捧了捧拳，说："<u>贵姓</u>？"徐堃说："学生姓徐。"（《苦鸳鸯》）

2.1.2.3 问句加"啊"

蔡友梅小说中表示询问的"啊"问句均为肯定问句"验证询问"，大多发生在熟人之间，质疑的语气很弱，倒更像是寒暄或祈使。孙雁雁（2013）称之为"验证询问"，是弱客观性强主观性的用法。如：

（19）a. 小额接过烟袋来，一边儿抽，一边儿跟旁边棹儿上一个五十多岁的老头儿说话，说："您这两天常来<u>呀</u>？"（《小额》）

b. 善全又问伊老者说："您喝酒<u>哇</u>？我给您打去。"老者说："那们你打他二百钱的去。给我带点儿盒子菜来。"（《小额》）

否定问句通常有反诘作用，表示对否定命题的肯定确信态度。如：

（20）徐堃被逼无法，说："学生没下过场。"刘二说："呕，是了，你进学以后，没下过乡试场啊？"徐堃说："学生就没进过学。"（《苦鸳鸯》）

但"没……啊"和"没……吗"句式相比，语气轻柔，反诘质问的语气要弱得多。如：

（21）a. 太太一边儿拉着秃儿，低声巧语的问姑娘说："你阿玛回来没说甚么呀？"（《小额》）

b. 金针刘说："少峰大哥，你没听俗语儿说吗？穷汉子吃药，富汉子还钱……"（《小额》）

另有一例"不是……呀"：

（22）要说外科，王先生简直的不懂得，随嘴儿说到："不要紧，不要紧，这个疙瘩倒不要紧。您这个病，可怕是热病的来派。赶紧治要紧。"额大奶奶说："您看不是搭背呀？"王先生一听，把脑袋摇的车轮相似，连声的说道："不是，不是，实在的不是。"（《小额》）

否定形式显示出额大奶奶对病情有一定认识，她对王先生又心存敬畏，用"呀"减缓质疑的语气。

可见，"啊"的交际作用是缩小疏离、显示亲切，熟人之间自然运用"长对幼"和"权高对位低"的固定规则，在陌生人之间则以交际目的优先而刻意为之。这是说话人关注到听话人的一种表现。

表 2.2 "啊"使用情况统计

	感叹		疑问		陈述		祈使		小句停顿		列举		呼语		合计
1859 寻津	9	33.3%	2	7.4%	14	51.9%			2	7.4%					27
1867 自迩	44	19.5%	51	22.6%	96	42.5%	6	2.6%	14	6.2%	15	6.6%			226
1879 伊苏	62	27.1%	14	6.1%	102	44.6%	17	7.4%	1	0.4%	3	3.1%	33	14.4%	229
1880 国字	11	11.2%	21	21.4%	56	57.2%	1	1.0%	6	6.1%	3	3.1%			98
1880 亚细	22	26.5%	18	21.7%	32	38.6%	2	2.4%	3	3.6%	6	7.2%			83
1881 指南	11	11.5%	70	72.9%	15	15.6%									96
1883 启蒙	5	20.0%	3	12.0%	17	68.0%									25
1885 案内	3	42.9%			4	57.1%									7
1892 类编	27	11.4%	26	11.0%	141	59.8%	16	6.8%			1	0.4%	25	10.6%	236
1894 军用	18	69.3%	4	15.4%	3	11.5%	1	3.8%							26
1907 小额	32	19.2%	66	39.5%	21	12.6%	14	8.4%	10	5.9%			24	14.4%	167
1907 津逮	1	7.1%	8	57.2%			1	7.1%	2	14.3%	2	14.3%			14
1918 读本	4	28.6%	6	42.8%	4	28.6%									14
1918 速修	6	20.0%	12	40.0%	11	36.7%	1	3.3%							30
1921 集成	19	22.4%	26	30.6%	28	32.9%	4	4.7%	3	3.5%	4	4.7%	1	1.2%	85
1922 警务	15	21.1%	40	56.3%	6	8.5%	10	14.1%			3	2.6%			71
1924 风俗	39	34.8%	48	42.9%	16	14.3%	6	5.4%							112
1933 急就	8	14.8%	33	61.1%	6	11.1%	1	1.9%	4	7.4%			2	3.7%	54
1939 内鲜	16	34.0%	18	38.3%	7	14.9%	6	12.8%							47
1941 书取	8	61.5%	5	38.5%											13
1943 教室	1	1.9%	37	69.8%	6	11.3%	8	15.1%	1	1.9%					53
合计	361	21.1%	508	29.7%	585	34.0%	94	5.5%	46	2.7%	34	2.0%	85	5.0%	1713

2.2 呢

语气词"呢"在问句和非问句句末都可以使用,因此它所表示的语气多样,历来有多分说和合一说两种观点。赵元任(1968)用不同的字形和注音以示区别,用在疑问句中的是"呢/呐",读 ni,用在非问句中的是"呢/哩",读作 ne。吕叔湘(1942)将"呢"分为三类,问句中的"呢"是直陈语气,非问句中的"呢"表确认,祈使句中的"呢"有讽谕的口气。王力(1943)描写了"呢"的夸张、疑问、假设、反诘四种语气。胡明扬(1981)在关注陈述、疑问等语调的基础上讨论"呢"的作用,认为它是向对方传递某种信息的表意语气词,提请对方注意。即使是学习汉语的外国人,也注意到了"呢"的用法多样。《语言自迩集》区分了疑问和非疑问两种用法:

呢 ni[1],语助词,一般是,但并非总是表示疑问语气。(散语章练习四 112)

《官话类编》则描写细致,在疑问之外还分出六种"难以归类"的用法:

"呢"是间接疑问的标记,理论上每个间接疑问都要用"呢"结尾,实际常常被省略,因此它的用法看似没有规律。(第十七课)

……"呢"……还有其他用法,位置不同,用法不同,很难归类:

1. 表达惊讶、愤慨或责备:太太叫你快些过去呢。
2. 表达不确定或困惑:我很愿意到西国去开开眼,可就是去不了呢。
3. 用隐含的问句表达灵光突现:可不是呢/吗[①],到底是我看错了。

[①] 《官话类编》汉字竖排,"兼有不通行者,则并列之,其列法,北京在右南京在左,如有三行并列,即山东居其中"。本书为行文方便,以斜线"/"表示并列,斜线前为南京说法,斜线后为北京说法,三处并列的则用两条斜线分隔开。

4. 表达对某个选择项的偏好或比较：你这二年在那里念书，家里也省好大的嚼用呢。

5. 表达加强语气的回复，包括明问或暗问：那里隔壁，就是一个酒馆。答：那才正合我的式呢。

6. 和名词单独使用提问，替代了完整疑问形式：洋火/取灯呢？答：洋火/取灯在香几子上。（第八十九课）

狄考文感觉难以归类的六种用法中，第 3 种和第 6 种是跟疑问用法相关的，其余四种则与主观情态相关，当然不能和疑问用法的"呢"混为一谈。

吕叔湘（1941）分析了唐宋语气词"在里——在/里——哩"的演变过程，认为表持续的"呢"是来源于"在里"；曹广顺（1995）提出"聻"是唐五代以后新生的疑问语气词，表疑问的"呢"正是从"聻"而来。用于疑问句和非问句的"呢"来源不同，意义不同，晚清民国有一段时间读音不同，现代汉语中两种"呢"的调型也不同：疑问句中的"呢"是高调，表示持续的"呢"是低调。所以本书将"呢"分为两个：用于问句及问句相关的是"呢$_1$"，表持续和夸张的是"呢$_2$"，附论"呢"的方言形式"哩"和"唎"。

2.2.1 呢$_1$

2.2.1.1 提醒注意（不确定性疑问句、反问句）

通常认为语气词"呢"来源于表疑问的"聻"，所以"呢"一直都可以用在疑问句末，包括特指问、反复问和选择问。关于"呢"在这些疑问句里的作用，学界的争议在于"呢"是否承载了疑问信息。"呢"所出现的特指问、反复问和选择问这三种形式，即使不用"呢"也能表示疑问，也就是说，在表示疑惑和发问这两种功能上，"呢"都不是必备条件。发问本身就是需要回答的，"求应"是疑问句的功能，也与"呢"无关。至于疑问的程度高低，不依靠上下文不易分辨。单靠这三种问句环境，不能确认"呢"具有疑问功能。

胡明扬(1981)认为,"呢"在各种语调中都不承载疑问信息,只是"提请对方特别注意自己说话内容中的某一点"。徐晶凝(2008b)也认为"呢"的原型情态意义是"说话人在共享预设的基础上点明某一点"。这两种观点都注意了听话人的存在,认为"呢"的作用是"提醒听话人注意"。完权(2018)进一步提出,"呢"用在交互性强的话语中,要求释话人有言语回应、心理回应或动作回应。

提醒听话人注意这一行为,从礼貌原则上说加强了听话人的负担,施加到发问行为上,就增强了疑问的语气。同样是在问句中,"呢"的作用是增强疑问语气,而"啊"的作用是减弱疑问语气。而在互动等级序列上,疑问语气的交互主观性很强,仅次于祈使语气,增强疑问语气就是增强了交互主观性,所以"呢"的交互主观性比"啊"强。以下按疑问句类型各举几例。

(23) a. 你们学格物,现在学那一本呢?(《官话类编》,特指问)
b. 那个宝贝他在那里得的呢?(《北京话语音读本》,特指问)

(24) a. 这三百两他给不给呢?(《语言自迩集》,反复问)
b. 这当儿孩子也睡啦,少奶奶说:"你吃不吃呢?"(《小额》,反复问)

(25) a. 是他一个人丢了钱了,还是连累了人家了呢?(《语言自迩集》,选择问)
b. 赵说:"这样他们开女学堂,是男先生教呢还是女先生教呢?"(《官话类编》,选择问)

"呢"还可以用于祈使句,《儿女英雄传》中已有用例:

(26) 拿手里那根照入签,把那御史的帽子敲的拍拍的山响,嘴里还叫道:"老都,喂,你把我那本儿先给我找出来呢!"(第三十四回)

吕叔湘（1942）推测"呢"用于祈使句的用法是从问句"你……好不好"或"你能不能……呢"变来的。江蓝生（1994）认为这是提醒、请求的语气。这类"呢"句是问句的省略形式，"呢"仍然是提醒听话人注意的功能。早期北京话语料中，这种用例不多见。如：

（27）a. 胎里坏说："得了，你爱怎么说怎么说，您就想法子去吧。"饿腽冯说："我抽完了这口就去。你先别走呢，咱们回头见。"说完了，又烧了一口抽。（《小额》）

b. 刘军门说："好呀，过两天折差进京（旧日总兵因事递折子，得由巡抚会衔，万寿贺折以及谢恩的折子，可以专折单递）。回来的时候儿，顺便到临清，把他母亲接来就是了。先不必跟女儿提呢。"（《刘军门》）

c. ——赶明儿个上庙你给买个五六把儿就得了。——喳！您给我钱呢。（《燕京妇语》）

"呢"用于反问句末的用例很多。反问句是假性问，有特定的语用环境，与特指问、反复问等不在同一个层面。确定反问句很大程度上需要依靠上文，如以下两例，若无上文，则为特指问：

（28）a. 我眼瞅着是要死的人了，要这个东西，有甚么用处呢？（《搜奇新编》）

b. 那个人的臭名儿，谁不知道呢？（《官话类编》）

邵敬敏（1996）认为反问句的语用特点是：显示说话者内心的不满情绪，表现说话人主观的独到见解，传递说话人对对方的约束力量。"主观见解"是反问句最重要的语用意义，"不满情绪"则因语境而异，反问句中的"呢"则表达"约束对方"的力量，即提醒听话人注意。带有强烈主观色彩的反问句传达出"理所应当、毋庸置疑"等感情：

（29）啊，今晚上这月亮怎么这么明快呢？（《北京话语音读本》）

有的反问句在互动对话中使用频率高，逐步仪式化，减少了对语境的依赖，很难再用问号，其中"呢"的提醒注意作用就不那么明显，如表示让步的"何况……呢"等：

（30）a. 姑娘一听，心里说道："这是怎么说呢！我这里又不曾冲锋打仗的，又不曾放炮开山，不过是我用刀砍了几个不成材的和尚，何至于就把他吓的溺了呢？"（《儿女英雄传》）

　　　b. 那儿的话呢！（《语言自迩集》）

　　　c. 庙里的神，连自己也不能保佑，何况是保佑人呢。（《官话类编》）

2.2.1.2　标示疑问（"无疑问词＋呢"格式）

对话中，"呢"常附着在体词性成分后。陆俭明（1982）认为，"呢"前为体词性成分时，全句为始发句。这里的"始发"是就具体的单个话轮而言，若放到更大的语篇中来看，即便是始发句，也是在对话双方已有一定的语境铺垫之后才出现。如：

（31）a. 我们这里是逢四九赶集，你们贵庄呢？（《官话类编》）

　　　b. 正在说话中间，李顺且外头跑进来啦，说："太太，了不得啦。北城的六老太爷来啦。"……李顺出来，赵华臣就走啦。额大奶奶赶紧问李顺说："六老太爷呢？"（《小额》）

这里可以看到，"呢"除了显示说话人对听话人的提醒，它的使用也依赖于说听双方共同的交际背景及对话场景。偶有附在谓词性成分后的用例：

（32）a. 半晌，又听答道："也罢，拿我这个给他，算谢他的罢。""你要告诉别人呢？须说个誓来。"又听说道："我要告

诉一个人，就长一个疗，日后不得好死！"(《红楼梦》第二十七回）

b. 我告诉你，你要哭<u>呢</u>？(《老张的哲学》)

陆俭明（1982）指出，这种格式是特指问或选择问的简略句式，省去了疑问代词或析取结构。这时的"呢"不可缺少，否则就不成句。"呢"不但承担了发问的功能，而且还负载了形式上省略语义上却隐含的疑问点。

"呢"在特指问和选择问中不承担发问功能，但在长期使用的过程中吸纳了它们的句式义，因此在"无疑问词+呢"的简略句式中成为疑问标记，听话人结合一定的语境加以还原。这种简略式依托对话场景才能成立，因此也能用于假设小句后、话题后等句中停顿处（详见2.2.1.3节）。

域外汉语教科书中这种简略形式很少，一部教材中仅两三例，多者不过十例。究其原因，一方面是教科书的对话材料都很简短，无法提供充分的语境铺垫，也少用大段对话，另一方面，这种简略形式在教学上既不是重点又难以速成，编写者未予以重视。

2.2.1.3 标示话题、假设和并列（句中停顿）

赵元任（1968）"零句说"认为，汉语的主语本质是问话，谓语是答话，问和答可以是（1）双线对话，也可以是（2）用主语发问，而自己在谓语作答，还可以是（3）两人一问一答合并成一句连续不停的完整句，并用下例说明：

1）饭啊？还没得呐。饭呐？都吃完了。
2）饭啊，还没得呐。饭呐，都吃完了。
3）饭　　还没得呐。饭　　都吃完了。

上节所述的"无疑问词+呢"格式是特指问、选择问、反复问的简略形式，处于对话的环境中，需要听话人回答。当"呢"前面为谓词性成分时，后面又加上结果分句，则成为自问自答的假设复句。可见"呢"的句中停顿用法与问句用法紧密联系：

（33）a. ——这句话有错儿没有？——有，我想应在"吃""很快"之间加一个"得"字，您说是不是？——是。把"很快"挪到前边去，可以不可以哪？——也可以，那得加一个"地"字。——若是把"很"字去掉呢？——那就不用加"地"字了。(《华日教室会话》)

b. 和人要账，也得看欠主儿的光景，比方他要是个诚实富足的，就别只管和他嘴碎唠叨的。若是个狡猾支吾的呢，头一回话要说宽点儿，第二回略紧一点儿，第三回就要用利害的话，第四回就不放他走，跟着他要钱。(《支那语书取研究》)

当"呢"前面为体词性成分，后面又加上了相应的说明，则"呢"前成分为话题，全句成为主谓对答的整句：

（34）a. 小童儿呢，眼瞧着家主儿让人给锁啦去了，乡下小孩子，心眼儿实，心里又害怕又难受，哭了个言不得语不得。(《小额》)

b. ——老爷要走的是水路，是旱路？——是旱路好，是水路好？——水路呢，这几天雨大，河水长了，上水的船拉着费事，再遇着北风，怕五六天到不了通州。——嗳，这么着那水路就不行，走旱路怎么样呢？——若是老爷明儿动身，赶着走，第二天晚上就可以到京，慢着点儿，第三天足可以。(《支那语集成》)

若是从多个角度进行假设，每个假设项都可以成为话题，"呢"成为并列项的分隔标记：

（35）a. 如今且把父母疼爱你们的心肠，说一说你们听。你们在怀抱儿的时候儿，饿了呢，自己不会吃饭，冷了呢，自己不会穿衣裳，你的老子娘看着你的脸儿听着你的声儿。你笑呢，就喜欢。你哭呢，就忧愁。你走呢，就步步儿跟着你。(《寻津录·圣谕广训5》)

b. 若到了筋骨硬的时候儿，穿呢，也不成样儿，吃呢，也不得味儿，瞅着孩子们的下巴颏儿过日子，有甚么趣儿啊？(《语言自迩集》)

2.2.1.4 不用于是非问

个别语料的"呢"用于是非问句末，经查均不可靠。《儿女英雄传》有2例：

（36）又听得钦差问道："有位被参的安太老爷，想来是在监里呢？"门丁忙跪禀道："不在县监，在县头门里史衙门土地祠。"(《儿女英雄传》)

各标点本均为问号，前有"问道"，又有相应的答句，看起来确为是非问。但句中有表示处所的"在监里"，"呢"表示状态持续，也可换为"哪"。从对答环境看，钦差地位居高，即便不是提问，门丁也需要做出回应，所以该句也可标为句号。

（37）说着，忽然又回头合公子道："你再请示请示公公，既说明日谢恩，不是还得换上长襟衣裳呢？"(《儿女英雄传》)

这里看似是非问句，但既可能为表示夸张情态的非问句，也可能是反复问"是不是……"讹漏了前一个"是"而成。

据翟燕（2013）考察，"呢"在是非问句后的情况，《聊斋俚曲》有1例，《歧路灯》2例，兹照录如下：

（38）a. 太太说："你没问问您少爷呢？"家人说："问他来，他

说得了鼎甲的名子,就飞马走了,别的不知。"(《聊斋俚曲》)

b. 九娃端相是个内主人,便爬在地下磕了头,起来说:"干爹还没起来呢?俺班上都在后门等着磕头哩。"(《歧路灯》)

c. 二人进了铺内,蔡胡子不在铺中,有一个小孩子看守门户,一见便问道:"夏大叔是称果子吃呢?"夏逢若道:"是哩。"(《歧路灯》)

《聊斋俚曲》反映的是 17 世纪末到 18 世纪初山东淄川方言的面貌,《歧路灯》则反映了 18 世纪河南方言的语言面貌,时代较早,又有地域差异,不能说明早期北京话的情况。单就这三个例句来看,"你没问问您少爷呢"其实是"无疑问词+呢"格式,"干爹还没起来呢"表状态持续,并非"呢"表疑问,"夏大叔是称果子吃呢"既可能是表持续的"呢"加上疑问语气而成,也可能是反复问句"是不是"讹误所致。可见,"呢"不用于是非问句后。

2.2.2　呢₂

2.2.2.1　持续

吕叔湘(1942)指出,非问句中常与"呢"字共现的词是"有、在、还、才、要"。表示静止状态持续可以用"有/在……呢"句式和"处所状语+动+呢"句式。如:

(39) a. 正在这当儿,就瞧老王提溜着买菜的筐子,起外头进来,说:"门口儿有人找呢。"(《小额》)

b. 前年出动的?我从去年还见他在城里头呢。(《语言自迩集》)

c. 孩子那去喇?答:在床上睡觉呢。(《官话类编》)

表示动态的动作行为持续进行时,与"呢"共现的词语通常是"正、着"或处所词,或只有动词:

(40) a. 正这儿说着话儿呢,二爷善全起外头回来啦。(《小额》)
b. 张生说:"我这两天发疟子呢。"(《语言自迩集》)
c. 在先生的屋里,他那儿找字呢。(《语言自迩集》)

有人认为,这类句子的持续进行义不是由"呢"来承担,而是副词"正、在"及动态助词"着"的功能。的确,在这类句子中,"呢"不是句法上的必需成分。但当没有副词、动态助词、处所状语时,"动词+呢"句式仍有持续进行义,就只能将这种意义归到"呢"身上了,如"下雨呢"。即,"呢"是表示持续进行的手段之一,其地位和正在义副词"正、在"、动态助词"着"相当。只不过单用"呢"表示持续进行的情况不多,通常与其他手段相配合。从来源看,"呢"从"在""里"或"在里"义派生出持续义也是合理的。

何文彬(2014)认为,"呢"的作用在语义上是"特别呈现事物的状貌",所以与持续进行义词语特别亲合。既是"特别"的呈现功能,也就是说,呈现状貌并不以"呢"为必要条件。持续义"呢"用例多出自对话。若去掉"呢",则为单纯的描述事物状貌。也就是说,这类格式中的"呢"所起的作用也有增加告知对方的主观情态,即关注到听话人,提醒听话人。这和"呢₁"的功能是一致的。

2.2.2.2 夸张

吕叔湘(1942)认为"呢"字句"带几分铺张",也就是夸张情态。"呢"通常和"还、可、才、要、多么"等情态副词相配合。这些副词本身的语义与时间义有关,同时也带有情态功能。《现代汉语八百词》将副词"还"的语气归纳为平扬抑三类,平的语气即"表示动作或状态持续不变","才"的语气为"表示事情发生或结束得晚","要"表示"打算",都与时间过程有关。情态副词和"呢"这两类情态手段相加,全句的夸张语气就更加明显了。如：

(41) a. 我们还恐怕赶不上呢，谁想来的正是时候儿！(《语言自迩集》)

b. 老虎也不知道打柴的还有七十多岁的老妈仗着他养活呢。(《北京话语音读本》)

c. 不瞒兄弟说，我这里可也托着人呢。(《小额》)

d. 今天小文子儿去请去，正赶上徐吉春上衙门去啦，门上的说是晌午歪才回来呢。(《小额》)

e. 这事要给侦探出来，歆仁说要请咱们吃一桌燕菜席呢。(《北京》)

f. 早知道刘芳龄要去，托他带着，多么省事呢。(《官话类编》)

早期北京话有"形 + 着的呢"格式，夸张形容词所表示的性质，相当于今天的"形 + 着呢"用法，江蓝生(1994)认为这是比"形 + 着呢"更口语化、俚俗化的形式。如：

(42) a. 别过奖咧！我有甚么奇处儿？比我好的多着的呢！一定指望着，使得么？不过是托祖宗的福荫，徼幸捞着，也定不得。(《语言自迩集》)

b. 桂氏说："一点也没有呀。自打您三哥去世之后，我们娘儿三个，和气着的呢。阿林这孩子，他也倒听话，我也很疼他……"(《鬼吹灯》)

c. 库缎眼说："大老爷趁早儿别说这个话。你老人家等着作完了提督才归天呢，您的寿数早着的呢。您等中交两行兑现之后才归天呢。"(《库缎眼》)

d. 俗话儿说，日子比树叶儿还长着的呢。(《讲演聊斋》)

由此梳理出"呢"各种用法之间的联系：

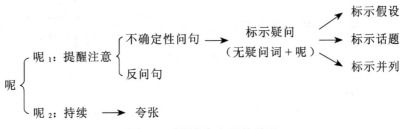

图 2.3 "呢"各义项的关系

表 2.3 "呢"使用情况统计

	呢₁							呢₂			合计
	特指问	反复问	选择问	无疑问词+呢	句中停顿	反问	小计	持续	夸张	小计	
1859 寻津	17	1		1	7	20	46	35	41	76	122
1867 自迩	222	3	17	2	9	64	317	80	57	137	454
1879 伊苏	53		1		3	15	72	23	6	29	101
1880 国字	50	1	5		5	71	132	16	24	40	172
1880 亚细	18		3		7	48	76	22	9	31	107
1881 指南	119	5	16	3		43	186		2	2	188
1883 启蒙	30	1			2	14	47	15	23	38	85
1885 案内	11		1	2		4	18	1		1	19
1892 类编	512		43	8	2	273	838	9	59	68	906
1894 军用	17		1	2	1	1	22	12	4	16	38
1907 小额	15	1	2	1	5	16	40	38	71	109	149
1907 津逮	12		3		1	10	26	12	2	14	40
1918 读本	28					9	37	2	2	4	41

(续表)

	呢₁							呢₂			合计
	特指问	反复问	选择问	无疑问词+呢	句中停顿	反问	小计	持续	夸张	小计	
1918 速修	33		1	1		2	37	3	3	6	43
1921 集成	73	2	6		10	45	136	9	34	43	179
1922 警务	64	1	4	1		24	94	8	4	12	106
1924 风俗	1						1				1
1933 急就	20	1	1	10		14	46		2	2	48
1939 内鲜	14			3		2	19	2	4	6	25
1941 书取	9				1	38	49	1	5	6	55
1943 教室	3	1		1	1		6				6
合计	1321	18	104	35	54	713	2245	288	352	640	2885

2.2.3 "哩"和"唎"

2.2.3.1 哩

"哩"和"呢"的关系密切。吕叔湘(1941)认为"呢"来源于"裏",而"'裏'字俗书多简作里,本义既湮,遂更著口"。江蓝生(1986)认为"呢"是"哩"的源头。太田辰夫(1958)和孙锡信(1999)认为"呢""哩"异源。尽管来源有争议,但"呢""哩"在清代已经混同了。赵元任(1968)就将"哩"和"呢"视为同一语言单位,"哩"只用于非问句。本书重点考察的早期北京话语料中,只有《官话类编》有"哩"的用例,编写者也将"哩"作为南方话用词处理:

"哩"是偶见于书面的句末小品词,但在北方口语中不使用。有时能在南方话中听到,作用相当于"唎"。如:

请你们都进去坐坐罢。答:我们不坐<u>哩</u>/着唎。

那个人讲究的很哩，吃要吃好的，穿要穿好的。

（第六十一课）

编写者关注了"哩"的方言色彩，但认为"哩"相当于"唎"显然不合事实。"哩"的用法是和"呢"相当的。第一个例句中"哩"是和表持续的"着唎"平列，这正是"呢"的状态持续义，第二个例句中的"哩"与"很"共现，是"呢"的夸张情态义。《官话类编》全书共 4 例"哩"，除以上 2 例，另外 2 例也是表示夸张情态的：

（43）a. 那些吃喝嫖赌的人，当时虽然觉得有些趣/乐处，却不晓得还有苦处在后头哩。

b. 你自己不正经，倒说人家不干净哩。

《官话类编》所说的"南方话"，其实指的是南京话。江蓝生（1986）提出，"哩"多出现在明清时期的平话系①文献中，《官话类编》的记载正与此相合。

2.2.3.2 唎

语气词"唎"用例出自《参订汉语问答篇国字解》，这是 1880 年日本人福岛九成根据《语言自迩集》改编而成的汉语教科书。而《语言自迩集》又改编自《清文指要》。对比《清文指要》各个版本（包括 1809 年三槐堂重刻本、1818 年西安将军署重刻本、1830 年《三合语录》五云堂刻本）和 1867 年《语言自迩集》、1880 年由广部精编译的《亚细亚言语集》相应用例，这些版本均使用"吗/么"，《参订汉语问答篇国字解》却使用了"唎"：

（44）a. 1809 阿哥，你当教我们的是谁啊？是师傅吗？不是啊，是我一个族兄。

---

① 吕叔湘（1941）将官话分为平话系和金元系："平话系白话大致可信其依据汴京与临安之口语，金元系白话则其初殆限于燕京一带而渐次南伸。"

b. 1818 阿哥,你打量教我们的是谁?是师傅吗?不是啊,是我一个族兄。

c. 1830 阿哥,你当教我们的是谁?师傅么?不是啊,我一族兄。

d. 1867 兄台,你打量教我们的是谁啊?是师傅么?不是呀,是我的一个族兄。

e. 1880 大哥,你说教我们是谁啊?是师傅么?不是呀,是我的一个族兄。

f. 1880 你呐说教我们的是谁啊?是请的师傅唎?不是呀,他是我的一个族兄。(张美兰、刘曼,2013)

"唎"《集韵》力至切,音詈,《汉语大字典》和《汉语大词典》的例证均为清代粤剧剧本《黄萧养回头》:"好唎,等我寻来。"张美兰、刘曼(2013)指出,《参订汉语问答篇国字解》"弱化了《谈论篇》词汇方面的北京话口语特征,而且增加了部分非北京话特征,如南方话词汇与表达"。本书所考察的早期北京话语料中,语气词"唎"仅此1例,可以认为是《参订汉语问答篇国字解》使用的南方话语气词。

2.3 哪

大多数人认为"哪"纯粹是"啊"的语音变体(王力,1943;朱德熙,1982),包括《官话类编》的编写者:

哪 Na[1,4]:和"啊"的意义用法几乎完全一样的一个句末小品词。仔细观察这个词的用法,可以发现它只是"啊"的语音变体,位于末尾为 n 的字后。请注意下面两个例句中两个字如何交换位置的:"李四啊,为人都有个天理良心哪,你这样糟蹋好人,是有罪的呀。"和"张三哪张三哪,我们姓张的脸,都叫你自己丢了啊。"没有明显的理由而将前字的末尾保留下来。(第六十一课)

"啊"变体说在早期北京话语料中遇到不少例外,难以用"啊"的变体来解释。有的不符合音变规则:

(45)秃儿要跟着太太出去,大奶奶说:"你别闹啦,你听门口儿拍花的要小孩子<u>哪</u>。"(《小额》)

有的换为"啊"则不合语境语义:

(46)这真应了话啦,安好了炉啦,竟等着收拾人<u>哪</u>。(《小额》)

可见,即便是 n 尾字后的"哪",也不一定是"啊"的变体。吕叔湘(1942)认为"哪"是"呢"和"啊"的合音,但很难解释"哪吗"一类的连用语例:

(47)a. 善二爷说:"那不是在果盘里<u>哪吗</u>?……"(《小额》)
　　　b. 他住在这儿<u>哪么</u>,我以为是他还在东京哪。(《<u>支那惯用语句例解</u>》)

孙锡信(1999)认为"哪"是"呢"的强语气形式,这是基于对语义的体悟考察得出的结论,没有说明造成强弱分别的原因是什么。

《语言自迩集》将"哪"视为疑问语气词:

留下的是银子钱<u>哪</u>,是产业呀?注:哪 na¹,疑问语气词(an interrogative particle)。(问答章之二 54)

此例"哪"在前一选项末,《语言自迩集》编写者将疑问句的语气归于"哪"上,既不符合语言事实,又以偏概全。《语言自迩集》中共 31 例"哪",只有 4 例用于问句,并不能概括为疑问语气词。

太田辰夫(1950)注意到了"哪"和"呢"的历史源流和功能分工,将"哪"分为表示感叹语气和存在体两类,但也承认"哪"和"呢"有所交叉。如何界定"呢"和"哪"的性质和范围,二者的区别是怎么造成的,又是怎么合流的，还需要进一步考察。

从语义上看，"哪"实际上有两个，一个是"啊"的语音变体，一个相当于"呢"（包括表疑问相关的"呢₁"和表持续、夸张的"呢₂"）。为讨论方便，本书把前者记作"哪₁"（如"真好看哪₁"），把后者记作"哪₂"。

以上分类的标准是语义，和语音条件有所交叉。"哪₁"可能在非 n 尾字后，"哪₂"也可能在 n 尾字后。持续义的"哪"与"啊"无关，如"那个骗子手在点心铺里吃点心哪₂"的"哪"一定不能解释为"啊"的变体，所以是否"哪"在 n 尾后都不产生影响。但当"哪"在感叹句和疑问句句末时，即便是在非 n 尾字后，也可能是作为"啊"的语音变体表示对听话人的关注，如"甚么话哪₁，办事吗！"。

孙锡信（1999）注意到了"哪"的 n 尾语音条件并不绝对，主要依据是《儿女英雄传》和《官话指南》。《儿女英雄传》有方言色彩，且不同传抄版本语气词写法多有差异，"哪"和"唡"常字形相混，证据不确。而在《官话指南》之前，"哪"的 n 尾条件就已经放宽，到 1910 年前后，大多数"哪"都不是放在 n 尾字后的，如 1907 年《小额》、1915 年《支那语商业会话》等（具体参见第三章）。

2.3.1 哪₁

"哪₁"出现的具体语音条件，参见本书 3.4 节所述。"哪₁"的用法与"啊"一致，即起到关注听话人的作用，如：

(48) a. 那姓阮的是个斯文人，生得虽软弱，说话做事可不软哪，你若想瓜儿拣着软的捏，他可软中有硬啊。（《寻津录》，感叹）

b. 我说："到底是谁的伙计不留心哪？"（《官话指南》，特指问）

c. 这个地方买牛奶，是论斤哪，还是论瓶呢？（《官话指南》，选择问）

d. 少奶奶这当儿先给老者倒了碗茶，说："阿玛，您歇歇儿吃饭<u>哪</u>？"（《小额》，是非问）

e. 太监那些个东西就知道贪赃受贿，那里懂得爱国爱民<u>哪</u>！（《北京风俗问答》，反问）

f. 你是明白汉字的人<u>哪</u>，要学翻译，很容易。（《语言自迩集》，陈述）

g. 那个人<u>哪</u>，是咱们旧街坊啊，眼看着长大的孩子。（《语言自迩集》，话题）

h. 官：张三<u>哪</u>，你的伤渐渐好了，官司还想要打吗？（《官话类编》，呼语）

早期北京话的"哪"常常作为"老"的音变形式放在"您/你"后面，与语气词"哪"无关。

北京话第二人称尊称"您"经历了"你老人家——你老（nǐlǎo）——你纳（nǐ-na）——您纳（nín-na）——您（nín）"的发展历程（刘云，2009；刘云、周晨萌，2013）。从"你纳"到"您"的过程中，语流同化不完全就成为 nín-na，各语料大多数时候采用"您纳"形式记录：

（49）a. 那堂子胡同住的张爷<u>您纳</u>认识不认识？（《语言自迩集》）

b. 我请问<u>您纳</u>，您当初也做过买卖么？（《官话指南》）

也有记写为"您哪"的用例，在句法上可以前置，也可以后置：

（50）a. 喳，托福好啊<u>您哪</u>。（《英清会话独案内》）

b. <u>您哪</u>好啊！（《英清会话独案内》）

还有1例记写为"您呐"：

（51）<u>您呐</u>贵姓？（《华语跬步》）

以上例子的"哪/纳/呐"是"老"的音变形式,后文关于语气词"哪"的讨论均排除此类用例。

但"你"后的"哪"也可以是相当于"呢"的"哪₂":

（52）a.——让他进来。——大人让你哪!(《语言自迩集》)
  b. 刚一到额家门口儿,正赶上李顺出来,说:"孙先生,真早班儿呀,太太正让我找你哪。"(《小额》)

对比"您纳"和"您哪"的用例数据,此消彼长的情况反映了从不完全同化 nín-nɑ 到完全同化为 nín 的过程,当"您"最终稳定下来,"哪"与之分离,回归成为单纯的语气词。

表 2.4 "您纳""您哪"用例统计

	您纳	您哪		您纳	您哪
1859 寻津			1907 津逮	8	
1867 自迩	16		1918 读本		
1879 伊苏	5	1	1918 速修	7	
1880 国字			1921 集成	3	
1880 亚细			1922 警务	3	4
1881 指南	2	2	1924 风俗		1
1883 启蒙			1933 急就		2
1885 案内		3	1939 内鲜		10
1892 类编			1941 书取		
1894 军用			1943 教室		
1907 小额		5	小计	44	28

2.3.2 哪₂

2.3.2.1 相当于"呢₁"的"哪₂"

各语料中,相当于"呢₁"用法的"哪₂"用例不多,1880年《参订汉语问答篇国字解》才有"哪₂"用于问句的用例,且每部语料的用例数不超过10例。1922年以后的每部语料都有用例,有的语料用例数还不少。如:

(53) a. 你病了有多久哪?(《参订汉语问答篇国字解》,特指问)
　　　b. 那白的是冰哪,是瀑布哪?(《日清会话附军用语》,选择问)
　　　c. 有新近来的没有哪?(《警务支那语会话》,反复问)

从类型看,问句中的"哪₂"最早用于特指问和反问句,这两种类型用得也最多。有的语例看起来是"哪₂"用于是非问句,实际上还是与持续义有关。如:

(54) 额大奶奶说:"少爷还没回来哪?"(《小额》)

"哪₂"也可以用于"无疑问词+呢"格式,具体意义取决于上下文。如:

(55) a. ——你们上那儿去?——从这儿我们俩要上上野的地方儿。然而你哪?——要回家去。(《英清会话独案内》)
　　　b. ——大致不错,就是第二句、末一句不妥当,你再想想。——我想不起来了。——第二句是"……",你看上下文。——啊,对了,那么末一句哪?——末一句是"……"。(《华日教室会话》)

有1例"哪₂"用于祈使语气,和"呢₁"一样可以看作是"……好不好"省略而成(参见本书2.2.1.1节):

(56) 你先不用跟他说话哪,你看他一脑门子的气,大概是在别

处受了气来了。(《支那语书取研究》)

2.3.2.2 相当于"呢₂"的"哪₂"

目前最早可见的"哪₂"的用例是1834年《正音撮要》中：

（57）还有外面的症候<u>哪</u>：长疮的、长秃疮的、长疥疮的、火丁疮的、长痂瘩的。（第十二段）

此后，1853年《正音咀华》仅有2例"哪₂"：

（58）a. 拿醒酒汤来啊！你们做什么<u>哪</u>，都瞧不起我吗？（齐人有一妻一妾）

b. 寡人的园囿，不过四十里，比文王的，还差一半<u>哪</u>，那百姓们反说我的太大了。（齐宣王问曰文王之囿）

前例带有疑问词，但从上下文看，并非发问，而是醉汉的感叹，是夸张的情态，后例虽然位于 n 尾字后，但句中有"还"与之相配表示持续，故均归入"哪₂"。

表 2.5 "哪₂"使用情况统计

	相当于"呢₁"						相当于"呢₂"			合计
	特指问	反复问	选择问	无疑问词+呢	反问句	小计	持续	夸张	小计	
1859 寻津										
1867 自迩							1	2	3	3
1879 伊苏							4	3	7	7
1880 国字	3		1		3	7	13	13	20	
1880 亚细								1	1	1
1881 指南			1			1				1

（续表）

	相当于"呢₁"						相当于"呢₂"			合计
	特指问	反复问	选择问	无疑问词+呢	反问句	小计	持续	夸张	小计	
1883 启蒙								1	1	1
1885 案内			1	1	1	3	8	3	11	14
1892 类编	1		1			2	1	4	5	7
1894 军用			2			2	2	7	9	11
1907 小额							32	34	66	66
1907 津逮	2					2				2
1918 读本							2	3	5	5
1918 速修							6	8	14	14
1921 集成							6	4	10	10
1922 警务	9	1	1			3	14	44	30	74	88
1924 风俗	98	12	3	2	50	165	8	47	55	220
1933 急就	1			1	3	5	33	8	41	46
1939 内鲜	2			1		3	1		1	4
1941 书取	3				2	5	7	14	21	26
1943 教室	15	1	1	8	2	27	7		7	34
合计	134	14	11	13	64	236	162	182	344	580

2.4 么/吗

早期北京话语料中,"么"多作为语素构成代词"这么、那么、甚么、怎么",如《寻津录》126 处"么"中,95 处参与构成代词。"么"做语气词,有时也写作"吗"。《小额》中只有 2 例语气词"么",语气词"吗"有 68 例。

《语言自迩集》将"吗"和"么"看作两个不同的语言单位：

甚 shên² 么 mo¹，吗 ma¹。"么"是个否定疑问词缀（a negative interrogative particle）；有时它也充当连接词（a conjunction），例如"那么多""这么少"。"吗 ma"是个地道的口语疑问词（a colloquial interrogative）。

但《语言自迩集》的语例中"么"不只是"词缀"，它单独用于疑问句中共195例，而"吗"只有8例，"么"做疑问语气词的数目远多于"吗"。如：

（59）a. 那个东西是金的么？
　　　b. 水在火上搁了半天，可不是开的吗？

《官话类编》的编写者认为"么"不是独立的语气词，"吗"可以是"么"的异写形式：

么 Moǎ²，ma²：间接问句中与各种词连接的疑问小品词（an interrogative particle joined with various words in asking indirect questions）。"甚么"或"什么"：第二个字是口语形式。……"么"有时说成"吗"ma，但从不写成"吗"。（第十七课）

《官话类编》的课文中语气词没有"么"，均写作"吗"，这反映了由"么"到"吗"的书写形式更替。

后来，"么"专用于构成代词，"吗"专用于句末语气。为叙述方便，本节将"么/吗"视为同一个语气词，以"么"为代表①。本书将"么"分为两个："么₁"用于是非问、特指问、反复问、选择问及句中停顿处，功能是求回答；"么₂"用于反问句、陈述句和祈使句，与现代汉语"嘛"相似，功能是求一致。

---

① "么"和"吗"的字形及读音演变问题，参见本书第六章"么"和"吗"的关系。

2.4.1 么₁

"么₁"作为疑问语气词的身份是得到公认的,李宇明(1997)称之为疑问标记。早期北京话语料中,"么₁"的功能是"求回答",多用于是非问,朝鲜汉语教科书的"么₁"还可用于特指问和反复问。

2.4.1.1 是非问

这是"么₁"最常见的用法。韩志刚(2002)比较了语调是非问句和"吗"是非问句后认为,"吗"问句主要传达理性信息,向对方提出信息要求。史金生、胡晓萍(2002)认为,"吗"问句的功能"是一种希望获得答复而对不了解的事实的提问",即重在传达说话人的提问。可见,和用于疑问句的"啊""呢"相比,"吗"是真正意义上的"要求回答"的语气词,对听话人有要求。

"么₁"最常用于是非问:

(60) a. 书上说的鬼神之类,还是这个道理<u>么</u>?(《寻津录》)
　　 b. 什么?是真的<u>么</u>?(《日清会话附军用语》)
　　 c. 你要坐车去<u>么</u>?(《"内鲜满"最速成中国语自通》)

对话中,为了确认前一话轮中的相关信息,只提取出最重要的部分加以询问,句中省略了"是",就形成"无疑问词+么"格式:

(61) a. —— 那铺子不是在西城<u>么</u>?—— 不是,铺子是在城外头。—— 城外<u>么</u>?离那个门近?—— 小的城外的道儿不大熟。(《语言自迩集》问答章之三)
　　 b. —— 我听见说,是他的叔叔不在咯。—— 他的亲叔叔<u>么</u>?—— 是,他的亲叔叔。(《参订汉语问答篇国字解》)
　　 c. —— 你们的地方在那儿?—— 在忠州所属的地方儿。—— 堤川<u>么</u>?—— 不是,是鹭溪。(《速修汉语大成》问答篇第十课)

朱德熙（1982）指出，现代汉语普通话的选择问句后头可以有语气词"呢""啊"，不能有"吗"。早期北京话语料中，有的选择问形式在前一选项末使用了"么"，与之对应的后一选项末多数时候用"呢"，有时也用"啊"。这种选择问实际是由两个是非问形成的对举格式。说话人边说边想，体现了思维和语言一致的线性关系。如：

（62）a. 赛马是好事么，是不好事呢？（《日清会话附军用语》）
　　　b. 所以一看那姑娘在那里哭，心就动了，忙问姑娘为甚么这么哭，是走迷了道儿么，还是受甚么委屈呢？（《华英文义津逮》）
　　　c. 这话也不错，可是还有个伴儿么，是您单走呢？（《速修汉语大成》）
　　　d. 您是掌柜的么，还是东家呀？（《警务支那语会话》）

2.4.1.2 特指问和反复问

现代汉语中，"吗"不用于特指问和反复问。朱德熙（1982）认为，即使出现了这种语例，也是省略了"你是问……"而成，要求对方证实所提的问题，如"今天星期几吗？""他去不去吗？"

早期北京话语料中，只有朝鲜汉语教科书中出现了"么"用于特指问和反复问的语例。从上下文来看，都是直接提问，而不是省略了"你是问……"的确认性提问。

"么"用于反复问的情况只在《华音启蒙谚解》中有2例：

（63）a. 那树林子里一遍瓦房，是不是张家湾么？到那里打尖去罢。
　　　b.——他一听这个话，立刻就回去唎，又来，说是等着贵国人再来的时候儿，教我咳要买两幅呢，不定有没有那样的么？——嗳哟，这却是了不得唎。这个对子是也不现写的，是一个古人的遗迹啊，可惜了，可惜了。

"么"用于特指问的情况在早期朝鲜汉语教科书中并不少见：

(64) a. —— 咱们四辆车都下来咧，后院儿的那一辆车怎吗咳不过来吗？—— 我们下来的时候他们到岭上歇歇，几否下来咧罢。(《中华正音》(顺天本))

b. —— 你在谁家店存吗？—— 我在何家店里住啊。(《华音撮要》)

c. —— 你呢那年送我的两幅对联是那国人写的么？—— 是我国人写的。(《华音启蒙谚解》)

d. —— 你在这里作生意有多少年的工夫吗？—— 有个二十多年的工夫咧。(《你呢贵姓》)

e. —— 几时咱们动身么？—— 天一亮的时候。(《交邻要素》)

f. —— 甚么菜是好么？—— 无论甚么菜都是好哪。(《速修汉语自通》)

g. —— 你有几位令郎？—— 我有五个儿子。—— 出了花儿了没有？—— 生了五个，存了五个。—— 你是很有福的人啊。—— 甚么福啊，前生造的罪罢咧。—— 甚么的话头儿了么？—— 你还不知道了。大些儿的还好点儿，小些儿的每天吱儿的吵的，连心里都熟烫了。(《速修汉语大成》)

特指问句中的"么/吗"很像是"呢"，但这些语料的特指问也用"呢"。以《华音启蒙谚解》为例，"么"特指问共26例，"呢"特指问共30例。如：

(65) a. —— 你们来的时候儿走那条路呢？—— 打凤凰城坐了三套小车子，走一个多月才到这北京来咧。

b. 赶车的，今儿个咱们那里住去呢？

表 2.6 朝鲜汉语教科书"么/吗"特指问用例统计

	字形	"么/吗"问句总数	特指问数及比例	
1824 顺天	吗	77	1	1.3%
<1877 华音	吗	150	26	17.3%
1877—1894① 贵姓	吗	15	2	13.3%
1883 启蒙	么	82	26	31.7%
1883 阿川	么/吗	106	22	20.8%
1906 交邻	么	32	2	6.3%
1909 华峰	吗	21		
1915—1924 问答	么	204		
1915 教范	么	84		
1915 自通	么	105	5	4.8%
1918 速修	么	62	1	1.6%
1924 丛集	么	123		
1939 内鲜	么	23		
合计		1084	85	7.8%

可以看到"么"用于特指问句具有地域性和阶段性，只在朝鲜汉语教科书中存在，19世纪80年代使用较多，进入20世纪后逐渐减少。岳辉、李无未（2007）考察《华音启蒙谚解》和《你呢贵姓》后认为，疑问代词和语气词"么"共现是汉语规则过度类推造成的病句。

2.4.1.3 句中停顿

早期北京话语料中的"么₁"也用于句中停顿处，特别是假设小句

---

① 《你呢贵姓》的成书年代，据汪维辉推测在1864～1906。本书根据"呢"的弱化特征，判定在1877～1894。参见7.5节。

末。《现代汉语八百词》认为这是"唤起听话人对下文的注意"。事实上，"么$_1$"也是一种保持话轮的手段(刘虹，2004)。赵元任(1926)把"末(么)"的这种作用称为"暂顿"："把语气说得略缓……叫听的人先听听上半句，然后下半句再慢慢的想出来。"这种用法多见于后续句，往往是在回应听话人之后，提出新的话题并加以论述，从而保持说听双方在会话过程中的密切联系。根据赵元任(1968)"零句说"观点，这是由自问自答合成的整句(参见 2.2.1.3 节)。所以这种用法的"么"虽然不是用于疑问句，但其功能实际上是表疑问的"么$_1$"的扩展，因此归为"么$_1$"。

(66) a. 这么着<u>么</u>，凡有神仙的，起头儿都是人么？(《寻津录》)
b. 要说他的外科<u>么</u>，好像稍差一点，并且他也爱用热药。(《小额》)
c. 再看桥底下，那个肉也没有了。这个话不但为牲口说的，就是人若有过度的贪心<u>么</u>，一定有这样的事情了。(《速修汉语大成》)

2.4.2　么$_2$

钟兆华(1997a)指出，语气词"嘛"与"么"关系密切，北宋就已同音。强星娜(2010)认为，"嘛"和"吗"同源。本书所考察的语料中，非疑问句中"么/吗"的用法相当于现代汉语"嘛"，记为"么$_2$"。

徐晶凝(2008b)将"嘛"的意义归纳为"强传信式论理劝求，并暗示听话人应当接受"。这是从交互主观性角度做出的语义概括。这里的"劝求"功能就是要求对方和自己保持一致，是"么$_1$""求回答"功能的扩展。"么$_2$"用于非问句，要求听话人回答的程度自然会低于"么$_1$"，但仍然关注自己和听话人共同的知识背景和交际环境，才会"暗示听话人应当接受"，也就是要求听话人和自己保持一致的立场。如果听话人对"么$_2$"前的命题有异议，就会产生争论。所以《现代汉语八百词》将陈述句中"嘛"的语义描写为"表示事情本应如此或理由显而易见"。

反问句并不是真正要求听话人回答，其中的"么/吗"既可读高调也可读低调，呈现了从问句到非问句过渡的特点，本书将其归入"么₂"。

2.4.2.1 反问

北京大学中文系1955、1957级语言班（1982）认为"么"用于反问句时舒缓了反问的语气，刘月华等（2001）认为"么"表示了质问、责备或分辩的语气。舒缓是减弱原句语气，质问则为加强问句语气，这两种看似相反的语气作用，实际是来自于不同的交际功能。史金生、胡晓萍（2002）将其区分为"疑"和"问"，认为"吗"的发问功能使反问句带上了疑的色彩，因而语气较平缓。这正好说明"吗"求回答功能的交互主观性。"吗"在互动等级序列上处于较高层次，交互主观性强，而反问句式的质问、责备等语气表现的是强烈的主观情绪，处于互动等级序列中段。语气词和句式互相作用："吗"提升了反问句的交互主观性，舒缓了反问语气，反问句式又将"吗"的交互主观性拉低，从"么₁"求回答的功能转为"么₂"求一致的功能。

整体看，用于反问句的"么₂"比用于是非问的"么₁"少，个别语料比例略高。"么₂"与"难道、不是、可不、还不、岂不、那儿（哪儿）"等配合表示无疑而问。如：

（67）a. 欺穷重富的人，<u>难道</u>自家保得住是无穷的富贵了<u>么</u>？（《寻津录》）

b. 嘿，大兄弟，您听听，够多们亡道！简直他这<u>不是</u>要反<u>吗</u>？（《小额》）

c. ——怎么了，灯罩儿又炸了？——<u>可不是么</u>？又坏了一个。（《官话指南》）

d. 大初一的，打了厨子一杵子，你这畜生<u>还</u>了的<u>么</u>？（《寻津录》）

e. 你年轻的时候儿，要这么懒惰，不爱念书，赶到长大了的时候，<u>那儿还</u>成得了人<u>么</u>？（《语言自迩集》）

黄国营(1986)认为,汉语的"吗"字句来源于早期正反问,清代"么"字句迅速转变为以反问用法为主,所以在现代汉语北方话中,"吗"字句也主要甚至只能用于反问。早期北京话语料尚无法支持这一论断。本书重点考察的 21 种材料中,只有《寻津录》《北京官话伊苏普喻言》《总译亚细亚言语集》《官话类编》和《北京风俗问答》5 种材料的反问句用例较多(表 2.7),从总的用例数量上看,是非问约为反问的 2 倍,且多在 1900 年以前,很难说清末北京话中"吗"字句已经以反问用法为主。

2.4.2.2 陈述句

"么$_2$"用在陈述句中,所附的命题是说话人认为听话人理应知道的内容,或者是曾经共同经历的事件,或者是基于共同知识背景的推断。尽管不要求听话人有形式上的回答,但要求听话人和自己保持一致的立场。如:

(68) a. 那个时候儿你还理论么,倒很有点儿不舒服我来着。(《语言自迩集》)

b. 白狗回言说:"猎户啊,你别这么说我呀,彼此都依的是主人的教法,主人光教给我看守的事,别没教过我甚么么。"(《伊苏普喻言》)

c. 你可以和伙伴儿们借一顶帽子、一双靴子就得了么!(《官话指南》)

d. 这两天我倒是见天来。昨儿个是哈辅元的末天吗(哈辅元是个说评书的,能说《济公传》跟《永庆升平》)。(《小额》)

e. 我甚么都懂得,你别瞧我是外国人,我比你们中国人还讲理哪,有理讲倒人么。(《支那语书取研究》)

"么$_2$"在句中与副词"很、简直、竟"等配合,就增加了意外或不以为然的态度:

（69）a. 听见说你的清话，如今学得很有点儿规模儿了么。(《语言自迩集》)

b. 跑堂儿的李四笑嘻嘻的说道："额老爷，您怎么老没来呀？"小额说："竟有事吗。"(《小额》)

c. 你们简直的都是畜类么！(《北京风俗问答》)

2.4.2.3 祈使句

《现代汉语八百词》认为祈使句中的"么""表示期望、劝阻"。"期望、劝阻"是祈使句式的意义，"么"在祈使句中仍然表示"道理显而易见"，期望和劝阻都是基于说听双方已有的知识背景。本书所考察的语料中，仅《警务支那语会话》中有2例"么"用于祈使句：

（70）a. 你们别走铁路上。你们走那条道儿不好么？快到铁路外去么！若是往后再走铁路上一定罚你们。

b. 别在这儿撒尿，里头有茅厕。你上那茅厕去解手罢。你不知道铁路上的规矩么？既是你不知道，为什么不问呢？我指给你，跟着我来么。

表2.7 "么"使用情况统计

		么₁					么₂			合计
		特指问	反复问	选择问	是非问	小句停顿	反问	陈述	祈使	
1859寻津	么				8	1	23			32
1867自迩	么				195	2	106	5		308
	吗				8		23			31
	小计				203	2	129	5		339
1879伊苏	么				27		33	2		62

（续表1）

		么₁					么₂			合计
		特指问	反复问	选择问	是非问	小句停顿	反问	陈述	祈使	
1880 国字	么				65		13	1		79
	吗				2		1			3
	小计				67		14	1		82
1880 亚细	么				24		32	3		59
1881 指南	么				151		42	1		194
1883 启蒙	么	26	2		35		19	1		83
1885 案内	么				36					36
1892 类编	吗				295	1	309	2		607
1894 军用	么			1	63		2			66
1907 小额	么					1	1			2
	吗				35		28	5		68
	小计				35	1	29	5		70
1907 津速	么			1	20		8			29
1918 读本	么				9		7			16
	吗				3		8			11
	小计				12		15			27
1918 速修	么			1	42	3	16			62
1921 集成	么				122	1	30			153
1922 警务	么			1	123		12	3	2	141
1924 风俗	么				41		82	1		124
1933 急就	么				115		19	5		139
1939 内鲜	么				23					23

（续表2）

		么₁					么₂			合计
		特指问	反复问	选择问	是非问	小句停顿	反问	陈述	祈使	
1941 书取	么				6		7	1		14
	吗				6		17			23
	小计				12		24	1		37
1943 教室	吗				99		11			110
合计		26	2	4	1553	9	849	30	2	2475

2.5 罢/吧

早期北京话语料中，域外汉语教科书多用"罢"：《英清会话独案内》《小额》和《北京话语音读本》"罢""吧"两种书写形式同用；蔡友梅、湛引铭、穆儒丐等人的京味小说都是"吧"的用例比"罢"多，可以推测这一时期的"罢"读音已经弱化读轻声，母语者体会到这种差别，因此用"吧"记写。

"罢"被"吧"替代，是在清末发生的。据龚千炎《儿女英雄传虚词例汇》统计，《儿女英雄传》"罢"228例，"吧"只有1例。

1885《英清会话独案内》前41页全用"巴"，共10例，后80页全用"罢"，共19例，应为两人合作分写之故。这一时期"罢"已从去声变为阴平。

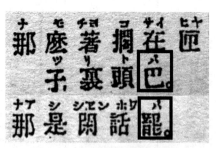

图2.4 《英清会话独案内》中的"罢""巴"

1907《小额》中使用"吧"97例,"罢"只有3例。孙锡信(1999)认为:"到这时,'吧'取代'罢'的时机已成熟了。"但这之后相当一段时间仍以"罢"为主。1918《北京话语音读本》"罢"21例,"吧"只有1例。直到1943《华日教室会话》,才完全使用"吧"(52例)而不用"罢"。

《语言自迩集》观察"罢"有疑问和祈使等多种用法:

罢 pa⁴,结束;停止。在一句话的结尾,说"说到这儿罢";可是有时用来表示疑问,如同我们说 Eh?(啊!是吗?)或者,用于命令。(散语章练习九242)

《官话类编》对"罢"的观察更加细致,除了语句的交际功能,还涉及语力的强弱:

"罢"是个感情强烈的句末小品词,用法多样。它通常意味着句子结束,但它更标志着一种想法的结束。以下是大致的分类①:

1. 强调了劝告(injunction),或邀请(invitation),或命令(command):你放心罢,不能哄你。

2. 弱化了命令:没有风怎么扬场呢?答:实在没有风,就用簸箕簸罢。

3. 提问并伴以怀疑:今儿夜里,我住在这里可以罢?

4. 用怀疑或疑问来修饰主张:壶里的水够不够?答:够了罢。

5. 标志着对结论多少不确定:随你罢,你看着好就好。

6. 特别强调的时候标志着强行决定,或表示挑衅:你这么做,我不能让你。答:你不让罢。

7. 后面用"了"时,强调决定:罢了,事到如今,说也无益。

8. 重复(有时是三次),就成为表达不耐烦或让步的感叹:罢罢罢,就在这里住下罢。

---

① 原文每种类型举2至4例,此处为节约篇幅只举1例。

9. 和"了"一起重复，表达不耐烦或惊讶：罢了罢了，你真算好的。
10. 后面跟"呀"时，就表示终止纠缠或乞求：罢呀老爷，限我十天的期/限罢。答：好，就是罢。

(第六十课)

第 7 至第 10 这四种用法的"罢"并非句末小品词，还保留了"结束"的实义，本书不考察此类用例。

《小额》"吧"还用在表示短暂动作的动词和宾语之间，共 5 例。如：

(71) a. 有这把子碎催，把他送到家中，夫妻见了面，无非是哭吧会子，说吧会子，赶紧剃头、洗澡、换衣裳。
b. 后来又瞎聊吧了会子，帐房外头的声音也消停啦（钱到了手啦，还嚷嚷甚么）。

孙锡信（1999）指出，"罢"从金元时期做语气词就主要用于表示要求和商酌，这就是通常的祈使用法。孙锡信（1999）认为"罢"的推测用法可上溯至元代，太田辰夫（1987）则认为是从清代开始的，总之，"罢"表推测的用法是后起的。

带语气词"吧"的句子语气往往不容易确定，特别是早期语料尚无新式标点，命令、商酌、推测、祈使的界限并不明确，需要结合语境加以判断。如《红楼梦》"紫鹃进来问道：姑娘喝碗茶罢？"太田辰夫（1958）说是表示推测的，但他又说"如果没有'问'，理解为命令也是可以的"。他认为"吧"句是疑问和命令混杂的结构，如"你要作什么罢？"

本书认为"罢"的功能是说话人请求听话人做出回应，因此才不用于纯粹表示强烈主观感受的感叹句和反问句，也不用于句中引入话题。高增霞（2014）指出，"吧"强调个人意志，企图使对方参与并与自己的态度保持一致。这正是强交互主观性的体现。徐晶凝（2008b）认为，"罢"表示说话人对听话人的行动意愿做出推量，主动将行动的决定权交由听话人。也就是说，"罢"的功能是求回应。但是"罢"内部的求回应程度是不同的,这和句子本身的语气密切相关。按照求回应的程度由高到低来看,"罢$_1$"表示期待听话人以行动回应,"罢$_2$"表示期待听话人以言语回应,"罢$_3$"表示占据话语权。

2.5.1 罢$_1$

"罢$_1$"最常见的功能就是命令,要求听话人以行动来回应。据曹大峰统计,"吧"出现频率最高的用法集中在意志行为句(徐晶凝,2008b),即说话人认为听话人可以用意志完成的行为。因此祈使句中的"罢"体现了说话人希望听话人以行动来回应。如:

(72)a. 窗户纸儿都不动了,一定是风止了,把各处刮了来的灰土,打扫打扫罢。(《寻津录》)
b. 这会子不得工夫,先搁著罢。(《语言自迩集》)

如果句中出现了对听话人的称呼,命令的意味稍弱,通常将这种语义概括为"要求",这也是积极礼貌的手段之一。命令和要求的区别是语力的强弱不同,希望听话人以行动回应的功能是一样的,所以本书未做区分。如:

(73)额大奶奶说:"您请那屋里歇歇儿去吧。"(《小额》)

表示命令的"罢"用于句中停顿处时,假设请求对方许可并得到了允准,以这样的形式拉近和听话人的关系。有的是直接的祈使形式"你V罢":

(74)a. 赶到楼子一出来,您瞧吧,属狗的,打胜不打败,一个个儿躲躲闪闪,全不露面儿啦。(《小额》)
b. 赶到了病人家,喝,您听吧,不是刚且王中堂那里来,就是还上李尚书那里去呢。(《小额》)

有的是间接的祈使形式"(你让我)V 罢":

（75）a. 你怕听甚么，他拿甚么吓嚇你（这种心术，说句迷信话吧，真欠天诛地灭）。(《小额》)

b. 简直的说罢，这就算是叫他给敲上了。(《北京风俗问答》)

c. 就拿去年冬天说罢，炉子永远没干净过。(《官话指南》)

d. 这么着罢，赶我们老爷回来的时候，我出城请您去罢。(《官话指南》)

2.5.2 罢₂

2.5.2.1 追问（特指问、反复问）

重点考察的21种早期北京话语料中，"罢"一共有2例反复问和9例特指问。赵元任(1968)认为特指问句和反复问句中的"吧"是劝告性的，意思是"你说吧……"，是追问，也就是对听话人提出明确的回答要求。这个"你说吧"和"罢"在句法上未必同属一句，但可以根据前后语境补出。这种用法和命令的"罢"一致，只不过命令是要求听话人以行动回应，追问是要求听话人以言语回应。如：

（76）a. 我来上／登门认错，你还不肯，这么的你要／着你待怎么样罢？(《官话类编》,特指问)

b. 王爷说："你是卖八哥儿的吗？"老王说："是。"王爷说："你要多少钱？"老王说："我本不卖，实因为回家没了盘川，没法子就不能不把他卖了。"王爷说："到是你要多少钱罢？"(《华英文义津逮》,特指问)

c. 那个说："这两天没活，我们牛录上有一个拨什户缺（就是领催），大概这两天夸兰达验缺，我也得练练箭哪。"

这个说:"练甚么吧? 脑油①。咱们这样儿的,还得的了哇?"(《小额》,特指问)

(77) a. 你别说谢我,到底是卖不卖罢?(《华音启蒙谚解》,反复问)

b. 去不去罢? 你快定规。(《支那语集成》,反复问)

2.5.2.2 假设(假设小句)

对话中,如果从多个角度论证一个问题时,也可以假设请求并得到了对方的允准,使用"你说A罢,B;你说C罢,D"这样的格式。只不过假设小句中有时出现了明确要求对方回应的"你说",大多数时候是不出现的,使用"若""假如"等关联词语表示假想论证。如:

(78) a. 我不说你罢,你真叫我着急;说你,倒像我脾气不好似的。(《语言自迩集》)

b. 大概以外国人所图的,无非是图名图利,或是图谋天下。这么的/着先生仔细想一想,若说他图名罢,到处人都叫他鬼子,这还算是个好名吗? 若说是图利罢,他们下来传道花许多盘费,送人无数的书,又开学房,又设医院,都是花钱的道儿,这岂是图利吗? 若说是图天下罢,谁不晓得外国人的枪炮利害,他们就必发大兵来,硬强夺,那能差这么几个传道的先生,规规矩矩的劝化人呢?(《官话类编》)

c. 这话很难说,您说他们不能打仗罢,他们又都愿意打仗。您说他们愿意打仗罢,可又有绝大的毛病。(《北京风俗问答》)

---

① 刘一之(2011)对该句的注释是:"脑油为头发和脸上出的油,此处'练''炼'同音,意思是:'你练什么?只能炼油。'"按赵元任(1968)的说法,可以认为这句话是"你说你练什么吧?"的省略。

d. 我若是气上来，把那个杂种的肠子拧断了才解恨。过了气儿又一想，可怎么样呢？当真的打杀他罢，又怪不忍得。(《支那语集成》)

2.5.2.3 商酌、推测（是非问、陈述句）

太田辰夫（1958）和孙锡信（1999）都谈到，当句子的命令要求对象不是别人，而是自己，则有了"商酌""自我宽解"的意味了，在句式上表现为是非问或陈述句。如：

（79）a. 雨可是略小了一点儿了，天还打闪呢，一时只怕住不了罢。(《寻津录》)
b. 是，我过几天给您拿来罢。(《官话指南》)
c. 王先生说："回头再喝茶，我先看脉吧。"(《小额》)

命令和商酌都是要求听话人回应的，只不过命令通常要求以行动回应，商酌要求以言语形式回应，也就是征得对方同意。太田辰夫（1958）说二者的区别"由第一人称和第二人称来决定"，其实也跟要求回应的形式密切相关。

前面已经说到，"罢"表示推测是后起的用法。太田辰夫（1958）认为是因为"罢"表示商量酌定，是委婉的语气，所以和具有推测意味的副词"大概""许"合在一起，后来逐渐不用副词。也就是说，"罢"表示推测的用法是从商酌用法发展而来的。

商酌和推测都是表示说话人对命题不确定，偏重命题推断的句子是陈述句，偏重引起听话人关注并加以确认的则为疑问句。是非问中多了一层交由听话人确认的回应要求，而在陈述句中可能没有回应要求或要求不明显。但说话人是否得到了回应，在文本材料中取决于下文是否发生了话语权转换。大多数语料的"罢"是非问用例都少于陈述句，即得到听话人回应的用例很少。这和早期域外汉语教科书的"话条子"①性质有关，即以单句教学为主，因为长篇对话体语料有限，所以有回应的用例不多。

（80）a. 正在难解难分的时候，花鞋德子早瞧出小额一谱儿来啦，赶紧说道："阿玛，您还是有点儿不舒服吧？您要是不得劲儿，要不咱们走吧，不用听啦。"（《小额》）
b. 是，老爷若没甚么别的事，我现在就去罢。（《官话指南》）

2.5.3 罢₃

"吧"还用于列举，这种用法只见于蔡友梅小说中，其他京味小说和域外汉语教科书均未见。通常是向听话人逐一引述第三者话语的场景，列举项前用"甚么""怎么"，提示即将开始列举，列举项后的"吧"一则标示此列举项结束，二则标示提醒告知听话人的主观色彩。列举的各项为引述性质，可以用引号标示出来：

（81）a. 这把子碎催又捧了会子小额，甚么这场儿官司难为您啦吧，又甚么这不算憨蠢啦吧，改日还要给您压惊啦吧，说了些个淡话。（《小额》）
b. 他居然会装听不见（实在够大员的程度），竟跟几位章京瞎聊别的，甚么今天不算很冷啦吧，（者）又甚么操演的还齐集啦吧，（是）没话儿他这们找话儿（这点儿起色）。（《小额》）

也有的列举前项不用"吧"，但后项必用"吧"。这可能是因为"吧"的来源是"完结"义，因而在列举句式中起结束作用：

---

① 《语言自迩集》散语章练习八："话条子：记有口语的纸条。"

（82）a. 甚么我们不愿意给人家配药啦，又甚么都让生意人给闹坏了吧……（《小额》）

b. 见了额大奶奶，胎里坏一路苦造谣言，甚么费了多少话啦，怎么又托了几个人啦，月底官司就可以完了吧，说了个天花乱坠。（《小额》）

列举用法的"罢"求回应程度很低，进一步就成为纯粹的句中停顿标记：

（83）我听说贵国请客，那帖子上定的时刻不能算准成，仿佛罢，写的是午刻，必得未刻去才好。（《语言自迩集》）

在重点考察的语料中，"罢"用于纯粹的句中停顿只此一例。语音停顿处加上"罢"，是示意对方话未说完，从而占据话语权，求应程度就更低了。

现将"罢"各义项之间的关系归纳如下：

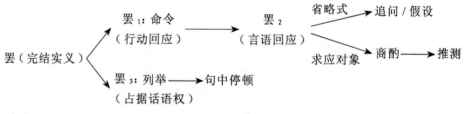

图2.5 "罢"各义项的关系

"罢"的功能是求回应，最常见的用法是"罢₁"，要求听话人以行动回应，这是最高等级的互动要求。"罢₂"是"罢₁"用法的扩展，要求听话人以言语回应，追问和假设是命令用法的省略，商酌和推测与命令的求应对象不同。从要求听话人付出的努力程度来看，言语回应比行动回应的互动等级低。用于列举和句中停顿的"罢₃"表现了说话人占据话语权的主观性。

2.5.4 "罢"的强语气形式"啵"

民国京味小说中,"啵"记录的是"罢"的强语气形式,只在蔡友梅和湛引铭小说中见到。刘一之(2011)注释"啵"的读音为 bōu。

太田辰夫(1958)认为"啵""比'罢'的感情色彩重得多,带有来劲、飘飘然或不满"。"啵"比"罢"重是对的,但"来劲、飘飘然或不满"等意义是语境赋予的。实际上,"啵"的语义和"罢"一样是求回应,有的用于表示命令:

(84) a. 就听这个人说道:"老掌柜的,您心好<u>啵</u>,我们就在十根旗竿儿住,我兄弟得了霍乱啦,请曹先生给扎扎<u>啵</u>。"(《曹二更》)

b. 没别的,请你出来说句话<u>啵</u>。(《讲演聊斋》)

也有的用于商酌,常有"只好""只得"等让步义词语配合,表示对自己的宽解:

(85) a. 手内还剩了二百多块钱,给家里留一百多块,自己带了一百块,王子元那一百块,除去买东西还剩了六十多块,六七口子盘川简直的不够,玉岩只好先垫上<u>啵</u>。(《鬼社会》)

b. 于是托嘱亲友,替元丰张罗续弦。元丰恐对不起小翠,一概不要。王侍御因他执意不娶了,也只得暂且由他,等过个三年五载的再说<u>啵</u>。(《讲演聊斋》)

表 2.8 "啵"使用情况统计

	命令	商酌
1907—1921 蔡友梅小说	23	1
1919 湛引铭小说	13	16

表 2.9 "罢"使用情况统计

		罢₁		罢₂					罢₃	小计
		命令		追问		假设	商酌/推测		列举	
		祈使句	小句停顿	特指问	反复问		是非问	陈述句		
1859 寻津	罢	19						9		28
1867 自迩	罢	96①	3			4	29	57		189
1879 伊苏	罢	91					12	80		183
1880 国字	罢	13					1	7		21
1880 亚细	罢	9				2	4	9		24
1881 指南	罢	117	1				23	58		199
1883 启蒙	罢	54	3	1			1	15		74
1885 案内	罢	19					11	16		46
	巴	10					7	6		23
	小计	29					18	22		69
1892 类编	罢	220		3		15	13	129		380
1894 军用	罢	36					8	17		61
1907 小额	罢	3	1					1		5
	吧	97	10	1			10	28	18	164
	小计	100	11	1			10	29	18	169
1907 津逮	罢	32	2	2			6	30		72

---

① 据张美兰、刘曼(2013:121),《语言自迩集》1867 第 1 版:"好好儿的记着我这话,快快儿的改了。"在 1886 第 2 版中为:"好好儿的记着我这话,快快儿的改罢。"

（续表）

		罢₁		罢₂					罢₃	小计
		命令		追问		假设	商酌/推测		列举	
		祈使句	小句停顿	特指问	反复问		是非问	陈述句		
1918 读本	罢	21	1	3			1	17		43
	吧							1		1
	小计	21	1	3			1	18		44
1918 速修	罢	34					1	22		57
1921 集成	罢	52			1	4	11	25		93
1922 警务	罢	113				2	25	43		183
1924 风俗	罢	25	8			2	6	36		77
1933 急就	罢	48	2				20	29		99
1939 内鲜	罢	28					4	6		38
1941 书取	罢	9						18		27
1943 教室	吧	52					46	7		105
合计		1198	31	9	2	29	239	666	18	2192

2.6 了

学界对于"了"的语气词性质并没有统一的认识，王力（1943）和吕叔湘（1942）认为它是表决定的语气词，朱德熙（1982）认为"了"是表时态的语气词，胡明扬（1981）的语气词系统里没有"了"，徐晶凝（2008b）把"了"看作是语气词系统里的边缘成员。

"啦、咯、喇"的语气词身份没有太多异议，多数人认为它们是"了"和"啊"的合音，因为有"啊"的参与所以能表示语气。本书第四章专门探讨"了"和"啦"的关系，认为"啦、咯、喇"是"了"的弱化形式，故本节以"了"为代表。

本书不涉及句中动词后纯粹表示时体的"了₁"以及被包含在更大的成分里的"了"用例,如"雨水太多了的年头儿……",只讨论句末"了₂"的情况。为叙述方便,除非特别说明,文中之"了"均为"了₂"。

句末"了"有表示语气的作用,特别是在句末名词性成分后时,如"各处滴下来的水,都冻得成了冰锥儿了"。(《寻津录》)王洪君等(2009)认为"了"是话主显身的主观近距交互式语体标志。但"了"在表语气之外还有表示时体变化的作用,通常解释为"表示新事态的出现"。根据郭锐(2008)语义结构分析法,本书把和完成/实现有关的"了"大致分为三类:变化义(事件/计划/条件/认识变化,如"小王去图书馆了")、感叹义(表达主观情绪,如"小偷最坏了")和偏离义(相异于某种标准,如"颜色太浅了")。此外,早期北京话的"了"还有三种特别用法:表持续(店门关着了)、夸张(还不少了)及用于列举项后。

2.6.1 变化义、偏离义、感叹义

赵元任(1968)把"了"分为七类:表示开始;新情况引起的命令;故事里的进展;过去的一件单独的事;现在完成的动作;用在说明情况的结果分句里;显然的情形。其实,这些意义都是与时体有关的。吕叔湘(1942)和王力(1943)都认为"了"是决定语气,和表示确认的"的"相比,具有动态,表示觉察、决意、推断,这些说法也关注到"了"所表示的变化情况,这当然和"了"表示"了结"的源义有关。何文彬(2013a)将这种时间上的变化概括为"轴",并指出"了"是说话人的主观处理方式,在时空轴、知识轴、意志轴和感觉轴上都体现了主观性。所以,"了"因为主观性而具备了一定的语气词的功能。"了"之所以不能被看作和"啊、吗、罢"一样的语气词,就是因为它表现出的说话人的主观情绪最少,对听话人要求的等级最低。

根据郭锐(2008),"了"由实现/变化义通过隐喻、推论等手段发展出"计划改变""认识变化""条件变化""话语进程变化"等义项。时

体意义和主观意义的交织使"了"和其他语气词的用例数量不在同一个层级上。本书统计数据中不再作更细的区分，在此以《寻津录》为例，略举几例：

（86）a. 不大的工夫儿东方就亮了。(《寻津录》, 实现/变化)
b. 雨虽不下了, 微微的还在那儿打闪, 天怕晴不起来罢。(《寻津录》, 计划变化)
c. 就是, 每天粗茶淡饭的, 只要叫他喜喜欢欢的吃得下去, 这就是孝顺了。(《寻津录》, 认识变化)
d. 若再这么雨霖霖的不止, 那可就没了救儿了。(《寻津录》, 条件变化)

"了"从变化义推论出状况相异，进一步引申出与预期标准相异，即"偏离"："了"作用的谓词表示的性质、程度高于预期。相比变化义，偏离义"了"的主观性增强，时间性减弱。如：

（87）a. 雨太多了, 住了罢, 一阵阵下的好焦心的啊。(《寻津录》)
b. 觉着冷的很, 可就嫌棉被窝大薄了。(《官话指南》)
c. 送他这点礼物, 过于轻了。(《官话类编》)
d. 到了光绪二十六年后, 房价可就有点儿抬高了。所以抬高的缘故, 是因为北京使馆扩充租界。把正阳崇文两个城门中间儿的房子, 拆了有一万多间, 这才把房子给挤得贵了点儿了。(《北京风俗问答》)

"了"由表示偏离标准发展出引出说话人的情感，即"偏离"义的主观化（subjectivisation），说话人用强烈的个人情感表达谓词所表示的性质。如果再带上程度副词或情态副词，整个句子就成为感叹句。如：

（88）a. 日出三竿还在被窝儿里睡觉, 未免太舒服了。(《寻津录》)

b. 从先他爸爸放阎王账，专吃旗下，外带着开小押儿，认得几个吃事的宗室，交了两个北衙门跐堂的，喝，那字号<u>可</u>就大<u>啦</u>。(《小额》)

感叹义是在偏离义的基础上主观化而来，因此二者的界限并不明确，区分需看主观程度的多少，往往需要依赖语境，根据表达意愿来判定。

2.6.2 用于列举

"了"用于列举格式中，前面以"甚么"提起，每个列举项都是引语性质的名词性成分，后面附上"了"，表示确认所引述的话语。如：

(89) a. 就在这当儿，可巧他们那一把子碎催，甚么摆斜荣<u>啦</u>、花鞋德子<u>啦</u>、小脑袋儿春子<u>啦</u>、假宗室小富<u>啦</u>（听听这把子的外号儿，那一个不欠二年半的徒罪），晃晃悠悠的全到<u>啦</u>。(《小额》)

b. 一瞧青皮连要得苦子，喝，七言八语的全来<u>啦</u>，一闹这个鸡屎派，甚么他的话<u>啦</u>、我的话<u>啦</u>，第老的年轻<u>啦</u>，老哥儿们都瞧我<u>啦</u>，伊老者这个时候儿，是气的连话都说不上来<u>啦</u>。(《小额》)

c. 您看一看，报纸上登着的甚么陆地仙<u>了</u>、金刚眼<u>了</u>、相术惊奇<u>了</u>、异僧神相<u>了</u>。(《北京风俗问答》)

d. 还有一种毛病就是说给您配药，甚么珍珠子多少<u>了</u>、麝香多少<u>了</u>、熊胆多少<u>了</u>。(《北京风俗问答》)

太田辰夫（1958）认为，用于列举的"了"来源于"哩"，和变化义的"了"是不同的语源。"哩"从明末清初开始用于列举体词，在《红楼梦》和《儿女英雄传》中写作"咧"，就是说，顺序为"哩——咧——了"。

本书2.2节已述"哩"具有南方话性质，表示列举的"了"应与"哩"无关，而是来源于"咧"。后文第七章将详述"咧"的北方方言性质，在完成义和夸张义上与"了"多有交叉。表列举的"咧"均见于旗人小说,《小额》的列举既用"了",也用"咧",可见表示列举的"了"带有北方方言色彩。

列举用法从"咧"变为"了",和晚清民国时期的虚词语音弱化过程有关。"咧"从 liə 弱化为 lə/lɛ(不晚于 1909 年,参见第七章),"了"从 liao 弱化为 lo、la 进而弱化为 lə(不晚于 1904 年,参见第四章),用法相同,读音相同,因而"了"在字形上替换了"咧"。在本书考察的语料中,用于列举的"了"正是在这之后才出现的。

2.6.3 持续义

在早期北京话语料中,句末"了"可表示持续义。

"了"句使用动作动词,有"正"或"着",形成"V 着了"和"正 V 了"格式。如:

(90) a. 那里头有匹马走着咯。(《日清会话附军用语》)

b. 赶我们先伯进到茅房里去,正出恭了,这个工夫儿,就听见起前头院里来了俩人,把堆草料的那屋里的门推开了,进去拿草料去了。(《官话指南》)

c. 日前蒙大人光顾,我正告着假了,故此失迎,求大人原谅。(《官话指南》)

还有"还没 V 了"格式,表示某种动作行为或性质状态未发生或存在,是广义上的持续。如:

(91) 还没扫好了。(《速修汉语大成》)

《警务支那语会话》中既有"还没……呢"句,又有"还没……了"句,参较可以看出"了"的持续义:

(92) a. ——你们铺子里被窃的那件事,办出点儿头绪来了没有？——还没头绪呢。

b. 车还没停住了，别下去。

"了"句中使用非动作动词，有"还"或"着"，形成"还V了"和"V着了"格式，这种由过去动作所带来的状态持续也被称作结果义（陈前瑞，2008）。如：

（93）a. 这是二等车坐不得，三等车还在那边儿了。(《警务支那语会话》)

b. ——您在那儿住着了？——我在城外头店里住着了。(《官话指南》)

有的"V着了"既可表示动态持续，也可表示静态持续：

（94）他母亲早死了，现在就是他父亲还活着了。(《官话指南》)

2.6.4 夸张义

"了"句中使用形容词或非动作动词，通常是比较句或带情态副词，表示夸张的主观情态。如：

（95）a. 王立遂用手使劲往下一抄，抄出一把，又看了看，就说这谷实在不算十分干净，里边的小沙，还不少喇。(《官话类编》)

b. 答：该在士字部里。对：哦/啊，我当是在扌字部，或是土字部里，怪不得察不着喇。(《官话类编》)

c. 赶到对号单来了，他一对他的奖券，没有这个号头儿，他那分儿的不高兴，比落第的举人还难受了。(《北京风俗问答》)

"了"的感叹义用法持续到今天，夸张义的用法相当于"呢"，不见于今天的北京话。

2.6.5 变化义、持续义和夸张义的关系

2.6.5.1 变化义、持续义、夸张义兼用形式的类型学观察

通常认为,"着"表持续,"得""了"表完成①。但也有同一个语言形式兼表持续和完成的情况。如敦煌变文中的"得"既可用在非持续动词后表完成,如"远公出得寺门",也可用在持续动词后表持续,如"仙人抱得太子,悲泣流泪"(吴福祥,1996)。又如"着"虽然是持续体助词,但在近代汉语中也和"了"一样作为完成态助词使用,而且今天吴语仍保留这一用法:

(96)又只恐你,背盟誓,似风过。共别人,忘著我。(《全宋词·玉抱肚》)(蒋绍愚、曹广顺,2005)

蒋绍愚(1994)认为这种用在不可持续动词后的"着",在唐代就已经表示动作已达到目的或有了结果,所以发展为完成貌词尾。陈前瑞(2008)提出了"着"的语法化双路径:

```
                              ╱ 动作有结果→完成体→完整体
"附着"义动词→结果补语→结果体
                              ╲ 状态持续→进行体→未完整体
```

图 2.6 "着"的语法化双路径

(97)净能都不忙惧,收毡盖着女子尸,铺之内四角,血从下交流。(敦煌变文《叶净能诗》)

陈前瑞(2008)认为,这里的"着"是结果体,句中的"盖着"既可表示持续状态,也可表示"盖"这个动作完成。因而,完成体和进行体通过结果体而连接到一起。

---

① 变化义和持续义是本书从语义角度观察得出的概括。从时体角度看,变化义与完成实现有关,故前人论述多称之为"完成体""完成态";持续义则与进行有关,前人论述多称之为"进行体"。

从类型学角度看，结果意义成分可以进一步演化为完成体。韩语的 ko issta 兼表完成和进行，结果义由近似形式 -e issta 表示；Newari 语的 cwan-e 形式兼表进行和结果（陈前瑞，2008）。前文所列早期北京话语料中的"了"的用法类似于日语的 -te iru，用同一个形式兼表结果、完成和进行。

对持续的动作或状态加以强调，就容易发展出夸张情态义，如前文 2.2.2 节所述，"呢₂"即是如此。

表 2.10 结果、进行、完成、情态的类型学考察

		进行	结果	完成	情态
Newari 语	cwan-e	+	+	—	—
韩语	ko issta	+	—	+	—
	-e issta	—	+	—	—
日语	-te iru	+	+	+	—
早期北京话	了	+	+	+	+
	呢₂	+			+

2.6.5.2 "了"持续义和夸张义的演变

查《儿女英雄传》和《红楼梦》，未见"了"有持续义和夸张义的用例。19 世纪 80 年代至 20 世纪 20 年代之间，"了"的持续义和夸张义都有一定的用例。

表 2.11 "了"的持续义和夸张义用例统计

	持续义	夸张义		持续义	夸张义
1867 自迩	3		1881 指南	48	2
1879 伊苏	1		1894 军用	1	
1880 亚细	1		1892 类编	7	22

（续表）

	持续义	夸张义		持续义	夸张义
1907 津逮	1		1939 内鲜	2	
1918 速修	1		1943 教室	1	
1922 警务	8		合计	77	26
1924 风俗	3	2			

对这种特殊现象有两种解释。

最简单的猜测是纯粹因音近而误用，将"呢"误记为"了/喇"字形。这一时期的"了"和"呢"都处于读音弱化过程中（参见本书第四章和第五章），《官话类编》的"了₂"已弱化为"喇"，读为 la（见 4.2 节），"呢₂"也已弱化为"哪"，读为 na（见 5.2 节）。"了"所表示的持续义和夸张义有可能本来就是用"呢"表示的，只是因为音近而误记了。域外汉语教科书往往会交由母语者审核，但这一时期"了""呢"音近，可能难以排查。

另一种猜测则是基于持续义和完成义的密切联系，"了"的持续义是由"着"带来的。

（一）"V 着了"格式

这是早期北京话语料中常见的格式。根据动词的性质不同，有的表示动态持续，有的表示静态持续，无论哪一种，都是持续义多于完成义。如：

（98）a. 赶临近了一瞧，是个店，外头挂着俩面幌子，店门<u>关着了</u>，临街是个窗户，里头可点着灯了。(《官话指南》)

b. 您说的这几样儿小物件，现在<u>做着了</u>，还没烧得了。(《官话指南》)

前一例从上下文看应理解为静态持续，后一例在语境中仍可两解，既可以理解为动态持续的"正做着呢"，也可理解为静态的"处于做的状态"。

现代北京话中,静态动词也用于"V着了"格式,"着"表持续,"了"表完成。如:

(99) a. 我不能再耗着了,得告诉黑李去。(老舍《黑白李》)
b. 得,既然话都说到这份儿上,这钱我就拿着了。(刘一达《画虫儿》)
c. 这两天我又闲着了,准备再捣鼓一回。(《我爱我家》)

现代北京话动态动词用于"V着了"格式中时,"着"通常用作补语,表示达成目的或结果,没有类似《官话指南》"做着了"表示持续的用例。如:

(100) 由王五的神气,我猜着了:"王五,你告诉了他?"(老舍《黑白李》)

(二)"不V着了"格式

早期北京话还常见静态动词未然否定形式,结构为"不V着了"。其中"了"表示计划变化,是完成义,"着"的持续义不明显。18世纪末蒙古车王府曲本《刘公案》就已有用例:

(101) 他又说:"奴今也不活着了,一同夫主上鬼门!"说着就向坑中跳,公差慌忙拉住身。

20世纪初的京味小说中共检到23例。如:

(102) a. 善金给恒爷请安,说:"大叔,您坐着。"恒爷说:"我不坐着啦。大爷,你才回来呀?"(《小额》)
b. 线娘一听,吓得魂飞魄散,立刻放声恸哭,说:"我父亲既死,我也不能活着了。"(《劫后再生缘》)

但今天北京话已基本不说"不坐着了/不活着了"。检CCL现代汉语语料库，结果如下：

表 2.12　CCL 语料库 "不 V 着了""不 V 了" 用例统计

| 不坐着了 | 0 | 不活着了 | 3 |
| 不坐了 | 28 | 不活了 | 36 |

（103）我说："进来坐一会嘛，时间还早呢。"你说："<u>不坐了</u>，家里还有事。"（CCL《人民日报》1995 年 7 月）

（104）a. 眼泪下来了："大王千岁，我求您来了，没有别的，啊，我与大齐是一天二地仇，三江四海恨。此生不灭大齐我就<u>不活着了</u>。"（CCL《郭德纲相声集》）

b. 马青四下屋里望望，奔床就去，连连把头往床垫子上撞，边撞边嚷："我<u>不活了</u>，我死了算啦。"（CCL 王朔《一点正经没有》）

c. 4 天 4 夜我不知自己是怎么过来的，那时候满天都是"非典"的传言。我以为孩子没救了，她要是走了，我也<u>不活了</u>。（CCL 新华社 2003 年 5 月新闻报道）

从演变的过程上看，"着"原本是持续体标记，但在表示完成的"不 V 着了"结构中，"着"的持续语义被磨损了。我们推测，这个磨损的过程中间可能还存在一个阶段——"着"被结构同化为完成义，即结构中的"着"和"了"都表示完成，共同表示某动作的变化。到了当代，北京话中"着"只表示持续而没有完成义，由于经济原则，结构"不 V 着了"就不再使用"着"，只保留"了"而成为"不 V 了"。

（三）"正 / 还 V 着了"格式

为了强调持续还可以使用"正 / 还"，形成"正 / 还 V 着了"格式。

（105）夏天的时候儿，黑下支着窗户睡，正睡着了①，觉着耳朵里，听见有响声儿。(《语言自迩集》)

持续义在格式内部由"着"传递给"正/还"，离开了"着"，"还 V 了"格式仍可以表示持续，和持续义的"还 V 呢"格式很接近，都可以用在问句中。"了"在格式中沾染了持续义。

（106）a. 不是还有汤药了么？(《北京风俗问答》)
　　　　b. 你还看书呢么？天都曚曚亮儿了，你睡一会儿罢。(《寻津录》)

（四）"还没 V 了"格式

否定某种动作行为或状态的持续使用"还没 V 了"格式。将"还没 V 了"重新分析为"还没 V/ 了"，"了"就从表持续转而回到表完成。

下例中两个"了"句可作持续和完成两种分析，但和"了"平行的"哪$_2$"等同于"呢$_2$"，是持续夸张用法（参见 2.3.2.2 节），故"了"还是视为持续义为宜。

（107）劳您驾，我本要到府上请安去，就因为昨天晚上才到的，行李各件还没拾掇好了，箱子也还没打开了，身上的衣服都没换哪！(《官话指南》)

"了"在与持续义"呢"平行的格式中，沾染了"呢"因为强调持续义而带来的主观性，因而也有了情态义，特别是在比较句中：

（108）a. 李忠：怎么没有，刚才我 / 俺的亲戚，卖了六十个零，

---

① "睡着了"的"着"在现代读为 zháo。但此例"着"应为持续义助词。查 1921 年《支那语集成》，由《语言自迩集》改编而来的此例"着"注音是 刭 zuo。又，1892 年《官话类编》说明北京话中的助词"着"读 choa^2，动词"着"读 chao^2。1928 年《言语声片》助词"着"记音为 dʒo，读作 zhuó，如"多谢想着"，动词"着"记为 dʒao，读作 zháo，如"还是没吃着"。

豆子还不如我的喇。(《官话类编》)
b. 你说三十五吊钱就是三十五吊，赔着本我也要卖，不图这次，还图下次喇。(《官话类编》)
c. ——是，老弟请再喝杯茶罢。——不喝了，我该走了。——忙甚么了，天还早哪！(《官话指南》)

"了"在早期北京话语料中表现的持续义和夸张义，很可能是因为"了"受到"着"的影响而产生。"着"兼有持续义和完成义，在"着了"格式中，"着"表示完成并带上同义的"了"。后来"着"多用于表持续，"了"在格式内受到影响也带有持续义。在"还没V了/呢"格式中，"了"和"呢"一样因为强调持续义而发展出夸张情态义。图示如下：

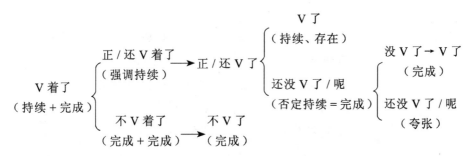

图 2.7 持续义和夸张义"了"的演变路径

这一猜测最大的问题是整个发展演变的速度太快，在不到一百年的时间内，由复杂的格式而影响到虚词语义的变化，不太符合语言发展的一般规律。但这一时期正是南北官话交替融合之时，这一过程可能受到了方言的影响①。

---

① 据齐灿(2014)，九江书局版《官话指南》(1893)例句："这对瓶太大，有比这对瓶小一点儿的没有了/呢？"这一例反复问句中，北京官话使用"了"，南京官话使用"呢"。齐灿(2014)指出："当出现南北京官话对应情况时，'呢'只出现在南京官话，在北京官话多与'了'对应。"齐文用例不多，这种对应既有可能反映的是《官话指南》1881年原本和1893年改写本的先后变化，也有可能反映的是南北官话的差异。

(五)方言证据

1892年《官话类编》共436例"喇",大部分是作为"了"的弱化形式出现(参见4.2节),其中5例"喇"作为南京官话词处理①,与"来/来着/呢"等词并列。以下录出这5例,a例和b例的"喇"与"来/来着"并列②,是完成义;c例的"喇"虽与"来着"并列,但和"了"连用,应为夸张义;d例和e例的"喇"与"呢"并列,也是夸张义。

(109) a. 在关东山的时候,那些麞狗野狼虫虎豹,我都见过<u>喇</u>/来。

b. 这不过是他约摸的话,他还亲眼看见<u>喇</u>/来着吗?

c. 这些米没有筛子筛一筛吗?答:筛了<u>喇</u>/来着,没筛还能这么干净吗?

d. 赵说:这也是他们行的一件好事,一年要/得花一宗好钱<u>喇</u>/呢。

e. 我问你,这些不要脸的劂子/东西都是谁,你指给我看看,我要撕你挣/扯你,你才得了馋痨馋痞,又有懒痨懒痞<u>喇</u>/呢。

如果这一时期南京官话的"了"既有变化完成义又有夸张情态义,在南北官话交融时期带入到北方官话,也是合情合理的。考察21种语料,"了"表持续和夸张的用法在1859年《寻津录》中还未见到,1867年《语言自迩集》出现个例,1881年《官话指南》和1892年《官话类编》大量使用,之后便只是零星出现。很可能是因为1903年清政府颁布的《学堂章程》规定以北京音为"统一天下之语言"的标准(张卫东,1998),这一标准

---

① 还有2例"喇"作为北京官话词与"哩""咧"并列:"答:我们不坐哩/着<u>喇</u>。""先生要背书咧/<u>喇</u>。"

② 太田辰夫(1958)认为,"来着"源于"来",后来"来"用于共同语,"来着"用于北方话,表示过去或回忆。

的确立使那些南京官话带入的现象只能昙花一现。由于这一时期南京官话材料有限，这一猜测尚待证实。

不过，"了"和"着"兼表完成和持续的现象在方言中并不少见。皖西赣语和皖南徽语的"着"都既可表完成也可表持续。皖中江淮官话的"了""着"不分。巢县话中都说成"吱"tʂʅ，芜湖话说成"孜"tsʅ，安庆话说成"着"tʂo。芜湖话例句：

（110）a. 鞋子小<u>孜</u>挤脚。（完成）
　　　　b. 坐<u>孜</u>吃比站<u>孜</u>吃快活。（持续）
　　　　c. 一块布做<u>孜</u>（=了₁）一条裙子就剩下一点布头喽（nəu=了₂）。

皖南吴语的"咯"既可表完成，如"吃<u>咯</u>饭再走"（=了₁），也可表语气，如"饭煮好<u>咯</u>"（=了₂），也可表进行持续，如"小王歪<u>咯</u>头看书"（=着）（安徽省地方志编纂委员会，1997）。

表2.13　"了"使用情况统计

		变化	偏离	感叹	持续	夸张	列举	小计
1859 寻津	了	226	4	4				234
	咯	24						24
	小计	250	4	4				258
1867 自迩	了	1086	14	25	2	1		1128
	咯	128		13				141
	小计	1214	14	38	2	1		1269
1879 伊苏	了	521	3	12	1	1		538
1880 国字	了	261	3	10				274
	咯	81		5				86
	小计	342	3	15				360

（续表1）

		变化	偏离	感叹	持续	夸张	列举	小计
1880 亚细	了	168	1	7	1	1		178
	咯	57		1		1		59
	小计	225	1	8	1	2		237
1881 指南	了	1163	3	58	65	4		1293
1883 启蒙	了	7		1				8
1885 案内	了	140	1	5				146
	拉	2						2
	小计	142	1	5				148
1892 类编	了	646	21	8		1		676
	喇	359	8	21	1	47		436
	咯	50		2		2		54
	小计	1055	29	31	1	50		1166
1894 军用	了	85	1	7	1			94
	咯	12		5	2	1		20
	小计	97	1	12	3	1		114
1907 小额	了	127		3				130
	啦	905	3	40			43	991
	小计	1032	3	43			43	1121
1907 津逮	了	661	12	11	1	1		686
	咯	95		11				106
	小计	756	12	22	1	1		792
1918 读本	了	224		5		1		230
	咯	3						3
	小计	227		5		1		233

（续表2）

		变化	偏离	感叹	持续	夸张	列举	小计
1918 速修	了	180		5	1	3		189
	咯	2						2
	小计	182		5	1	3		191
1921 集成	了	366	2	15	1	2		386
	咯	33						33
	小计	399	2	15	1	2		419
1922 警务	了	720	8	42	5	3		778
1924 风俗	了	714	16	90	2	1	22	845
1933 急就	了	373	11	4		1		389
1939 内鲜	了	93	2		1			96
1941 书取	了	277	19	13		1		310
	咯			1				1
	喽			1				1
	喇	11	1					12
	啦	2		1				3
	小计	290	20	16		1		327
1943 教室	了	245	21	8	1			275
	啦	1						1
	喽	2						2
	小计	248	21	8	1			278
合计		10050	154	434	85	72	65	10860

2.7 小结

本章对"啊、呢、么、罢、了"分别进行了语义分析,将主观互动性和句类分布结合起来,归纳了它们的基本功能及其在不同句类中的作用。

本章在讨论每个语气词的语义之前,根据王力(1943)归纳的十二类语气和语气词的对应关系,初步提出了语气词互动等级序列。根据早期北京话语料的实际情况,验证结果一致。

2.7.1 互动等级序列中的语气词

朱德熙(1982:208)将语气词分成三组,第一组是表时态的"了$_2$、呢$_1$、来着",第二组是表疑问或祈使的"呢$_2$、吗、吧",第三组是表说话人的态度或情感的"啊、呕、诶、么、呢$_3$"①。互动等级序列关注主观性和交互主观性,没有列入表示时态的"来着"。除此之外,互动等级序列的三段和朱先生的三组语气词大致对应:

第一组表示时态的语气词主观性最弱,处在序列最低等级;

第二组表示疑问或祈使的语气词交互主观性最强,处在序列最高等级;

第三组表示说话人的态度或情感的语气词交互主观性弱,而主观性强,所以处在序列中部。

罢$_1$	罢么$_1$	么$_2$	呢$_1$	呢$_2$	啊	了
求回应 >	求回答 >	求一致 >	提醒注意 >	持续/夸张 >	关注对方 >	变化肯定
祈使句		疑问句	反问句	感叹句		陈述句
交互主观性强			交互主观性弱,主观性强			主观性弱

图 2.8 互动等级序列中句类和语气词的对应关系

---

① 朱德熙(1982)所指"呢$_1$"表持续状态,如"下雨呢/门开着呢","呢$_2$"用于非是非问句,如"你去哪儿呢","呢$_3$"表夸张语气,如"他会开飞机呢!"。本书将表持续和夸张的"呢"合为一个,交互主观性都弱于表疑问的"呢"。

2.7.2 语气词对句子互动等级的影响

将主观互动性和句类、交际功能、语气词对应起来,可以直观地看到语气词对句子语气的增强和减弱作用。

语气词和句子处于不同的互动等级时,语气词可以拉高或降低句子的互动等级,从礼貌策略上中和对面子的威胁(FTA)。

"啊":如前所述,高等级的祈使句、疑问句对听话人有求回应和求回答的要求,是不同程度的威胁面子行为,表示关注听者的语气词"啊"可以使全句语气缓和,而感叹句处于互动等级中段,在感叹句传递信息和情绪的交际功能基础上,加上了"啊"表示对听话人的关注,因而全句语气增强(参见 2.1.1.4 节)。

"呢$_1$":疑问句的交际功能是求得听者回答,"呢$_1$"和"啊"虽然都处于互动等级中段,但"呢$_1$"是提醒注意功能,而"啊"仅仅是关注对方,"呢$_1$"的交互主观性比"啊"强,所以同样用于真性问句中,"呢$_1$"可以增强询问语气,而"啊"是减弱。比较"你去哪儿呢—你去哪儿啊"和"你去不去呢—你去不去啊"就可以看出(参见 2.2.1.1 节)。

"么$_2$":反问句处于互动等级中段,重在表达主观性,"么$_2$"的互动功能是求得听者的一致性,处于互动高等级,"么$_2$"拉高了反问句的互动等级,舒缓了反问语气(参见 2.4.2.1 节)。

2.7.3 句子对语气词互动等级的影响

语气词和句子都处于互动等级序列中,互相影响,彼此作用。1892年《官话类编》解释例句"可不是呢/吗"时,注释"吗"和"呢"的区别如下:

> "吗"和"呢"在意义上没有明显的区别,实际上这两个字是同形的(*t'ung hsing*)。北京老师喜欢用"吗",但也不排斥用"呢";山东和南方的情况普遍相反。(第九十课)

"吗"和"呢"肯定不是"同形",意义上也有明显的区别,编写者对"吗"和"呢"的分析只是对反问句"可不是呢/吗"随文释义。反问句处于互动等级序列中段,主观性强,交互主观性弱。而用于反问的"吗₂"本来就处于互动序列高等级的末端,由于反问句式的拉动,交互主观性减弱,便和"呢"功能重合了,所以"吗"和"呢"有时可以互换,比如"你还不知道吗—你还不知道呢"。

2.7.4 不同互动性质的语料选用不同等级的语气词

对比《清文指要》各版本的相应语句,后期版本(多从1867年《语言自迩集》开始)改用语气词的现象值得关注,比如将"啊"改为"呢":

(111) a. 1809 只说你不学罢咧,既然要学,我巴不得的叫你成人啊!

b. 1818 只说你不学罢咧,既然要学,我巴不得的愿你成人啊!

c. 1830 只说不学罢咧,既然要学,我巴不得叫你成人!

d. 1867 只怕你不肯学,既然要学,巴不得教你成人呢!

e. 1879 只怕你不肯学,既然你要学,巴不得的教你成人呢!

f. 1921 只怕你不肯学,既然你要学,巴不得的教你成人呢!

(张美兰、刘曼,2013)

(112) a. 1809 嘴有什么规矩?吃有什么尽休啊?

b. 1818 嘴有什么规模?吃有什么尽休?

c. 1830 嘴有什么捆呢?吃上有什么尽?

d. 1867 嘴有什么捆儿呢?吃有什么尽头儿呢?

e. 1879 嘴有什么捆儿呢？吃有什么尽头儿呢？

　　f. 1921 嘴有什么捆儿呢？吃有什么尽头儿呢？

（张美兰、刘曼，2013）

也有将"呢"改为"么"的：

（113）a. 1809 就供什么样的甘美东西，谁见魂灵来受享了呢？

　　　b. 1818 就供什么样的甘味美食，谁见魂灵来受享了呢？

　　　c. 1830 任凭供什么甘旨之物，谁见魂来受享呢？

　　　d. 1867 就是供什么样儿的珍馐美味，谁见魂灵儿来受享了么？

　　　e. 1879 就供什么样儿的珍馐美味，谁见魂灵儿来受享了么？

　　　f. 1921 就是供什么样儿的珍馐美味，谁见魂灵儿来受享了么？

（张美兰、刘曼，2013）

（114）a. 1809 这样的滑东西也有呢！

　　　b. 1818 这样的滑东西也有呢！

　　　c. 1830 这样的滑奴才也有呢！

　　　d. 1867 这种样儿的滑东西也有么！

　　　e. 1879 这种样儿的滑东西也有么！

　　　f. 1921 这种样儿的滑东西也有么！

（张美兰、刘曼，2013）

　　若不考虑实词的差别，这类改动用例还有很多。在互动等级序列中，么＞呢＞啊。《清文指要》的前期版本使用强主观性语气词，后期版本使用强交互主观性语气词。《清文指要·序》说明该书是"将老辈传说，并我学记，一句一句的集凑着，共集百条"（张美兰、刘曼，2013）而成，即为单句、散语，是"话条子"性质，没有设定特别的对话语境，因而交互主观性不强。威妥玛将《清文指要》改编成1860年《问答篇》和1867年《语言自迩集》，强化了对答语境，因而选用了交互主观性更强的语气词。

第三章 "啊"和"呀""哇""哪"

3.1 问题的提出

现代汉语普通话语气词"啊"的读法和写法随前字尾音发生变化：u 后读 ua，写作"哇"，如"多好哇"；a、o、ɤ、ɛ、i、y 后读 ia，写作"呀"；n 后读 na，写作"哪"，如"快看哪"；ŋ、ʅ、ɿ、ɚ 后读 ŋa、ẓa、za、ẓa，仍写作"啊"，如"不行啊""找死啊""多大的事啊""小二啊"。这种音变现已成为一种规范要求。1892 年《官话类编》的编写者注意到这一点，指出"哇"是替代"啊"的，并且特别提出"呀、哇"都有强调的功能：

  呀：用于特别强调的句末小品词，质问（请说爽撇/爽快话罢，你是愿意<u>呀</u>，是不愿意<u>呀</u>？），或宣告（王大哥在家里吗？答：没在家<u>呀</u>。）。

  哇 Wa[1]：有时用于替代"啊"的句末小品词，强调主张（assertion）或劝告（injunction）。（第六十一课）

将"呀、哇、哪"看作是"啊"的语音变体，这是共时的静态观点。追本溯源，"啊""呀""哇""哪"的产生时间不同。据孙锡信（1999）、李小军（2013）等，"啊"来源于元代"呵/阿"，"呀"来源于元代"也"，"哇"到清代才产生。任晓彤（2010）则认为"呀"字形在明代才出现。那么，不同的历时演变反映到某一共时层面上时，能否完全对应于静态的规则？

赵元任（1926）认为，这几个音在平时听不大清楚，但在特别的情况下会显现出来：

但在平常说话的时候,只有 n 收音的用"哪"是差不多一定的,其余的因为收音不很咬的紧,所以呀、哇、兀丫等音就不大清楚了,例如,"您好阿?""Nin hao a?""好"字的尾音在 o、u 之间,所以"哇"音不能成立,听来还像是原来的"阿"。同样,"买阿""mae a!"的"阿"也不能成清清楚楚的"呀"音。大概在诗词戏剧里头注重咬文嚼字的时候,这些"呀、哇、哪、兀丫"就都出来了,平常就是"哪"字要紧些,其余的不大听见(所谓不大听见,并不是不常听见,是听不很真的意思)。

"注重咬文嚼字",就是要突出音节界限,这一论断正好说明使用这几个"啊"的语音变体是为了满足说话人的主观需要。上文《官话类编》"呀、哇"的释义中"强调"也揭示了其主观性特征。

考察早期北京话语料,可以看到"呀""哇""哪"的异同。它们的共同点在于,都具有语气词"啊"由于前字尾音的影响而产生的语音变体的特点,各自有一定的语音限制。但在早期北京话语料中又都有一些不合语音条件的用例。如:

(1) a. 邓九公道:"就是这样,你也得带些随身行李走呀。"(《儿女英雄传》第 17 回)

b. 狠是的,只是他们不过笑你穿旧的,倒被你骂作一点不中用的东西哪。(《参订汉语问答篇国字解》)

c. ——令尊大人好哪?——托福很康健。(《速修汉语大成》)

d. 你想即便我带几万金磅,到了山沟儿里,没人的地方儿,做什么用哇?(《讲演聊斋》)

分析这些不合规则的用例,本书认为,"啊"和"呀"可以出现在各种尾音条件下,"呀"不是单纯的语音条件变体,而是"啊"的强主观性条件变体,"哇"和"哪"则是单纯的语音条件变体,但语音条件并不严格。

本书重点考察了 26 部早期北京话语料中的"啊"和"呀、哇、哪",总体使用情况见表 3.1。

表 3.1 "啊、呀、哇、哪"用例统计

	啊		呀		哇		哪		合计
1850 儿女①	112	21.1%	302	57.0%	70	13.2%	46	8.7%	530
1859 寻津	16	61.5%	9	34.6%			1	3.9%	26
1867 自迩	159	70.4%	38	16.8%	1	0.4%	28	12.4%	226
1879 伊苏	156	68.1%	47	20.5%			26	11.4%	229
1880 国字	72	72.0%	15	15.0%			13	13.0%	100
1880 亚细	50	60.2%	18	21.7%			15	18.1%	83
1881 指南	36	37.5%	38	39.6%			22	22.9%	96
1883 启蒙	24	96.0%					1	4.0%	25
1892 类编	182	75.5%	37	15.4%	1	0.4%	21	8.7%	241
1894 军用	9	34.6%	3	11.6%			14	53.8%	26
1906 燕京	102	24.2%	118	28.0%	193	45.9%	8	1.9%	421
1907 津逮	8	50.0%	8	50.0%					16
1907 小额	18	10.5%	100	58.5%	18	10.5%	35	20.5%	171
1913 剑胆	5	5.5%	63	69.2%	9	9.9%	14	15.4%	91
1918 读本	6	42.9%	7	50.0%			1	7.1%	14
1918 速修	21	56.8%	5	13.5%			11	29.7%	37
1919 滋味	63	5.4%	793	68.0%	118	10.1%	192	16.5%	1166
1919 聊斋	22	3.2%	505	73.4%	104	15.1%	57	8.3%	688
1921 集成	37	44.6%	27	32.5%			19	22.9%	83
1922 警务	10	16.1%	31	50.0%			21	33.9%	62
1924 问答	46	14.1%	167	51.2%	68	20.9%	45	13.8%	326
1924 风俗	48	42.9%	28	25.0%	2	1.7%	34	30.4%	112
1933 急就	37	68.5%	8	14.8%			9	16.7%	54

---

① 《儿女英雄传》现存最早完整版本是光绪四年(1878)初版本,实际反映的语言现象早于 1878 年,本书记作 1850。

(续表)

	啊		呀		哇		哪		合计
1939 内鲜	26	55.3%	19	40.4%			2	4.3%	47
1941 书取	6	46.2%	4	30.8%			3	23.0%	13
1943 教室	13	24.5%	27	51.0%	12	22.6%	1	1.9%	53
合计	1284	26.0%	2417	49.0%	596	12.1%	639	12.9%	4936

3.2 "啊、呀、哇、哪"的出现条件和分布

3.2.1 从前字尾音条件看"啊、呀、哇、哪"

我们按照现代学者总结的语气词"啊"及其变体出现的尾音条件,对26种早期北京话材料中"啊、呀、哇、哪"做了考察,结果见表3.2。

可以看到,早期北京话语气词"啊、呀、哇、哪"出现的尾音条件,与现代学者总结的规则并不完全相符。"啊"和"呀"在四类尾音条件下都可以出现,但倾向性不同:在尾音 ɿ、ʅ、ɚ、ŋ 后"啊"出现最多,占50.3%,其次是"呀",占47.4%;在尾音 a、ɛ、o、ɤ、i、y 后"呀"出现最多,占85.2%,其次是"啊",占13.8%。这两种条件下,"哇"和"哪"出现比例极低,不超过2%。尾音 u 条件下,"哇"出现比例最高,占54.1%,而"啊"出现比例高达30.3%,"呀"也有少量出现,占15.2%。尾音 n 条件下,"哪"出现比例最高,占82.6%,但"啊"也占到10.8%,"呀"有少量出现。

从历时变化角度看,19世纪中叶至20世纪中叶约一百年间,"啊、呀、哇、哪"出现的前字尾音条件起伏很大,但又不存在一致的变化方向。这种差异很可能是个体差异或用字习惯差异造成的,并一定存在历时变化的因素。因此,可以说"啊、呀、哇、哪"出现的尾音条件总体格局基本不变。

上面的分析建立在四类尾音条件基础上,为了更详细地了解尾音条件对"啊、呀、哇、哪"出现的影响,我们把尾音条件细化到具体的音素,考察结果见表3.3—3.9。

第三章 "啊"和"呀""哇""哪"　101

表 3.2　四类尾音条件下"啊、呀、哇、哪"出现情况

前字尾音	ɿ,ʅ,ɤ,ŋ				a,ɛ,o,ɤ,i,y				u				n			
	啊	呀	哇	哪	啊	呀	哇	哪	啊	呀	哇	哪	啊	呀	哇	哪
1850 儿女	73	74		1	12	222		3	22	5	70	1	5	1		41
1859 寻津	2	1			8	8			3				3			1
1867 自迩	61	4			50	32			38	2	1		10			28
1879 伊苏	71	7			39	40			32	3			14			26
1880 国字	18	7			30	5		2	16				8			11
1880 亚细	22	2			14	15		1	14	1						14
1881 指南	16	2		1	2	36			17				1			21
1883 启蒙	8				7				9							1
1892 类编	35			2	43	36		1	91	1	1		13			21
1894 军用	4	1		2	1	2			3				1			12
1906 燕京	93	3		2	2	114	1	1	3	1	192		4			5
1907 小额	16	37	1	1	1	62			1		17			1		33
1907 津逮	2	1	1		5	4		·	1	3						
1913 剑胆	5	7	1	1		55		2			8		1	1		11

（续表）

前字尾音	i、ĭ、ɚ、ŋ				a、ɛ、o、ɔ、ɤ、i、y				u				n			
	啊	呀	哇	哪	啊	呀	哇	哪	啊	呀	哇	哪	啊	呀	哇	哪
1918 读本	1	2			1	3			1	2			3			1
1918 速修	7			1	6	4		1	7	1		2	1			7
1919 滋味	54	231	2	2	5	445			3	97	116		1	20		190
1919 聊斋	17	158	1	4	2	291			3	43	102			13	1	
1921 集成	14	1			15	23			8	3						19
1922 警务	2	3		5	1	25		3	6	1		1	2	2		15
1924 问答	40	33	1		7	133		4	3	1	67		2			42
1924 风俗	26	3		2	7	22			14	1	2		1	2		28
1933 急就	9				7	7			19					1		9
1939 内鲜	11	4			2	15			13				2			2
1941 书取	2				3	4			1							3
1943 教室	11	3			1	22			1	1	12			1		1
频次合计	620	584	6	22	264	1625	1	17	329	166	588	4	71	42	1	542
比例合计	50.3%	47.4%	0.5%	1.8%	13.8%	85.2%	0.1%	0.9%	30.3%	15.2%	54.1%	0.4%	10.8%	6.4%	0.2%	82.6%

表 3.3 尾音音素 ɿ、ɪ、ɔ、ŋ 条件下 "啊、呀、哇、哪" 出现情况

前字音 尾音	ɿ				ɪ				ɔ				ŋ			
	啊	呀	哇	哪	啊	呀	哇	哪	啊	呀	哇	哪	啊	呀	哇	哪
1850 儿女	11	15			2	7			17	44		1	43	8		
1859 寻津		1			1								1			
1867 自迩	24	2			8				8	1			21	1		1
1879 伊苏	11	2			20	2			10	3			30			
1880 国字	10	6											8	1		
1880 亚细	7	1			3				5				7	1		
1881 指南	4	1			1	1			2				9			
1883 启蒙	1												7			
1892 类编	8				6				2				19			1
1894 军用										1		1	4			1
1906 燕京	30	1			6	1			24			2	33	1		1
1907 小额		15			1					14			15	8		
1907 津逮	1					1							1			
1913 剑胆	1	2				2			2	2			4	1	1	1
1918 读本	1							1						2		
1918 速修	2			1					2				3			

（续表）

前字尾音	ɿ 啊	ɿ 呀	ɿ 哇	ɿ 哪	ꭤ 啊	ꭤ 呀	ꭤ 哇	ꭤ 哪	o 啊	o 呀	o 哇	o 哪	n 啊	n 呀	n 哇	n 哪
1919 滋味	1	70							2	45			51	91	1	2
1919 聊斋	2	36	1	1	3	25				55	1	3	17	48	1	
1921 集成	2				3	19			4				5	1		
1922 警务	1	1								1			1	1		2
1924 问答	2	23			1	5			2	5		3	36			
1924 风俗	5					3			1		1		19			2
1933 急就	3								1				5			
1939 内鲜	1	4											10			
1941 书取													1			
1943 教室	6					3			1				5			
频次合计	132	180	1	2	52	69		10	81	171	1	10	355	164	3	10
比例合计	41.9%	57.2%	0.3%	0.6%	43.0%	57.0%			30.8%	65.0%	0.4%	3.8%	66.7%	30.8%	0.6%	1.9%

在这四类尾音后面,几乎只用"啊、呀"(个别"哇、哪"用例将在后文详述)。"呀"和"啊"在 ɿ 和 ʅ 后的比例相当,大体各占一半,都是"呀"略高于"啊";在 ɚ 尾音后,"呀"是"啊"的两倍多;在 ŋ 尾音后,"啊"是"呀"的两倍多。

我们注意到,三类京味小说(剑胆、滋味、聊斋)大量使用"呀",对这四类尾音的数据影响很大(对其他尾音数据影响不大)。若将其排除,则每类尾音中使用频率最高的都是"啊",而 ŋ 尾音后的"啊"便占有绝对优势。这说明用字具有个人特征(具体情况将在后文详述),但也说明大规模的统计能揭示出大致规律。

表 3.4 尾音音素 ɿ、ʅ、ɚ、ŋ 条件下三类京味小说对频次和比例的影响

前字尾音		ɿ				ʅ			
		啊	呀	哇	哪	啊	呀	哇	哪
含三类小说	频次	132	180	1	2	52	69		
	比例	41.9%	57.2%	0.3%	0.6%	43.0%	57.0%		
不含三类小说	频次	130	72	1	1	52	23		
	比例	64%	35%	0.5%	0.5%	69%	31%		
前字尾音		ɚ				ŋ			
		啊	呀	哇	哪	啊	呀	哇	哪
含三类小说	频次	81	171	1	10	355	164	3	10
	比例	30.8%	65.0%	0.4%	3.8%	66.7%	30.8%	0.6%	1.9%
不含三类小说	频次	79	69	1	7	283	24		7
	比例	51%	44%	0.5%	4.5%	90.2%	7.6%		2.2%

表3.5 尾音音素 a、ɛ、o、ɤ 条件下"啊、呀、哇、哪"出现情况

前字尾音	a				ɛ				o				ɤ			
	啊	呀	哇	哪	啊	呀	哇	哪	啊	呀	哇	哪	啊	呀	哇	哪
1850 儿女	1	43			1	12		1	2	14			5	45		2
1859 寻津									3				1	3		
1867 自迹	11	8			2	1			6	2			12	7		
1879 伊苏	2	11			6	1			4	3			10	8		
1880 国字	4							1	2				5	3		1
1880 亚细	2	3			1				1				3	5		
1881 指南		3							1	11				2		
1883 启蒙	1								1							
1892 类编	8	8			3				3	6			7	4		
1894 军用													1	2		
1906 燕京		25				2				6				46	1	
1907 小额		15	1			2				2				9		
1907 津逮					1									2		
1913 剑胆		9				6				4				3		

(续表)

前字尾音	a 啊	a 呀	a 哇	a 哪	ε 啊	ε 呀	ε 哇	ε 哪	o 啊	o 呀	o 哇	o 哪	γ 啊	γ 呀	γ 哇	γ 哪
1918 读本	1	1												3		
1918 速修									1				1	2		
1919 滋味		67				15				48				66		
1919 聊斋	1	33				5			1	24			1	69		
1921 集成	1	3				1				4			7	5		
1922 警务		4			1	2			1	3				4		
1924 问答		13						1		10			1	45		2
1924 风俗	1	3		1					1	5			3	5		2
1933 急就	1	2								2				1		
1939 内鲜		1								3			2	2		
1941 书取	1	2				1				1				4		
1943 教室		2											1		1	7
频次合计	34	256		2	14	48		3	27	148			60	345	1	7
比例合计	11.6%	87.7%		0.7%	21.5%	73.9%		4.6%	15.4%	84.6%			14.5%	83.6%	0.2%	1.7%

在这四类尾音后面,同样几乎只用"啊、呀"(个别"哇、哪"用例将在后文详述)。无论是否包含三类京味小说,"呀"都占绝对优势。这和人们通常的认识是一致的,即"啊"在尾音 a、ɛ、o、ɣ 后读作 ia,写作"呀"。

表 3.6 尾音音素 a、ɛ、o、ɣ 条件下三类京味小说对频次和比例的影响

前字尾音		a				ɛ			
		啊	呀	哇	哪	啊	呀	哇	哪
含三类小说	频次	34	256		2	14	48		3
	比例	11.6%	87.7%		0.7%	21.5%	73.9%		4.6%
不含三类小说	频次	33	147		2	14	22		3
	比例	18.1%	80.8%		1.1%	35.9%	56.4%		7.7%

前字尾音		o				ɣ			
		啊	呀	哇	哪	啊	呀	哇	哪
含三类小说	频次	27	148			60	345	1	7
	比例	15.4%	84.6%			14.5%	83.6%	0.2%	1.7%
不含三类小说	频次	26	72			59	207	1	7
	比例	26.5%	73.5%			21.5%	75.5%	0.4%	2.6%

在尾音 i、y 后同样几乎只用"啊"和"呀",同样"呀"占绝对优势(个别"哇、哪"用例将在后文详述)。尾音 u 后一半以上使用"哇",其次是"啊"。尾音 n 后绝大多数使用"哪",其次是"啊"。

表 3.7　尾音音素 i、y、u、n 条件下"啊、呀、哇、哪"出现情况

前字尾音	i				y				u				n			
	啊	呀	哇	哪	啊	呀	哇	哪	啊	呀	哇	哪	啊	呀	哇	哪
1850 儿女	3	88				20			22	5	70	1	5			41
1859 寻津	4	3				2			3				3	1		1
1867 自迩	15	13			4	1			38	2	1		10			28
1879 伊苏	13	16			4	1			32	3			14			26
1880 国字	15	2			4				16				8			11
1880 亚细	7	6	1		1	1			14	1						14
1881 指南	1	14				6			17				1			21
1883 启蒙	4				1				9							1
1892 类编	16	18			6				91	1	1		13			21
1894 军用									3				1			12
1906 燕京	2	31				4			3	1	192		4			5
1907 小额	1	33				1			1		17			1		33
1907 津逮	2	2		2	2				1	3						
1913 剑胆		30				3					8			1		11

(续表)

前字尾音	i 啊	i 呀	i 哇	i 哪	y 啊	y 呀	y 哇	y 哪	u 啊	u 呀	u 哇	u 哪	n 啊	n 呀	n 哇	n 哪
1918 读本	4								1	2			3			1
1918 速修		1		1					7	1			1			7
1919 滋味	3	206				43			3	97	116	2	1	20		190
1919 聊斋	1	138				22			3	43	102			13	1	53
1921 集成	5	8			1	2			8	3						19
1922 警务		8				4			6	1		1	2	2		15
1924 问答	3	37		1		28			3	1	67		1			42
1924 风俗		8			1	1			14	1	2		2	2		28
1933 急就	5	2							19				1	1		9
1939 肉鲜		8				1			13				2			2
1941 书取	1	2				1			1	1						3
1943 教室		13							1		12		1	1		1
频次合计	105	687		5	24	141			329	166	588	4	71	42	1	595
比例合计	13.2%	86.2%		0.6%	14.5%	85.5%			30.3%	15.3%	54.0%	0.4%	10.0%	5.9%	0.2%	83.9%

三类京味小说偏好使用"呀",虽未改变排名,但进一步提高了比例。

表 3.8 尾音音素 i、y、u、n 条件下三类京味小说对频次和比例的影响

前字尾音		i				y			
		啊	呀	哇	哪	啊	呀	哇	哪
含三类小说	频次	105	687		5	24	141		
	比例	13.2%	86.2%		0.6%	14.5%	85.5%		
不含三类小说	频次	101	313		3	24	73		
	比例	24.2%	75.1%		0.7%	24.7%	75.3%		
前字尾音		u				n			
		啊	呀	哇	哪	啊	呀	哇	哪
含三类小说	频次	329	166	588	4	71	42	1	595
	比例	30.2%	15.3%	54.0%	0.5%	10.0%	5.9%	0.1%	83.9%
不含三类小说	频次	323	26	362	5	70	8		341
	比例	45.1%	3.6%	50.6%	0.7%	16.7%	1.9%		81.4%

从上面的考察可以看到,"啊"和"呀"出现的环境范围最广,在每一种尾音音素条件下都可以出现;"哪"可以在 9 种尾音条件下出现,3 种尾音条件下不能出现;"哇"出现的环境范围最窄,只在 6 种尾音条件下出现。

"啊"在 ŋ 尾音条件下出现比例排名第一,其余尾音条件下排名第二;"呀"在 9 种尾音条件下排名第一,1 种尾音条件下排名第二,2 种尾音条件下排名第三。具体情况见下表。虽然"呀"排名第一的情况更多,但"啊"的出现比例更均衡,最低的 n 后也达 10%,而"呀"在 n 后不到 10%。

表 3.9 尾音音素条件下"啊、呀、哇、哪"出现比例排名

啊			呀			哇			哪		
排名	尾音	比例	排名	尾音	比例	排名	尾音	比例	排名	尾音	比例
1	ŋ	66.7%	1	a	87.7%	1	u	54.0%	1	n	83.9%
2	ʅ	43.0%	1	i	86.2%	4	ŋ	0.6%	3	ɛ	4.6%
2	ɿ	41.9%	1	y	85.5%	4	ɚ	0.4%	3	ɚ	3.8%
2	ɚ	30.8%	1	o	84.6%	4	ʅ	0.3%	3	ŋ	1.9%
2	u	30.3%	1	ɤ	83.6%	4	ɤ	0.2%	3	ɤ	1.7%
2	ɛ	21.5%	1	ɛ	73.9%	4	n	0.2%	3	a	0.7%
2	o	15.4%	1	ɚ	65.0%		ʅ	0.0%	3	i	0.6%
2	ɤ	14.5%	1	ɿ	57.2%		o	0.0%	3	ɿ	0.6%
2	y	14.5%	1	ʅ	57.0%		y	0.0%	4	u	0.4%
2	i	13.2%	2	ŋ	30.8%		a	0.0%		ʅ	0.0%
2	a	11.6%	3	u	15.3%		ɛ	0.0%		y	0.0%
2	n	10.0%	3	n	5.9%		i	0.0%		o	0.0%

3.2.2 "啊、呀、哇、哪"的分布

下面换一个角度,看"啊、呀、哇、哪"的分布情况。

可以看到,"啊"可以在任何前字尾音条件下出现,不同尾音条件出现率有差异,出现频次最高的尾音是 ŋ。一般认为 u 尾音后应使用"哇",但 u 尾音后使用"啊"的频次高达 25.6%,如此高的出现率,说明应把尾音 u 也看作"啊"出现的条件。

(2) a. 比方偶然闹出一件祸事来,那还得骨肉相关的弟兄们,舍命巴结着搭救啊。(《总译亚细亚言语集》)

b. 这么由着他的性儿闹,多咱是个了手啊?(《官话指南》)

c. 甚么福啊,前生造的罪罢咧。(《速修汉语大成》)

d. 您回头喝甚么酒啊?(《北京风俗问答》)

表 3.10 "啊"在不同尾音后的分布(百分比)

	前字尾音											
	ŋ	u	ʅ	i	ɚ	n	ɣ	ɿ	a	o	y	ɛ
1850 儿女	38.4	19.6	9.8	2.7	15.2	4.5	4.5	1.8	0.8	1.8		0.9
1859 寻津	6.2	18.8		25.0		18.8	6.2	6.2		18.8		
1867 自迩	13.2	24.0	15.1	9.4	5.0	6.3	7.5	5.0	6.9	3.8	2.5	1.3
1879 伊苏	19.2	20.5	7.1	8.3	6.4	9.0	6.4	12.8	1.3	2.6	2.6	3.8
1880 国字	11.1	22.2	13.9	20.8		11.1	6.9		5.6	2.8	5.6	
1880 亚细	14.0	28.0	14.0	14.0	10.0		6.0	6.0	4.0	2.0	2.0	
1881 指南	25.0	47.1	11.1	2.8	5.6	2.8		2.8		2.8		
1883 启蒙	29.1	37.4	4.2	16.7					4.2	4.2	4.2	
1892 类编	10.4	50.0	4.4	8.8	1.1	7.1	3.8	3.3	4.4	1.7	3.3	1.7
1894 军用	44.4	33.4				11.1	11.1					
1906 燕京	32.4	2.9	29.4	2.0	23.5	3.9		5.9				
1907 小额	83.2	5.6		5.6				5.6				
1907 津逮	12.5	12.5	12.5	25.0						25.0	12.5	
1913 剑胆	80.0		20.0									
1918 读本		16.7	16.7			49.9			16.7			
1918 速修	14.3	33.3	9.5	19.0	9.5	4.8	4.8		4.8			
1919 滋味	81.0	4.7	1.6	4.7	3.2	1.6	1.6		1.6			
1919 聊斋	77.4	13.6		4.5			4.5					

（续表）

	前字尾音										
	ŋ	u	ʅ	i	ɚ	n	ɤ	ɿ	a	o	y	ε
1921 集成	13.5	21.7	5.4	13.5	10.8		18.9	8.1	2.7	2.7	2.7	
1922 警务	10.0	60.0	10.0			20.0						
1924 问答	78.4	6.5	4.3		4.3	4.3	2.2					
1924 风俗	39.6	29.2	10.4	6.2	2.1	2.1	6.2	2.1		2.1		
1933 急就	13.5	51.4	8.1	13.5	2.7		5.4		2.7		2.7	
1939 内鲜	38.5	50.0	3.8				7.7					
1941 书取	16.7	16.7		16.7	16.7				16.6		16.6	
1943 教室	38.5	7.7	46.1				7.7					
合计	27.7	25.6	10.3	8.2	6.3	5.5	4.7	4.0	2.6	2.1	1.9	1.1

汉语方言中高元音 u 尾音字容易增生韵尾 ŋ，如明母流摄字"亩、贸、茂"在西南官话中读为 moŋ。袁丹（2014）认为，这种鼻尾增生与发音生理无关，而与听觉感知相关。因为发 u 和 ŋ 音时舌头位置相近，听感上接近，这在实验语音学上已经证明。u 尾音字后的"啊"没有全部变读为"哇"，说明"啊"的使用规则应从人们通常所归纳的 ŋ、ɿ、ʅ、ɚ 尾音条件扩大到 u、ŋ、ɿ、ʅ、ɚ 尾音。同理，ŋ 韵尾字后的"哇"也是因为 u 和 ŋ 的听感接近变读而成（参见表 3.12）。

表 3.11 "呀"在不同尾音后的分布（百分比）

	前字尾音										
	i	ɤ	a	ɿ	ɚ	u	ŋ	o	y	ʅ	ε	n
1850 儿女	29.2	14.9	14.2	5.0	14.6	1.7	2.6	4.6	6.6	2.3	4.0	0.3
1859 寻津	33.3	33.3		11.2					22.2			

（续表1）

	前字尾音										
	i	ɤ	a	ʅ	ɚ	u	ŋ	o	y	ɿ	ɛ	n
1867 自迩	34.2	18.4	21.1	5.3	2.6	5.3	2.6	5.3	2.6		2.6	
1879 伊苏	34.0	17.0	23.4	4.3	6.4			6.4	2.1	4.3	2.1	
1880 国字	13.3	20.0		40.0		20.0	6.7					
1880 亚细	33.2	27.7	16.7	5.6		5.6	5.6		5.6			
1881 指南	36.9	5.3	7.9	2.6				28.9	15.8	2.6		
1883 启蒙												
1892 类编	48.7	10.8	21.6			2.7		16.2				
1894 军用		66.7			33.3							
1906 燕京	26.3	39.1	21.2	0.8		0.8	0.8	5.1	3.4	0.8	1.7	
1907 小额	33.0	9.0	15.0	15.0	14.0		8.0	2.0	1.0		2.0	1.0
1907 津逮	25.0	25.0				37.5				12.5		
1913 剑胆	47.5	4.8	14.3	3.2	3.2		1.6	6.3	4.8	3.2	9.5	1.6
1918 读本		42.8				28.6	28.6					
1918 速修	20.0	40.0	20.0			20.0						
1919 滋味	26.0	8.3	8.4	8.8	5.7	12.2	11.5	6.1	5.4	3.2	1.9	2.5
1919 聊斋	27.2	13.7	6.5	7.1	10.9	8.5	9.5	4.8	4.4	3.8	1.0	2.6
1921 集成	29.7	18.5	11.1			11.1	3.7	14.8	7.4		3.7	
1922 警务	25.8	12.9	12.9	3.2	3.2	3.2	3.2	9.7	12.9		6.5	6.5
1924 问答	22.2	26.8	7.8	13.8	3.0	0.6		6.0	16.8	3.0		
1924 风俗	28.5	17.9	10.7			3.6		17.9	3.6	10.7		7.1
1933 急就	25.0	12.5	25.0					25.0				12.5

(续表2)

	前字尾音											
	i	ɣ	a	ɿ	ɚ	u	ŋ	o	y	ʅ	ɛ	n
1939 内鲜	42.0	10.5	5.3	21.1				15.8	5.3			
1941 书取	50.0		50.0									
1943 教室	48.2	14.8	7.4			3.7		3.7	3.7	11.1	3.7	3.7
合计	28.4	14.3	10.6	7.4	7.1	6.9	6.8	6.1	5.8	2.9	2.0	1.7

"呀"在 i、ɣ、a 后出现率最高，这与一般的认识一致。"呀"也可以出现在任何前字尾音条件下，如：

（3）a. 若不结结实实的打你们，也不知道怕呀！（《语言自迩集》）

b. 全会：你说必还，拿钱来呀。（《官话类编》）

c. 舅母您多会儿上我们那儿去呀？（《燕京妇语》）

d. 何金寿一听，遂说："你们为这个呀，这是本府自有权衡，毋劳过问。"（《劫后再生缘》）

e. 铁王三走到，街坊谁不认识呀。（《新鲜滋味》）

f. 他是为我送了命，我还活个什么劲儿呀？（《讲演聊斋》）

g. 这几天你买卖好呀？（《支那语集成》）

h. 请问阁下贵姓呀？（《小额》）

i. 我怎么没看见过呀？（《北京风俗问答》）

j. 你们如今不认，我也没法子呀。（《官话指南》）

k. 那个铺子多咱歇业呀？（《警务支那语会话》）

l. 山田，你怎么不念呀？（《华日教室会话》）

说明"呀"并不单纯是"啊"的语音条件变体，"呀"其实是"啊"的强化形式。这个问题将在后文讨论。

表 3.12 "哇"在不同尾音后的分布（百分比）

	前字尾音											
	u	ŋ	ɚ	ʅ	ɿ	n	ɹ	a	ɛ	o	i	y
1850 儿女	100.0											
1859 寻津												
1867 自迩	100.0											
1879 伊苏												
1880 国字												
1880 亚细												
1881 指南												
1883 启蒙												
1892 类编	100.0											
1894 军用												
1906 燕京	99.5				0.5							
1907 小额	94.4			5.6								
1907 津逮												
1913 剑胆	88.9	11.1										
1918 读本												
1918 速修												
1919 滋味	98.4	0.8	0.8									
1919 聊斋	98.0	1.0				1.0						
1921 集成												
1922 警务												
1924 问答	100.0											

（续表）

	前字尾音											
	u	ŋ	ɚ	ʅ	ɤ	n	ɿ	a	ɛ	o	i	y
1924 风俗	100.0											
1933 急就												
1939 内鲜												
1941 书取												
1943 教室	100.0											
合计	98.7	0.5	0.2	0.2	0.2	0.2						

"哇"绝大多数出现在尾音 u 后，这与一般的认识一致。但还有少量"哇"出现在其他尾音后，包括 ŋ 后 3 例，ɚ、ɤ、ʅ、n 后各 1 例。如：

（4）a. 可有一样，到了人家下处，咱们可不许这样没醉装醉的起<u>哄哇</u>！(《何喜珠》)

b. <u>天哇</u>，你不要这等贪眠忘晓（也算得是枕边言）。(《讲演聊斋》)

c. 哦，我们认得<u>哇</u>。(《燕京妇语》)

但 ʅ 后的用例太田辰夫（1991）认为是漏刻了"道"而成，ɚ 后用例实际是 u 韵尾儿化而成：

（5）a. 正这儿说着，王亲家太太搭了话啦，说："你知道不知<u>哇</u>？姑爷在南城打官司哪。你求求魏弟老的去（不是奎弟老的呀），给想个法子好不好啊？"(《小额》)

b. 给他一个好儿！好<u>儿哇</u>！(《新鲜滋味》)

所以，基本可以说"哇"是"啊"的语音条件变体。

表 3.13 "哪"在不同尾音后的分布（百分比）

	前字尾音											
	n	ɚ	ŋ	ɤ	i	u	ɛ	ɿ	a	ŋ̍	o	y
1850 儿女	89.1	2.2		4.3		2.2	2.2					
1859 寻津	100.0											
1867 自迩	100.0											
1879 伊苏	100.0											
1880 国字	84.6			7.7			7.7					
1880 亚细	93.3				6.7							
1881 指南	95.5		4.5									
1883 启蒙	100.0											
1892 类编	100.0											
1894 军用	85.8	7.1	7.1									
1906 燕京	71.4	28.6										
1907 小额	94.2		2.9						2.9			
1907 津逮												
1913 剑胆	78.6		7.1		14.3							
1918 读本	100.0											
1918 速修	63.6				9.1	18.2	9.1					
1919 滋味	99.0		1.0									
1919 聊斋	93.0	5.3					1.7					
1921 集成	100.0											
1922 警务	71.4	14.3	9.5			4.8						
1924 问答	93.4			4.4	2.2							

(续表)

	前字尾音										
	n	ɚ	ŋ	ɣ	i	u	ɛ	ʅ	a	ɿ	o y
1924 风俗	82.4		5.9	5.9			2.9		2.9		
1933 急就	100.0										
1939 内鲜	100.0										
1941 书取	100.0										
1943 教室	100.0										
合计	93.2	1.6	1.6	1.1	0.8	0.6	0.5	0.3	0.3		

绝大多数"哪"出现在尾音 n 后,但也有一些出现在其他尾音后,其中 ɚ、ŋ 后各 10 例,ɣ 后 7 例,i 后 5 例,u 后 4 例,ɛ 后 3 例,a、ʅ 后各 2 例。如:

(6) a. 待会儿哪,刚作上锅。(《燕京妇语》)

b. 崇儿说:"那还成哪。您要肯破十吊钱,我让他自己撑死。"(《新鲜滋味》)

c. 念书的人不要想别的事,逐鹿者不顾兔哪。(《速修汉语大成》)

d. 好说,大家同喜哪!(《总译亚细亚言语集》)

e. 若我把彻底的主意告诉他,我岂不是自投虎穴哪?(《参订汉语问答篇国字解》)

f. 自然是有过之无不及,怎么会不叫人害怕哪!(《北京风俗问答》)

g. 怎么你们二位,还有换戒指儿的事哪?(《讲演聊斋》)

出现在其他尾音后的例子虽然不多,但也并非孤例,也不限于某个特定的尾音后。而"哪"从发音上说,除与 ŋ 有语音相似性外,与其他尾音是没有关系的。那么是否可以认为"哪"并不完全是"啊"的语音条件变体,而是"啊"的强化形式呢?后文我们将讨论。

3.3 "呀"的性质及与"啊"的关系

对于"呀"的性质,一部分学者从历史来源认为它是独立于"啊"的语气词。太田辰夫(1958)认为"呀"不完全是"啊"的语音变体,是元代"也"和"呀"的功能合并而成;钟兆华(1997b)根据宋元音变情况,认为"呀"是替代"也"的独立语气词,而非"啊"的变体,现代汉语里的"啊""呀"是平行而互补的。

一部分学者则认为"呀"经历了从独立到与"啊"合流的过程。孙锡信(1999)和翟燕(2013)根据《西游记》《红楼梦》《聊斋俚曲》等语料认为,"呀"在明代还是独立的语气词,直到1881《官话指南》与"啊"合流,成为"啊"的语音变体。

现代汉语研究中,大多数人不考虑"呀"和"啊"的关系,或者仅从功能上讨论,如胡明亮(2014)对比王朔《无人喝彩》和霍达《穆斯林的葬礼》后认为,"啊"重在感叹,"呀"重在警示对方。这种解释来自个人体悟,还需要形式上的证明。

考察早期北京话语料,不合音变规则的"呀"用例并非个别,特别是1910年前后的作品,甚至到1943年《华日教室会话》仍然有相当的用例。将不合音变规则的"呀"用例和"啊"进行"最小差别对"比较,可以看到,"啊""呀"的差异具有功能上的条件。

3.3.1 "呀"的早期使用情况

孙锡信(1999)指出,"呀"和"也、耶、哑"有密切关系,主要有三种用法:呼语、反问、感叹,但"在长时期中不能得到普遍运用"。他认为《红楼梦》时期"呀"已基本符合音变规律,不合者是个例。

《红楼梦》版本众多，前八十回（庚辰本）只有 16 例"呀"，除 1 例用在列举中，其余"呀"都在短句句末，有 6 例不合规则，用于 u、ɿ 和 ʅ 后。如：

（7）a. 周瑞家的认了半日，方笑道："刘姥姥，你好呀！你说说，能几年，我就忘了。请家里来坐罢。"（第 6 回）

b. 众客都道："是呀。如今虚的，便是什么字样好？"（第 17 回）

c. 林黛玉啐道："大清早起死呀活的，也不忌讳。你说有呢就有，没有就没有，起什么誓呢。"（第 28 回）

后四十回（人民文学出版社，1991 年）共 35 例"呀"，只有 4 例不合规则，分别用于 u 和 ʅ 后。如：

（8）a. 家运不好，一连人口死了好些，大老爷和珍大爷又在外头，家计一天难似一天。外头东庄地亩也不知道怎么样，总不得了呀！（第 114 回）

b. 况且这也不单是奶奶的事呀。我们起迟了，原该爷生气，左右到底是奴才呀。（第 101 回）

从《红楼梦》前八十回到后四十回，不合音变规则的"呀"比例减少了，似乎是越来越符合"啊"音变的规律，但在《儿女英雄传》中出现了更多不合规则的"呀"，用例多，不合规则的尾音类型也多。如：

（9）a. 姑娘才坐下，话又来了，说："妈怎么不一块儿吃呀？"（第 27 回）

b. 安老爷此时才叫个"不胜诧异之至"，忙问道："九哥，这事你有甚么法子呀？"（第 40 回）

c. 舅太太问道："姑太太说的，怎么叫个外场儿，又怎么叫个贴身儿呀？"（第 40 回）

表 3.14 《红楼梦》《儿女英雄传》"呀"的语音条件统计

	符合规则		不合规则							小计
	a/o/ɤ/ɛ/i/y	比例	u	ɿ	ʅ	n	ŋ	ɚ	比例	
《红楼梦》前八十回	10	62.5%	4	1	1				37.5%	16
《红楼梦》后四十回	31	88.6%	2	2					11.4%	35
《儿女英雄传》	222	73.5%	5	15	7	1	8	44	26.5%	302
合计	263	74.5%	11	18	8	1	8	44	25.5%	353

3.3.2　舌尖元音后的"呀"

按现代汉语音变规则,"啊"在舌尖元音和儿化韵后读作 za/zḁ,仍写作"啊"。早期北京话语料中,舌尖元音后写作"呀"的情况不少。以下是用例统计表:

表 3.15 舌尖元音后的"啊""呀"使用情况统计

	ɿ		ʅ	
	呀	啊	呀	啊
1750《红楼梦》前八十回		1	1	1
1791《红楼梦》后四十回		3	2	8
1850《儿女英雄传》	7	2	15	10
1907—1921 蔡友梅小说	25	1	85	1
1913 徐剑胆小说	2		2	1
1919 湛引铭小说	19		36	
1923 穆儒丐小说	5		11	
1929 老舍《二马》	1		3	
1933 老舍《猫城记》			5	

（续表）

	ㄱ		ㄴ	
	呀	啊	呀	啊
1936 老舍《骆驼祥子》	1	1	7	
合计	60	8	167	21

《红楼梦》中"啊、呀"的用例还很少，到二十世纪，蔡友梅、徐剑胆、湛引铭、穆儒丐等京味小说家在舌尖元音后基本用"呀"，直到老舍的中后期作品也是如此。如：

（10）a. 假秀才说："事不宜迟，就跟他打官司呀！反正咱们是捡来的麦子打烧饼，那是咱们的。……"（《铁王三》）

b. 那位说："这是聊斋吗？我瞧着怎么好像法门寺呀！"（《讲演聊斋》）

（11）a. 塔三爷说："酒保，拿饭来我吃呀。"（《鬼吹灯》）

b. 何线娘说："……倘当时我父听我之劝，何致惹□杀身的大祸，以致连累了旁人，皆我父亲平日积怨所致呀。"（《劫后再生缘》）

c. 况且拿坐马车的身子，再坐人力车，恐怕和街上众人一样，显不出是国会议员。那有多可耻呀！（《北京》）

是京味小说家们倾向于将 za、ẓa 记为"呀"，还是当时舌尖元音后的语气词就读为 ia、从而记作"呀"呢？参考各语料实例，后一种推测较为合理。

3.3.2.1 列举项后

列举项的长短和前字末尾的语音条件大致决定了用"啊"还是用"呀"。

第三章 "啊"和"呀""哇""哪"　　125

（一）在"X啊Y的"列举格式中，如果前一列举项X的末字不是舌尖元音，通常用"啊"：

（12）a. 刚一进院子，就听见上房里头，说啊笑的声儿。（《语言自迩集》）

b. 我就是回手拔箭，也赶不上，只看见他的尾巴，动啊动的去。（《参订汉语问答篇国字解》）

c. 大人给你包一包，你就哭啊叫的疼，自己又舍不得包。（《官话类编》）

（二）在"X啊Y的"列举格式中，当前一列举项末字是舌尖元音时，倾向于用"呀"：

（13）a. 林黛玉啐道："大清早起死呀活的，也不忌讳。你说有呢就有，没有就没有，起什么誓呢。"（《红楼梦》第28回）

b. 所以我乘你合人家拧眉毛瞪眼睛的那个当儿，我就把你那把刀溜开了。不想姑娘你果然就死呀活呀的胡闹起来了。（《儿女英雄传》第7回）

c. 他道："咻！姑奶奶，你婆婆托付了我会子，咱把人家舅太太一个人儿丢下不是话，再说他晚上还给我弄下吃的了。我更不会吃那些果子呀酒的咧。你们自家吃罢。"（《儿女英雄传》第29回）

（三）在较长列举项的舌尖元音后，用"啊"不用"呀"：

（14）a. 他口里连称"怪事！"说："我安骥此刻还是活着呢，还是死了？这地方还是阳世啊，还是阴司？我这眼前见的这光景，还是人境啊，还是……"（《儿女英雄传》第6回）

b. 褚大娘子道："我想明日来的人必多，你得在灵前还礼，分不开身。张罗张罗人哪，归着归着屋子啊，那不得人呢？再就剩这两天了，知道你此去咱们是一个月两个月才见，我也合你亲热亲热。所以我带了铺盖来，打算住下，省得一天一荡的跑。"(《儿女英雄传》第 17 回)

c.——兄台新喜啊！——好说，大家同喜啊！——兄台请坐！——做甚么？——给兄台拜年哪！——甚么话呢？——老兄长啊，是该当磕头的。——请起，请起！升官哪，得子啊，过富贵的日子啊！——请起，请上坐。(《语言自迩集》)

从音理上推断，较长的列举项后面需要停顿，"啊"受语速限制不能读得又长又重，则只能轻读并附着前字快速连读。较短的列举项之间没有停顿，"啊"起到分隔列举项的作用，但处于快速语流中非重读位置上的 za、ẓa 读音较为含混，变读为"呀"可以让音节界限更为明确，将多个列举项更清楚地分隔开。

所以，"呀"的根本作用是突出音节界限，在较短列举项和前字为舌尖元音的情况下，这种作用比较容易被观察到。当说话人有意突出这个列举项标记时，即使列举项较长，或前字不是舌尖元音，也可以用"呀"：

（15）a. 刘大人怕是在城里头公馆里，底下人们还在船上乐呀、唱啊的，闹呢。(《语言自迩集》)

b. 这些个人到了无可如何的时候儿，不是要算命，就是要相面。问一问我要谋事往那么去呀、有一笔钱进得来进不来呀、有个差使能得不能得呀。(《北京风俗问答》)

"呀"的这种作用也见于内蒙古晋语中的选择问"是 N 呀是 N"式和正反问的强调式"A/V 呀不 / 没（A/V）"式（邢向东，1995）：

（16）a. 你是神呀是怪？

b. 姐姐，你看我站在机器上抖呀不抖？

c. 有心叫你唱上一段两段，不知你唱呀不唱？

邢向东（1995）认为，晋语"呀"的作用是给本已存在的疑问语气增加强调的色彩，加强问句的力量。结合本节所述，可以进一步认为，这种强调的力量正是来源于"呀"突出音节界限的作用。

3.3.2.2 "是啊"和"是呀"

20世纪初到20世纪20年代的京味小说使用"是呀"，而不是"是啊"，特别是蔡友梅，他是有意识地用"京语"进行创作，"是呀"记录的是这一时期的实际读法，而非误写。老舍作品经历了从"是啊"到"是呀"的转变，刘一达的京味小说也主要使用"是呀"[①]。

表 3.16 京味小说"是呀"和"是啊"用例统计

	是呀	是啊
1907—1921 蔡友梅小说	22	
1919 湛引铭小说	12	
1926 老舍《老张的哲学》		6
1936 老舍《骆驼祥子》	3	
1944 老舍《火葬》	1	1
1951 老舍《龙须沟》	4	3
1956 老舍《西望长安》	12	1
1961 老舍《正红旗下》	39	
2003、2008 刘一达小说	29	2

还有一些语料，既用"是啊"，也用"是呀"。对比《儿女英雄传》中

---

① 王朔的作品以"是啊"为主，不过他的作品通常被认为属于"大院文化"而非"胡同文化"，他的用字更符合规范化标准。

的"是啊"句（共6例）和"是呀"句（共7例），可以看出，"是啊"句主要用于赞同对方后改变角度加以论说，"是呀"主要用于回应，然后解释说明或补充。前者的重点在赞同，后者的重点在说明：

（17）a. 张老听了，先说道："……鬼可怕他作僥呀？我们庄稼的，到了青苗在地的时候，那一夜不到地里守庄稼去，谁见有个鬼哪？"安公子接着说道；"是啊！鬼神者，二气之良能也。以二气言，则鬼者，阴之灵也；神者，阳之灵也。以一气言，则引而伸者为神，返而归者为鬼，其实一物而已。怕他则甚！怕他则甚！——只是姑娘到底怎样打发我们上路？"（第9回）

b. 公子又笑道："讲行客拜坐客，也是等他二位来。难道母亲就这样跑到街上去不成？"太太这才想起来，说："是呀，真真的，我也是叫你们唬糊涂了！"（第12回）

"是啊、是呀"的对答环境不同。"是啊"句的表义重点在其后的申说内容上，"是啊"只是引子，重音在"是"上。"是呀"句的表义重点在对引发语的肯定回答，"是呀"作为整体出现，内部轻重音差异不明显。

也就是说，话语功能的差异决定了使用"啊"还是"呀"。语气词"啊"用在舌尖元音之后时，如果说话人的表达重点在"啊"句的后续成分，"啊"则轻读，和前字尾音合为 za、za；如果说话人将"啊"句视为整体而不急于说后续句，将语气词独立延长，读作 ia，写作"呀"。

《语言自迩集》中的"原是阿"和"原是呀"也可作同样的解释：

（18）a. ——令尊留下的家产，专归你一个人儿了，是还分给一家儿了呢？——还有我们家兄舍弟，一个人分了一分儿。——分的还是令兄的多呀？——不是，是三个人均分的。——留下的是银子钱哪，是产业呀？——有现银子，也有房子、买卖。——身底下住房，你又不是长子,为甚么归你?——从前先父在的时候儿,家兄就管买卖。——阿,就是你在家里伺候令堂。——原是阿,因为舍弟也是在外头作幕。(问答章之二)

b.——他们大家没商量妥的时候儿,柴船和巡船一块儿往下走,撞了人家湾着的两只船。——又是两只巡哨的船么?——不是关上的船,是钦差刘大人的船,一只是预备他自己坐的,一只是他下人坐的。——可笑!还是半夜的时候儿么?——不到半夜,二更多天。——二更多天,刘大人合底下人必都睡了罢?——刘大人怕是在城里头公馆里,底下人们还在船上乐呀唱阿的,闹呢。——就是那些个底下人们,到底与海关上无干。——原是呀!竟是徐永那个柴船撞了他们的船,先是一惊,后来心定了一定儿,就合他要赔补的钱。(问答章之二)

这一音变的重要条件是"啊"在句尾读轻声,才能和前字末音相连。但如果说话人需要增强命题之外的主观情感,将"啊"延长,它的音强就不能过于微弱,也就难以和前字末音相连。既要使用语气词传情,又要降重音为次重音,从音理上看,最为合理便捷的方法就是在发完舌尖元音后,舌头略降,顺势发出舌面高元音开头的独立音节 ia"呀"。

因为有了这样的语音条件,当交际者需要先表面上同意,之后才真正表明自己的观点时,即"形式化同意"(Token Agreement)(于国栋,2008),也使用"是啊",因为表义重点在后面的申说内容,"啊"需读轻声。

(19)狼很乐,一同走着的工夫儿,猛然瞅见狗脖子上带的东西,很以为希奇,问他说:"这是甚么东西呀?"狗说:"嘿,呆东西,没甚么。"狼说:"是啊,但要请教请教。"(《伊苏普喻言》)

(20)赶到了耩庄稼的时候,他兄弟和他哥说:"该耩地了。"他哥说："是啊。可是你拿定主意了，万不许后悔，说了不算，算了不说的。今年你要上头的么？"他兄弟就说："是。"(《北京话语音读本》)

会话分析认为，每个话轮受制于前面的话轮，同时又制约和影响其后面的话轮，在这个意义上，话轮转换对语境是敏感的(于国栋，2008)。"是啊/呀"的使用条件也反映了这种敏感性。在一个对答结构中，"是啊/呀"可以是表示肯定的应答语(刘虹，2004)，也可以只是形式化同意。应答策略决定了应答形式，选择"是啊"还是"是呀"，取决于是否需要"呀"的突出音节界限作用。

检域外汉语教科书，与《儿女英雄传》同时代的《亚细亚言语集》、与蔡友梅小说同时代的《燕京妇语》、与穆儒丐小说同时代的《北京风俗问答》等材料，大多使用"啊"，个别用"呀"。非母语者记音，不能像京味小说家那样敏感、准确。也有个别教科书倾向于记作"呀"，如《官话问答》。句末语气词实际读法的轻重和长短，母语者可以察觉到并用不同的书写形式记录下来。后人忽略了主观意愿的不同，只关注到读音和写法上的区别，外族汉语学习者就更难注意到这个不承担命题意义的情态成分了。

3.3.3 儿化韵后的"呀"

儿化韵和舌尖后元音的发音条件相近。蔡友梅等人的京味小说儿化韵字后，用"呀"有100余例，用"啊"只有2例，和他们用"是呀"而不用"是啊"的情况一致。

（21）a. 他们要是来一出大报仇，还有我的活儿啊！(《五人义》)
　　　b. 张老说："这是怎么个碴儿呀？"(《何喜珠》)
　　　c. 众位有所不知，我这兄弟，不同别人的弟兄，他是为我送了命，我还活个什么劲儿呀？(《讲演聊斋》)

当呼语末字为儿化韵时，《小额》全用"呀"不用"啊"：

（22）a. 伊太太说："大哥儿呀，你跟二哥儿、跟你妹妹，你们先吃吧。"

　　　b. 及至进了上房，刚在外间屋子里坐下，就听东屋里小额说道："保儿呀（小文子儿的小名儿叫保儿），请你王大爷屋里坐吧。"

有的语料儿化韵后既有"啊"，也有"呀"，如《伊苏普喻言》：

（23）a. 嘿，小哥儿们，别恶顽儿啊，你们的乐儿，是我们的死啊。

　　　b. 啊，原来你是个聍聍儿呀。

儿化韵是由韵母带上卷舌色彩，舌头上翘，向"啊"过渡的时候，可以放下舌面直接带出"啊"，也可以抬起舌面前伸，发出"呀"。从音理上看两种方式都很合理，区别就在于是否需要重读，读"呀"显然不如"啊"省力。观察《伊苏普喻言》中呼语后的"啊"（共 26 例）和"呀"（共 6 例），用"呀"是逗乐使用，需要加强拖长音，用"啊"时只为了显示对听话人的关注，应读轻声：

（24）a. 狐狸说："猴儿啊，像你这样忽略的心思，要做兽王甚么的，真是个大离格儿的话呀。"

　　　b. 还有标致的丫头们，也给我许多吃剩下的东西，这样的得宠，磕头碰脑的都问我怎么了，小狗儿呀，要甚么么，小狗儿呀，要上那儿去么。

所以，舌尖元音和儿化韵后的"呀"都是起到突出音节界限的作用进而增加音长，比起轻读的"啊"来，更适用于强调的语气。

3.3.4　ŋ 后的"呀"

早期北京话语料中，ŋ 音后有不少"啊"和"呀"的用例。蔡友梅、湛引铭和穆儒丐在 ŋ 音后倾向用"呀"。同一作家在同一个 ŋ 音字后面既使

用"啊"也使用"呀":

(25) a. 董爷心说:"革命巨子都是这宗德行啊?我算开了眼啦。"(《董新心》)

b. 钟氏听钟社这套议论,也有点儿生气,心说:"我这个哥哥,从先不这个德行呀。官场混了会子,怎么会脱骨换了胎啦?怨得人说,好孩子别入官场(实话)。"(《一壶醋》)

(26) a. 你不冷啊?(老舍《二马》)

b. 而且问她的话越来越离吃饭远:"天气还是冷呀?啊!姑娘出去了?——呕,已经问过了,对不起!拿破仑呢?"(老舍《二马》)

(27) a. "要吃饭也行啊,不过是贵得很,肉,菜,全得买外国的。……"(老舍《猫城记》)

b. "不会完全脱离了旧家庭?"我问。"不行呀,没钱!……"(老舍《猫城记》)

湛引铭小说中,"呀"的用例比"啊"多,但"娘啊"出现了11次,"娘呀"只有1次。如:

(28) a. 贾儿又从地上,举起把儿灯来,说:"娘啊,咱回房去吧!"(《讲演聊斋》)

b. 主仆这一吵嚷,贾儿也从睡梦中醒来,抬头看了看,母亲在床上坐着,问了一声,说:"娘呀!你为什么还不睡觉呀?"(《讲演聊斋》)

以上用例中ŋ音后的"啊、呀"没有区别,可以看作是语音上的自由变体。

汉语音节结构分声韵两部分,即便是以元音 i、u、y 开头的音节,也通常前加带擦音色彩的半元音 j、w、ɥ。"啊"在 ŋ 音后语流音变读为 ŋa,ŋa 以辅音开头,音段独立性比 ia 更强,比"呀"更具备突出音节界限的作用。但 ŋa 无相应的记音字,即使是强主观条件下也用"啊"来记录。

考察同一时期的域外汉语教科书,可以更明显地看出 ŋ 音后"啊"的优势地位。外族人对语音细微之处不敏感,加上"啊、呀"在句末读轻声,更难以觉察两者的区别,因此"呀"使用率极低。

3.3.5 u 后的"呀"

按现代汉语音变规则,"啊"在 u 尾音后应连读音变为 ua,写作"哇",但不少早期北京话语料在 u 尾音后既用"哇"也用"呀""哪"。

京味小说中的"好呀"用例不如"好哇"多,没有使用条件的区别。

表 3.17 京味小说"好呀"和"好哇"用例统计

	好呀	好哇
1907—1921 蔡友梅小说	16	42
1919 湛引铭小说	5	18

(29) a. 子英回到里面,钟氏在那里大哭之下,说:"好<u>呀</u>!这叫手足,这叫娘家!……"(《一壶醋》)

b. 铁王三一听,说:"好<u>哇</u>,我们家成了波兰啦,三国瓜分!又像三分晋室!"(《铁王三》)

(30) a. 且说相如在屋中,同红玉又说又笑,猛听父亲叫自己名字,立刻又羞又怕,不敢耽延,连忙出到院子,见父亲气哼哼的说:"好<u>呀</u>,你这个畜生,做的这是什么事!……"(《讲演聊斋》)

b. 又听西屋说话儿，想着必是老头子，背着自己，给张讷做饭来着，心说："好<u>哇</u>，俗语儿有云，满堂儿女，不如半路夫妻，敢则却不尽然，还是他只懂疼他的儿子。"（《讲演聊斋》）

一部分域外汉语教科书的 u 尾音字后既有"呀"又有"哇"，如《官话类编》《北京风俗问答》《华日教室会话》，用例也不多：

（31）a. 坑主说："我说的价都是卖开的价，你老先生要矮/落钱，我恐怕对不起别处<u>呀</u>。"（《官话类编》）

b. 你没吃早饭罢。答：没家/没呢，那里有<u>哇</u>。（《官话类编》）

（32）a. 不到十分钟，他还要休息休息，您说有多么可恶<u>呀</u>！（《北京风俗问答》）

b. 我就跟他说："你快点儿走<u>哇</u>。"（《北京风俗问答》）

（33）a. 今天报上都有甚么题目<u>呀</u>？（《华日教室会话》）

b. 喂喂，别睡觉<u>哇</u>，昨天晚上干甚么来着？（《华日教室会话》）

大多数域外汉语教科书中没有"哇"，u 后多使用"啊"，u 后"呀"的用例很少。对比同一语料中 u 尾音后"啊、呀"的用例，可见"呀"句通常有情态副词，主观性强。同样语音条件下、同样句类中，使用"呀"与重读或加长的语音需要有关，这和前文 3.3.2 节所述舌尖元音后使用"呀"的情况相似。

（34）a. 菩提诵珠儿虽多，像那个样儿的却很少<u>啊</u>。（《语言自迩集》）

b. 诸位别住筷儿，总得吃饱<u>呀</u>！（《语言自迩集》）

(35) a. 他现在醉到这个样,听你说的话,模模糊糊的,都不明白,你就打他,他也混混沌沌的,不知道啊。(《参订汉语问答篇国字解》)

b. 你自己不觉得这不像样的样子,多咱遇着嘴尖利害的人,吃了亏才知道呀。(《参订汉语问答篇国字解》)

(36) a. 他是走啊,还是骑马跟着您去呢?(《华英文义津逮》)

b. 这时候满城里的人,谁不想瞧县太爷审老虎呀,这瞧热闹的人就多了。(《华英文义津逮》)

(37) a. ——先生在家么?——在家。——我要和他见面说话。——请进来罢。——从那儿进去好啊?——简直的往里头走。(《速修汉语大成》)

b. 要走的总有多少里路呀?(《速修汉语大成》)

(38) a. 你别那么乱跑了。若是碰了人也不好啊。(《警务支那语会话》)

b. 你别任意的扔剩下的烟头呀!(《警务支那语会话》)

有的语料没有"哇"字,u音后使用"啊"和"哪":

(39) a. ——今儿晚上好啊?——来的正好。(《速修汉语大成》)

b. ——令尊大人好哪?——托福很康健。(《速修汉语大成》)

每部语料的u音尾字后都有"啊"的用例。u音尾字后用"呀"的情况也很常见,26部语料中有16部使用了"呀",总体数量远不及"啊"。前文对比用例说明,"呀"的使用带有较强主观性。"哇"的使用面更小,26部语料中只有11部使用了"哇",只有京味小说中用例较多。"哪"只有3部语料使用,用例很少。"哪"和"呀"都不符合u音尾字后的音变规则,句子表现出较强的主观情绪。

（40）a. —— 该走了。—— 那么多久见？—— 是一两天我还来。—— 您走啊。回府都替我问好。(《警务支那语会话》)
b. 你别任意的扔剩下的烟头呀。(《警务支那语会话》)
c. 跟他商量好再动手哪。(《警务支那语会话》)

3.3.6 "呀"的祈使句和反问句偏好

前文已述，"呀"最早是用于呼语、反问和感叹的独立语气词，后来因为读音相似而逐渐与"啊"合流，因此"呀"除了用于"啊"适用的语气，关注听话人，在语流中还具有突出音节界限的作用。胡明亮（2014）认为"啊"句比"呀"句更能凸显新信息。这正是因为"啊"句的重音不在"啊"上，"啊"前的部分需要重读，自然就得到凸显，而"呀"往往需要读得较重，所以它前面部分的凸显程度就不那么高。

这就使"呀"特别适合既需要关注听话人、同时又要强调说话人的情感的交际环境，祈使句和反问句正是符合这样语境的常用句类，因此倾向于使用"呀"。李顺群（1999）认为，"呀"的语气作用比"啊"强，多用在反问句中，方梅（2016）也提到变异形式语气词对祈使句和反问句的偏好。早期北京话语料的考察结果正是如此。如：

（41）a. 善大爷本就一脑门子气，又听他一排老腔儿，气更邪啦，说："大清早晨的，甚么事情你满门口儿这们嚷嚷啊？"(《小额》，反问句)
b. 那个说："咳，这就是瞎猫碰死耗子，那有准儿的事呀。"(《小额》，反问句)

（42）a. 老张绷着颏啦嗦说道："你们别起哄啊，这乐甚么？"(《小额》，祈使句)
b. 少奶奶说："秃儿呀，别跟爷爷闹哇，让爷爷歇歇儿呀。"(《小额》，祈使句)

孙锡信（1999）考察1881年《官话指南》后认为，"呀"已与"啊"合流。本书的考察进一步说明，合流不等于合并。1881年以前，祈使句和反问句倾向于使用"啊"，此后转而多用"呀"。可见，祈使句和反问句对"啊/呀"的偏好选择是有变化的，从偏好"啊"转向"呀"，说明"呀"在与"啊"合流的过程中逐渐增强了突出音节界限的主观作用。

表 3.18 祈使句和反问句"啊""呀"用例统计

		祈使句			反问句		
		啊	呀	小计	啊	呀	小计
偏好"啊"	1867 自迩	4	2	6	19	4	23
	1879 伊苏	11	4	15	5		5
	1880 国字	2		2			
	合计	17	6	23	24	4	28
		74%	26%		86%	14%	
偏好"呀"	1881 指南				2	4	6
	1907 津逮	1		1	1	4	5
	1907 小额	1	12	13	1	8	9
	1922 警务		7	7		1	1
	1924 风俗	1	4	5	1	2	3
	1941 书取				1	3	4
	1943 教室	2	4	6			
	合计	5	27	32	6	22	28
		16%	84%		21%	79%	

胡明扬（1987）在20世纪70年代末进行了北京话调查，他认为存在着独立但不普遍的"呀"（主要是叹词），因为在少数场合"啊"和"呀"

是对立的,有两位调查对象认为"啊"和"呀"不同,"呀"的感情比"啊"强烈。胡明扬认为这和两位调查对象是回族居民有关。我们注意到,这两位都是20世纪50年代出生的女教师,性别、年龄和职业都符合特别关注听话者和夸张强调自己情感的特征,这恰好说明了"呀"和"啊"并非完全对立,它们的不同是有主观条件的,即"呀"只是"啊"的主观条件变体。

3.3.7 "呀"的短句偏好

前文3.3.2节已述,舌尖元音字后较短的列举项偏好使用"呀",扩大考察范围发现,句子的长短对"呀"的使用有较大影响。在19种既有"啊"又有"呀"的语料中,"啊""呀"所附句子的字数统计结果如下:

表3.19 "啊""呀"所附句子长度分段用例统计

字数	1—4字		5—10字		>=11字		总计
啊	358	59%	528	68%	97	74%	983
呀	250	41%	251	32%	34	26%	535
合计	608		779		131		1518

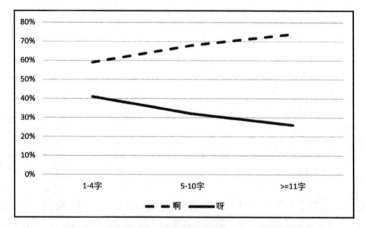

图3.1 "啊""呀"所附句子长度分段用例统计

可以看到,"呀"的用例总数远不如"啊",无论句子长度如何都不占优势。但"呀"的使用频率随着句子长度的增加而总体下降,"啊"则随着句子长度增加而总体上升。因为句子越长,句末"啊"读得较重的可能性越小,所以不容易选择强化的"呀"形式。这和前文所分析的列举项长短影响"啊/呀"的选择是一致的。

将上表放大,细化到逐字统计,结果如下面图表所示。

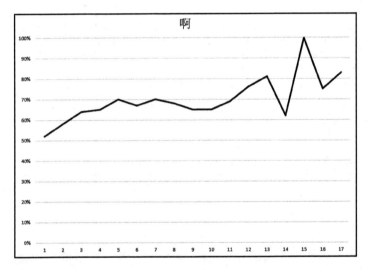

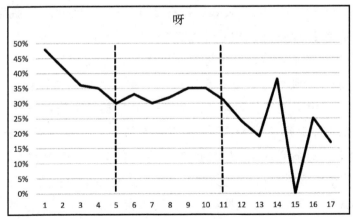

图 3.2 "啊""呀"所附句子长度逐字用例统计

表 3.20 "啊""呀"所附句子长度逐字用例统计

	1	2	3	4	5	6	7	8	9	10	11	12
啊	117	60	82	99	124	124	89	94	48	49	20	25
	52%	58%	64%	65%	70%	67%	70%	68%	65%	65%	69%	76%
呀	106	43	47	54	53	62	39	45	26	26	9	8
	48%	42%	36%	35%	30%	33%	30%	32%	35%	35%	31%	24%
	223	103	129	153	177	186	128	139	74	75	29	33

	13	14	15	16	17	18	19	20	21	23	
啊	26	8	5	3	5	1	2		1	1	983
	81%	62%	100%	75%	83%	33%	67%		100%	100%	
呀	6	5		1	1	2	1	1			535
	19%	38%		25%	17%	67%	33%	100%			
	32	13	5	4	6	3	3	1	1	1	小计

从"啊"和"呀"的对比看，1—4字"呀"比例下降得很快，从48%降到35%；5—10字"呀"大致保持在30%—35%之间；11字及以上用例不多，有一定的偶然性，但总体上看"呀"下降很快，基本上低于30%。

前段说明句子越短，越容易将句末语气词读得较重，因而越倾向使用"呀"，后段说明句子越长，句末语气词越不容易读得较重，因而越倾向使用"啊"。中段的平稳现象是因为5—10字接近平均句长（6—8字），没有特别的突出音节界限的需要，所以没有特别的"啊/呀"选择倾向。

回顾本章对各种不合规则的"呀"用例的分析，归根到底，"呀"作为"啊"的语音条件变体只是其中一种表现，更多的时候是作为"啊"的强语气形式表现强烈的主观情绪，因此可以突破语音变体的条件限制，当然可以出现在多种尾音条件下。

3.3.8 小结

以上详细分析了不符合现代汉语"啊"音变规则的"呀",可以得到的结论是:

(一)当"啊"的前字尾音是 ŋ、ʅ、ɿ、ɚ 时,京味小说多用"呀",域外汉语教科书中多用"啊";"啊/呀"并存时,强主观性条件下使用"呀"。可见,所谓不合规则的"呀"不是误写,而是记录了实际读法。

(二)符合音变规则的"呀"是"啊"的语音条件变体,作用和"啊"一样,表现对听话人的关注。不合规则的"呀"是"啊"的主观性变体,在"啊"语气的基础上增加了强主观性。因此,"呀"并不是独立于"啊"的语气词。"呀"的强主观性是由"呀"语音上的突出音节界限作用带来的。

(三)统计数据表明,"呀"和"啊"的合流过程并不是那么简单。能够达到 90% 以上符合规则的语料不多,直到 20 世纪 40 年代,才有一部语料的"呀"完全符合音变规则。特别值得注意的是,1900 年到 1920 年之间,大多数京味小说和域外汉语教科书中符合规则的"呀"比例都比较低。可见,"呀"和"啊"完全合流很晚才发生。

表 3.21 "呀"语音规则使用情况表

	符合规则 a/i/y/o/ɤ/ɛ 后		不合规则 ɚ/ʅ/ɿ/ŋ/u/n 后		合计
1850 儿女	222	74%	80	26%	302
1859 寻津	8	89%	1	11%	9
1867 自迩	32	84%	6	16%	38
1879 伊苏	40	85%	7	15%	47
1880 国字	5	33%	10	67%	15
1880 亚细	15	83%	3	17%	18
1881 指南	36	95%	2	5%	38

（续表）

	符合规则 a/i/y/o/ɤ/ɛ 后		不合规则 ɚ/ʅ/ɿ/ŋ/u/n 后		合计
1883 启蒙					
1892 类编	36	97%	1	3%	37
1894 军用	2	67%	1	33%	3
1906 燕京	114	97%	4	3%	118
1907 小额	62	62%	38	38%	100
1907 津逮	4	50%	4	50%	8
1913 剑胆	55	87%	8	13%	63
1918 读本	3	43%	4	57%	7
1918 速修	4	80%	1	20%	5
1919 滋味	445	56%	348	44%	793
1919 聊斋	291	58%	214	42%	505
1921 集成	23	85%	4	15%	27
1922 警务	25	81%	6	19%	31
1924 问答	133	80%	34	20%	167
1924 风俗	22	79%	6	21%	28
1933 急就	7	88%	1	12%	8
1939 内鲜	15	79%	4	21%	19
1941 书取	4	100%			4
1943 教室	22	81%	5	19%	27
合计	1625	67%	792	33%	2417

3.4 哪

太田辰夫（1958）说"清代的'哪'一定在前面的音节以 n 收尾时才用"，其实不然。早期北京话语料中，"哪"就不限用于 n 尾字后（参见前文 3.2.2 节）。考察"哪"在非 n 音尾字后的情况，本书认为，"哪"是"啊"的语音变体，但条件并不严格。

26 种早期北京话语料中，尾音 n 后使用"哪"占到 83.9%，具有绝对优势。尾音 ɿ、y、o 后面没有一例"哪"。其他尾音字后有个别用例：

（43）a. 那还用说么，您问问现在的人那个又不盼下点儿雪哪！（《北京风俗问答》）

b. 您那儿还没弄早饭呢？待会儿哪，刚作上锅。（《燕京妇语》）

c. 桂氏说："又是耗子药呀？"崇儿说："那还成哪。您要肯破十吊钱，我让他自己撑死。"（《鬼吹灯》）

d. 我不知道北京社会多咱才能把这些虚荣恶习全都去掉了哪。（《北京风俗问答》）

e. 甚么话哪，办事吗！（《小额》）

f. 虽然现在穷，我不敢做歹事哪，宁可正而不足，不可邪而有余。（《速修汉语大成》）

g. 好说，大家同喜哪！（《总译亚细亚言语集》）

h. 跟他商量好再动手哪。（《警务支那语会话》）

1880 年以前，同一种语料中、同样的句子语气、同一个 n 尾字后既有"哪"也有"啊"，说明"哪"是"啊"的自由变体：

（44）a. 若是这么著，咱们住的离着却不甚远啊。（《语言自迩集》）

b. 我们坟地离得很远哪！（《语言自迩集》）

（45）a. 我是世上所说的运气神<u>啊</u>，万一你掉下井里去，又连累起我来了。(《伊苏普喻言》)

　　　b. 因为我是上天尊贵的从神，而并且又是与人掌福的神<u>哪</u>。(《伊苏普喻言》)

1880年以后，有的语料在n尾字后只用"哪"不用"啊"，如《总译亚细亚言语集》《小额》等，说明"哪"作为"啊"变体的语音条件逐渐固定下来，到20世纪30年代趋于稳定。

表3.22　n尾后"啊""哪"变化表

	啊		哪		总计
1850 儿女	5	11%	41	89%	46
1859 寻津	3	75%	1	25%	4
1867 自迩	10	26%	28	74%	38
1879 伊苏	14	35%	26	65%	40
1880 国字	8	42%	11	58%	19
1880 亚细			14	100%	14
1881 指南	1	5%	21	95%	22
1883 启蒙			1	100%	1
1892 类编	13	38%	21	62%	34
1894 军用	1	8%	12	92%	13
1906 燕京	4	44%	5	56%	9
1907 小额			33	100%	33
1907 津逮					
1913 剑胆			11	100%	11
1918 读本	3	75%	1	25%	4

（续表）

	啊		哪		总计
1918 速修	1	12%	7	88%	8
1919 滋味	1	1%	190	99%	191
1919 聊斋			53	100%	53
1921 集成			19	100%	19
1922 警务	2	12%	15	88%	17
1924 问答	2	5%	42	95%	44
1924 风俗	1	3%	28	97%	29
1933 急就	2	18%	9	82%	11
1939 内鲜			2	100%	2
1941 书取			3	100%	3
1943 教室			1	100%	1
合计	71	11%	595	89%	666

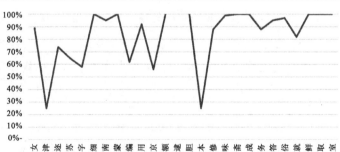

图 3.3　n 尾后 "哪" 变化图

3.5 "哇"的性质及与"啊"的关系

"哇"在《红楼梦》中还只作拟声词使用。据翟燕（2013），蒲松龄《聊斋俚曲》（17 世纪末 18 世纪初）中已有语气词 "哇" 的用例，但用例不如

"呀"多，并非 u 音字后的"优势"语气词，这说明尽管"哇"是作为"啊"的音变形式而产生，但也经历了一定的发展过程。这中间可能有方言接触的影响，但更多的应该是语言系统自身的协调，即其他"啊"的音变形式如"呀""哪"的推动。

既然是作为"啊"的语音变体而产生，所以在各类材料中，"哇"大都附在 u 尾音字后。特别是域外汉语教科书中的"哇"均在 u 尾音字后，没有例外。京味小说中有少量"哇"附在其他尾音后，ŋ 尾音后用"哇"是因为 ŋ 和 u 听感接近，其他尾音后的"哇"均为个别用例，不影响"哇"作为"啊"的语音条件变体的性质（参见 3.2.2 节）。

虽然"哇"基本出现在尾音 u 后，但尾音 u 后还有"啊""呀"等形式，同一语料同一句类中相同的字后面使用不同的"啊"变体形式。如蔡友梅小说中：

（46）a. 普三爷说："岂但零钱，整钱也没有啊。……"（《忠孝全》）

b. 老实陈一听两千块，把舌头伸出来，半天没缩回去，连连的摇头，说："大太爷，这两千块钱我如何办的动呀。你瞧今年前半年没下雨，夏天又闹兵灾，秋天又闹蝗虫，锅上锅下都没有哇，我的大太爷。"（《小蝎子》）

（47）a. 岳魁一听，乐不可支，说："门路兄弟是有的，不过现在办事，没钱是不行的。我说句话，老哥也别恼，老哥说有三四千块钱，这话靠的住呀？"（《忠孝全》）

b. 曹立泉说："我姓立。"赶车的说："您在炮局住哇？"曹立泉说："不错。"（《曹二更》）

赵元任（1926）指出："'好'字的尾音在 o、u 之间，所以'哇'音不能成立，听来还像是原来的'阿'。"在各种域外汉语教科书中，"哇"的用例最少，u 音后普遍采用"啊"形式，如《华音撮要》和《语言自迩集》，也可看出"哇"是作为"啊"的语音变体而存在：

（48）a. 王大哥，你打家里赶几时起身，几时来到啊？（《华音撮要》）

b. 菩提诵珠儿虽多，像那个样儿的却很少啊。（《语言自迩集》）

3.6 "哟、呦、喊、呕、哷"的性质及与"啊"的关系

早期北京话语料中还有一些语气词，使用频率不太高，主要在京味小说中出现，如"哟、呦、喊、呕、哷"等。太田辰夫（1991）认为，"呦、啵、喽、哷"是"呀、吧、啦、哪"的 a 变 ou 而成，添加了强烈的感情色彩。"哟、呦、喊、呕、哷"是在"啊"变体"呀、哇、哪"的基础上强化了语气。另外，"啵"是"吧"的强语气形式（参见 2.5.4 节），"喽"和"啰"是"了"弱化过程中的次强形式（参见第四章）。

3.6.1 "呀"的强语气形式"哟""呦"[①]

3.6.1.1 哟

"哟"是"呀"的强语气形式。汪怡等（1948）《国语辞典》[②] 将"哟"注音为 iao："语尾助词，有惊叹意，如'可见天下人不全是见钱眼开的哟'，见《儒林外史》。"

[①] 太田辰夫（1991）提到《小额》还有一例"您不知道吆"，认为"吆"和"呦"相类，可能读 yo（即 io）。查《小额》光绪三十四年单行版影印本，此处字迹模糊，刘一之（2011）标点注释本为"您不知道么"，列此备考。

[②] 《国语辞典》是我国第一部现代汉语词典，原名《国音普通辞典》，汪怡等主编，黎锦熙、赵元任、钱玄同等参与，中国大辞典编纂处编辑，从 1917 年开始编纂，1937 年商务印书馆出版第一册，第二册及其后的部分于抗战期间出版（据黎锦熙《国语辞典·原序》）。1948 年再版。

《寻津录》中只有 2 例"哟",一例注音为 yo（即 io）,一例注音为 ya（即 ia）,可见"哟"和"呀"的关系密切:

（49）a. 正是庄稼出土的时候儿,这个雨才是好雨呢,真真是点点入地哟 yo。（天类 198）

　　　b. 世上最亲的是妻子,若是妻子死了,还可以另娶一个,若是弟兄们没了,那儿还找得了一个来哟 ya?（圣谕广训 21）

"哟"的绝大多数用例是在叹词"哎哟""嗳哟"中,京味小说和域外汉语教科书中都有不少用例。这不是语气词用法,本书不纳入考察。

其次是用在实义动词"罢"后面。《儿女英雄传》还没有"罢哟",用"罢呀"。《语言自迩集》有 2 例"罢呀"与《清文指要》完全一致,1 例"罢哟"是将《清文指要》的"罢呀"改写而成:

（50）a. 阿哥你罢呀。他想是忘了没去,他的不是他不知道吗?（《清文指要》1818 年西安将军署重刻本）（张美兰、刘曼,2013）

　　　b. 兄台罢哟!他想是忘了没有去,他的不是,他不知道么?（《语言自迩集》）

1880 年《参订汉语问答篇国字解》和 1880 年《总译亚细亚言语集》转录这一句时保留了"罢哟"的写法。

"哟"还用在 a、o、ɤ、i、y 尾音字后,符合"呀"的音变规则,只有 1879 年《伊苏普喻言》有 1 例在舌尖元音后,可看作和"是呀"一样的强主观语音形式（参见前文 3.3.2.2 节）:

（51）猪说,是哟,但有所不同,老爷拿你,是为取毛,拿我是为取肉啊。

表 3.23 "哟"使用情况统计

	哎哟 / 嗳哟	罢哟	其他用例	小计
1859 寻津			2	2
1867 自迩	1	1		2
1879 伊苏	5	2	1	8
1880 国字		2		2
1880 亚细		1		1
1881 指南	1			1
1883 启蒙	40			40
1892 类编	5			5
1894 军用	1			1
1907 津逮	1			1
1913 剑胆	3			3
1919 聊斋	1		7	8
1921 滋味			1	1
1924 北京	1			1
合计	59	6	11	76

3.6.1.2 呦

"呦"读作 iou，汪怡等（1948）《国语辞典》只将它作为"状声之词"和"表惊讶口气之词"。语气词"呦"只见于京味小说蔡友梅和湛引铭作品，徐剑胆和穆儒丐小说没有用例。即便是"哎呦""嗳呦"也不见于域外汉语教科书。从语音条件看，"呦"所附的前字尾音，除 ε 和 y 外均有用例。可见"呦"是比"哟"更晚的强语气形式，带有个人用字特征。

（52）a. 李三吓的直哆嗦，抱着树动不了啦，说："快瞧呦，俄国大队呦，抬着一尊大炮呦，我下不来啦。"（《五人义》）

b. 又听王香头唱道："你们家本姓额呦（费话），今天请我瞧疙瘩（音得）呦，是不是呦？"（《小额》）

c. 把茶叶一扔，将两腿一跺，说："想不到呕，那们好的小模样子的孩子，也行这要命鬼的事呦。怪不得我拿他戒指儿，他装糊涂哪，敢则这是下食哪。"（《讲演聊斋》）

表 3.24 "呦"使用情况统计

哎呦/嗳呦	合规则语气词							不合规则语气词						用例总数
	a	o	ɤ	ɛ	i	y	小计	u	n	ŋ	ʅ	ɿ	ɚ	小计	
1919 聊斋	2	1	1	2		2		6	1			1		2	10
1921 滋味	12	2	2	5		5		14	9	2	2	3	2	1	19	45

3.6.2 "哇"的强语气形式"喊""呕"

语气词"喊"和"呕"都是"哇"的强语气形式，只见于京味小说，蔡友梅偏好用"喊"，湛引铭偏好用"呕"①。

3.6.2.1 喊

语气词"喊"在蔡友梅小说中用例较多：

（53）又打了两个呵欠，把眼睛一睁，喝，老声老气拉着长声儿

---

① 湛引铭小说有 13 例单独使用的叹词"喊"，用于呼唤听话人。如："任秀说到自己立不上学馆的话来，张三一听，说：'喊，老贤侄，我看你书儿虽然念得不糙，但是教馆这件事，也是物离乡贵的买卖，……'"（《讲演聊斋》）其他语料未见"喊"做叹词的语例。

就唱起活儿来了（真难为他变别嗓音），唱得是："今天我来的不算晚哟，皆因我差使刚当完哷。香头喴——①"老张赶紧跟额大奶奶说："您还不给老仙爷磕头呢。"(《小额》)

刘一之注释"喴"读作 wēi，是"呼唤人时的语气词"。其实除了呼唤，"喴"还用于其他关注听话人的场合，都在 u 和 ŋ 尾字后，没有例外。据前文 3.2 节所述，ŋ 和 u 听感接近。"喴"和"哇"一样，只用于这两个尾音后，所以应看作是"哇"的强语气形式。

（54）a. 这当儿二老虎已到门口儿，赵傻子紧行了几步，作了个半截子揖，说："二爷好喴。"(《张二奎》)

b. 塔三爷说："喝点稀粥对付着行啦。"喧腼李说："那就对啦！你大便通不通喴？"(《鬼吹灯》)

c. 官兵一听张老两个字，可就不像同詹生合姚爷那宗优待了。忙走过去，一揪头毛，手中的铁链，抖露出来，愣往脖子上就套。张老说："这是怎么个碴儿呀？"刚要用手支撑，就见走过个人来，迎头就是一个大五儿的，打了个满脸花，遂说："张老喴，打了吧。"(《何喜珠》)

表 3.25 "喴"使用情况统计

	u	ŋ	小计
1913 剑胆	1		1
1919 聊斋		1	1
1921 滋味	4	2	6

---

① 刘一之（2011）此处"喴"后为逗号："唱得是：'今天我来的不算晚哟，皆因我差使刚当完哷。香头喴，'"此处为王香头装扮成老仙爷拉长声音叫自己，故改为破折号，表示长音。

3.6.2.2 呕

语气词"呕"只见于蔡友梅和湛引铭小说,读作 ou,表示对听话人的关注①。"呕"用例均在 u 和 ŋ 尾字后。如:

（55）a. 奔到木厂子门口儿,用手捶门,一边儿直喊:"曹先生!曹先生救命<u>呕</u>!"(《曹二更》)
　　　b. 你们大家瞧<u>呕</u>,活脱儿的个活忘八吗。(《讲演聊斋》)
　　　c. 只见父亲皱着眉头子,说:"这如今是衣帽年,专讲浮华,就凭你这身穿章儿,也怕不成<u>呕</u>。"(《讲演聊斋》)

湛引铭小说有 1 例用于 ɤ 尾字后,可视作例外:

（56）此时由窗橹透曙光,窗上并没窗纸,心中又明白,原来老狐精这样架弄全是障眼法儿变幻出来,为做虚脸蒙人的<u>呕</u>。(《讲演聊斋》)

关注听话人是"啊"的语义功能,再加上语音条件比较单纯,可见"呕"是"哇"的强语气形式。

表 3.26 "呕"使用情况统计

	u	ŋ	ɤ	小计
1919 聊斋	5	1	1	7
1921 滋味		2		2

---

① "呕"也可以是单用的叹词,蔡友梅小说共 4 例,湛引铭小说共 7 例。和"喊"单用时表示呼唤不同,"呕"单用时表示应答。这种用法在汉语教科书中也能见到。如:"这一个当儿,有一个乡下怯人,把人群儿分开,显出来,对众人说,<u>呕</u>,我要比这个还妙一倍的学给众位瞧,请明日再光临罢。"(《伊苏普喻言》)

3.6.3 "哪"的强语气形式"哖"

太田辰夫(1991)认为"哖"是"哪"(呢)的变化。汪怡等(1948)《国语辞典》将语气词"哖"注音为 nou①,并解释:

> 助词,哪㈢之音转,如"实在令小弟佩服得很哖"。

早期北京话语气词"哖"只见于蔡友梅和湛引铭小说。前文(表3.5)表明,o尾音后不使用"哪",下例"哖"重在表示夸张的情态,可以看作是"呢"的用法,即"哪₂"的强语气形式:

(57)哈哈,您不知道么,比他爵位大的人,犯这种恶习的很多很多哖。(《小额》)

还有个别"哖"用在非n尾字后,既可以看成是"呢"的用法,即"哪₂"的强语气形式,也可以看成是"啊"的用法,即不限于n尾字的"哪₁":

(58)a. 高爷一听,直摇脑袋,说:"这可不行吧,我坐在这屋里,有炭盆火炉子,还冻得难受呢,眼瞧就要属九了,上花园子喝酒去,有多们冰清伶仃冷哖。"(《讲演聊斋》)
b. 你先别想连升三级唡,老仙爷不是说了吗?你的寿数不永,怎么死在眼前还不知哖。(《讲演聊斋》)

但这一时期更多的"哖"用例既有关注对方的主观性特征,又在n尾字后,符合"啊"变体的语音条件,是"哪₁"的强语气形式:

(59)a. 曹立泉让伙计拿着灯,将要给他扎胳臂,酸掌柜的直嚷,说:"我的爸爸你可别扎呀,我晕针哖!"(《曹二更》)
b. 这小子爬在门里一半,门外一半,疼得杀猪似的,喊叫起来,说:"有了帮凶的啰!快救人哖。"(《讲演聊斋》)

---
① 刘一之(2011)注释"哖"读 nēi。

c. 那里来的你这不守闺训的女子？你自己不学好，污辱了名誉，又出来污辱傍人，你岂不想，这件事倘若发觉，可不能专说我们姓冯的家门无德，不体面哞。(《讲演聊斋》)

表 3.27 "哞"使用情况统计

	n 尾字后	非 n 尾字后	小计
1919 聊斋	2	2	4
1921 滋味	5	1	6

3.7 小结

综合本章论述可见，"呀、哇、哪"都是"啊"的语音变体，但在体现"啊"关注听话人的主观情绪时有强弱和有无之别。

"呀"的音变例外最多，每一类例外有相应的主观强弱条件，加之偏好祈使句和反问句，偏好短句，"呀"作为"啊"的强语气形式性质非常突出。

"哪"作为"啊"的语音变体，在1880年之后逐渐稳定下来，n 尾字后很少甚至不用"啊"。

"哇"在"呀"和"哪"的推动下形成，产生时间晚，用例数量少，严格地遵循了音变规则，是纯粹因前字 u 尾音同化作用而产生的"啊"的语音变体。

"啊"的这三个语音变体，"呀"的主观性强，音变例外最多；"哇"主观性弱，严格遵守音变规则；"哪"的主观性程度在"呀"和"哇"之间，语音例外比"呀"少，比"哇"多。

从历史上看，语气词多由实义词演变而来。在语法化的过程中，语气词意义变虚，位置固定在句尾，因此读音上的弱化以至脱落是顺理成章的。但语气词突出音节界限的作用也不容忽略。不少人将汉语语气词归入到情态系统，主要是因为它的主观性非常强，可以传递命题之外的情绪或态度。用不用语气词，用哪一个语气词，都取决于说话人的主观意愿。在这种动力下，语气词的弱化或脱落就不是必然而唯一的选择。为了达到某些目的，比如强调全句或分隔各列举项，要在语音上有所调整（如轻重音）或变化（如构成列举格式），由语气词"呀"或"哪₁"来承担这一任务是较为经济的手段，因为语气词的形式变化对基本句义没有大的影响，从发音上又更为简便省力。"哇"也有突出音节界限的作用，不过它是语气词系统内部其他音变形式的类推而成。它产生的时间短，因而不如其他形式那么稳定，用法也不那么复杂。

京味小说中还常用到"哟、呦、喊、呕、哔"，"哟"和"呦"是"呀"的强化形式，"喊"和"呕"是"哇"的强化形式，"哔"是"哪"的强化形式。

"啊"的各类变体关系如下表：

表 3.28 "啊"的各类变体

		呀	哪	哇
"啊"的语音变体		a/o/ɤ/ɛ/i/y 后	n 后	u/ŋ 后
"啊"的强主观变体	需要重读/加长	ŋ/ɿ/ʅ/ɤ 后	非 n 后	-
	偏好祈使句	+	-	-
	偏好反问句	+	-	-
	偏好短句	+	-	-
强语气形式		哟、呦	哔	喊、呕
主观性		强	中	弱

第四章 "了"和"啦"的关系

4.1 问题的提出

"了"和"啦"关系十分密切,但对于"啦"的性质学界却有不同意见,有的认为"啦"是"了+啊"的合音形式(赵元任,1968;朱德熙,1982),有的认为"了"是"啦"的弱化形式(金立鑫,1998;太田辰夫,1950),还有的认为"啦"是"了"的强语气变韵形式(郭小武,2000)。

但根据清末民初的北京话语料,合音说和变韵说都不能成立。

一、"啦"后面可以出现语气词"吧、呢",而"啊"后是不能出现"吧、呢"的,因此不可能是"了+啊"的合音。如:

(1) a. 小王也有信出来啦吧?(《小额》)
  b. 小脑袋儿春子一瞧善大爷不言语啦,以为是让他们给拍闷啦呢。(《小额》)

二、"啦"不但出现在"了₂"的位置,也可以出现在"了₁"的位置,因此不能看作"了+啊"的合音,也不能看作"了"的强语气变韵形式。如:

(2) a. 可了儿花啦这些个钱,念了好几年的书,连个药味都写不上来。(《小额》)
  b. 你忘啦吃徐吉春的药,满炕上折腾的时候儿啦。(《小额》)

弱化说有道理，但是说"了"是"啦"的弱化形式是把问题简单化了。根据早期北京话语料，本书认为"啦 la"其实是"了 liao"的弱化形式，而"了 lə"是"啦 la"的进一步弱化的形式。读为 la 音是"了"的语音从 liao 到 lə 的弱化过程中的过渡形式之一。当代汉语中的"啦"是"了"第三阶段读音的保留。"了"的弱化过程如下所示：

| 读音 | liao | lo | la | lə |
| 年代 | 1834 前 | 1834 | 1853 | 1904 |

图 4.1 "了"的弱化过程

4.2 早期北京话语料所反映的"了"的读音

（一）《兼满汉语满洲套话清文启蒙》（1761）

《清文启蒙》（1730）全名《满汉字清文启蒙》，是舞格寿平所编满汉对照满语教科书，共四卷。《兼满汉语满洲套话清文启蒙》（1761）为《清文启蒙》卷二《兼汉满洲套话》的改编修订本，该书用满文字母对汉文部分做了注音。竹越孝（2012）将满文注音逐字转写为拉丁字母。"了"有 3 种注音：liyao、liyoo 和 lioo。具体统计如表 4.1。

（3）a. 又恐怕你来狠糟了 liyao 心了 liyao 呢
　　　b. 到了 liyoo 正月里了 liyoo
　　　c. 托赖老天爷又添了 lioo 一岁

表 4.1 《兼满汉语满洲套话清文启蒙》"了"注音统计

了₁			了₂		
liyao	liyoo	lioo	liyao	liyoo	lioo
21	46	1	47	90	1

"iyao"和"iyoo"也用来给其他 iao 韵母的字注音,如:

(4) a. 我还想着要往兄长跟前领教 giyao 去
　　b. 还要笑 hiyao 话呢
　　c. 可怎么样掌家业料 liyoo 理事
　　d. 前日夜里略 liyoo 受了些凉

"ioo"只用于两处"了"的注音。ao 韵母的字用"ao"和"oo"注音,如:

(5) a. 教导 dao 的狠有理
　　b. 必定报 boo 答深恩

如此看来,"了"的这三种注音形式,反映的读音都是"liao",注音不同是由规则不统一造成。该书前半部分主要使用 liyao,后半部分主要使用 liyoo,很可能注音者不止一人。统计如下。

表 4.2 《兼满汉语满洲套话清文启蒙》"了"注音前后差异统计

	liyao		liyoo		lioo		合计
序、1-24 话	60	95.2%	3	4.8%			63
25-51 话	8	5.6%	133	93.0%	2	1.4%	143

(二)《正音撮要》(1834)

根据作者高静亭自序,《正音撮要》成书于 1810 年,但目前找到的最早刊印本是道光十四年(1834),刊印前是否有修改不得而知,保险起见把时代定为 1834。《正音撮要》没有拉丁字母注音,但有的句尾的"了"写作"咯",如:

(6) a. 吃饭后总要走得这么三五十步,溜溜食,不然就存了食咯。

b. 大新年人家都来道喜，我们也该去拜拜年咯。

《正音撮要》中"咯"出现35次，占句尾"了/咯"总次数（320次）的10.9%。

（三）《正音咀华》(1853)

莎彝尊《正音咀华》中"了$_1$"全写作"了"，句尾"了$_2$"有3例写作"咯"：

（7）a. 是时候咯。
　　 b. 卸了底咯。
　　 c. 不是咯。

"咯"的反切注音是"卢活切"，可知"咯"读作lo。

《正音咀华》中还出现"啰"8例，其功能与"了$_2$"相同。如：

（8）a. 饭好没有？菜便啰嚒？
　　 b. 治弟因才短而且多病，告了回家有好几年啰！

"啰"字未见反切，但根据字形推测应读为lo。

《正音咀华》中还出现功能与"了$_2$"相同的"喇"17例。如：

（9）a. 大伙相好，过来瞧瞧就好喇。
　　 b. 行装都办齐喇嘛？

表 4.3 《正音咀华》"了$_2$"用字统计

了	咯+啰	喇	合计
149	3+8	17	177
84.2%	6.2%	9.6%	

（四）《官话口语语法》(1857)

英国传教士艾约瑟（Joseph Edkins，1823—1905）认为"北京话更时髦，而南京话更好懂"，所以该书多采用北方话语料，如《圣谕广训直解》《品花宝鉴》等，而记音以南京音为主，保留入声，"了₁"和"了₂"都记为 liau（图 4.2a）；但他明确指出北京话中的"了₂"已弱化为 la/lo（图 4.2b）。

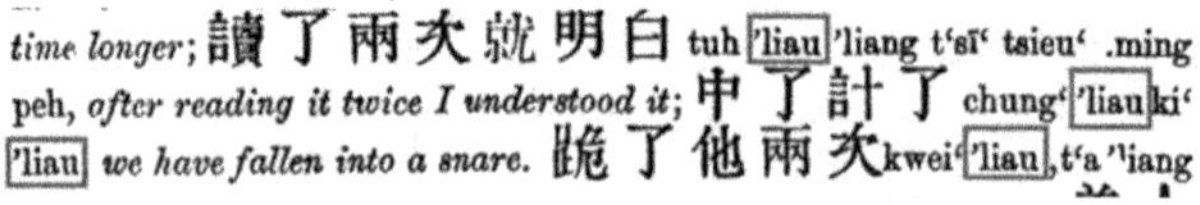

a

b

图 4.2 《官话口语语法》"了"注音

（"拉 la"和"咯 lo"在北京话中经常用于陈述句末，比如"是拉"，shi la 和 shi lo 都能听到，也可以说"是呀"shi ya。）

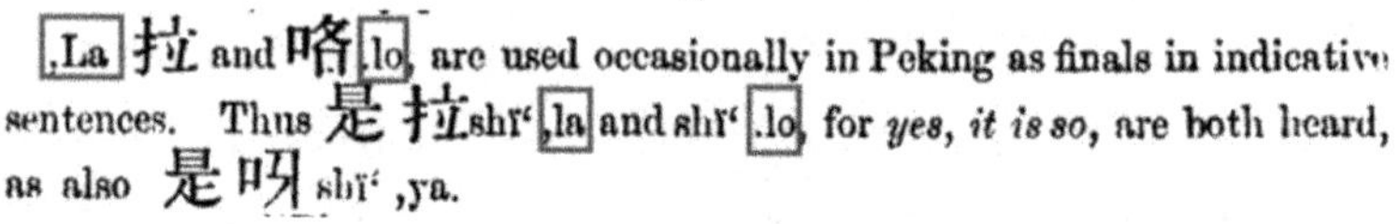

（五）《寻津录》(1859)

威妥玛在前言中明确提出：

The latest work published at Canton to teach the Cantonese to speak mandarin, has entirely remodelled to the old orthography in several syllables, in which the Peking sounds are fairly approximated. There can be no doubt therefore which is the dialect an official interpreter should learn.（最近广州发行了一本教广东人说官话的教材，这里面许多音节的拼写方法已经完全改变了，听起来更像是北京话。毫无疑问，北京话已经是官方译员必须学习的内容。）

《寻津录》分为三册,第二册中文文本(Chinese text)包括了课文《天类》和《圣谕广训》共 406 个汉语句子,以及练习 139 个汉语句子,汉字右侧均有对应的威氏注音,练习还用数字上标注明了调类。

《寻津录》课文部分的"了$_1$"注音为 liao,"了$_2$"注音多数为 liao,少数为 lo。练习部分的"了$_1$"多为 liao³,个别为 la¹,"了$_2$"多为 liao³ 和 la¹,个别为 lo⁴,如图所示:

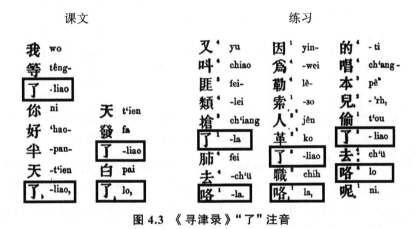

图 4.3 《寻津录》"了"注音

《寻津录》各语音形式和书写形式分别统计如下:

表 4.4 《寻津录》"了"注音和书写形式用例统计

	了$_1$		了$_2$			咯		合计
	liao	la	liao	lo	la	lo	la	
课文	137		181	25		9		352
练习	37 (一声 8,三声 29)	2	25 (一声 6,三声 19)		8	1	14	87
合计	174	2	206	25	8	10	14	439

从"了₁"和"了₂"的角度统计读音如下：

表 4.5 《寻津录》"了₁""了₂"注音统计

	了₁			了₂				合计
	liao	la	小计	liao	lo	la	小计	
课文	137		137	181	34		215	352
	100%			84%	16%			
练习	37	2	39	25	1	22	48	87
	95%	5%		52%	2%	46%		

《寻津录》课文部分和练习部分"了"读音的这种差异，很可能是因为编写的时间不同，课文在前，练习在后，反映出不同时期的"了"的读音。也可能是因为正式和随意风格在朗读时出现的差异。《寻津录》课文第一部分《天类》选自《御制增订清文鉴》，第二部分《圣谕广训》改编自王又朴《圣谕广训衍》第一章，多为较庄重正式的内容，而练习部分内容是日常生活。威妥玛请了北京人应龙田做北京话老师，并协助编写《寻津录》，教材应该就是按照应龙田的发音来注音。庄重的内容易于采用老的发音，日常的内容则易于采用当时流行的新发音，反映在"了"的读音上，较为典雅的课文部分读 liao，没有 la，较为随意的练习部分 la 大量增加。如果上述推测成立，可以得出以下结论：

第一，"了₁"和"了₂"本来都读 liao³。

第二，"了"先从上声变为阴平。从练习部分标注的声调来看，无论是"了₁"还是"了₂"，都是 liao³ 多（"了₁"29 例，"了₂"19 例）而 liao¹ 少（"了₁"8 例，"了₂"6 例），这说明声调正在变化。

第三，声调变化的同时，元音也在变化。"了₂"先变为 lo，后来进一步变为 la¹。

第四，练习部分的"了₁"也出现了读为 la¹ 的迹象。

"了"从声调开始弱化的现象还可以在其他材料中发现。

英国传教士禧在明编写的《华英文义津逮》也反映出同样的弱化过程,"了₁"有上声 liao 和轻声 liao 两种读法,而"了₂"读轻声 liao 和 lo,还有"咯"也读为 lo。这是和《寻津录》同样的弱化进程,只不过比《寻津录》晚了近半个世纪。

(六)《语言自迩集》(1867)

《语言自迩集》在威妥玛所编写的汉语教材中影响最大,其中有关"了"和"咯"读音的描述如下:

> 了 liao³,咯 lo¹(to end, or be ended),跟在动词后面,表示动作完成,表示事件出现。也许把它称为过去时的一个标志(a sign of the past tense)更为确切。它还自由地充当句尾语助词(a final expletive)。口语句尾多用"咯"(as a colloquial termination)。(第三章散语章练习一答案 31)

> 撇了 p'ieh³ liao:丢掉,抛弃(朋友,任何东西)。注意:了 liao³ 是后附形式,并读作 la 或 lo……(第七章声调练习 276)

> 饭糜了 fan⁴ ch'iu³ liao³:饭煮成粥了。"了 liao"实际上变成 lo,接近于 lo⁴。(第七章声调练习 45)

《语言自迩集》单独给"了"注音时标为三声,但在 1886 年第二版中,给部分句子逐字注音时,"了"多标为轻声,反映出"了"在声调上的弱化:

(10) a. 下了半夜的雪。hsia⁴ liao pan⁴ yeh⁴ ti hsüeh³.(散语章练习八 233)

b. 他到了。t'a¹ tao⁴ liao³.(散语章练习二答案 44)

c. 他回来了。t'a¹ hui² lai² liao.(散语章练习三答案 57)

d. 你答应了没有?ni³ ta ying⁴ liao mei² yu³?(散语章练习二十八答案 784)

e. 他来了没有？t'a¹ lai² liao³ mei² yu³？（散语章练习一答案 33）

"了₁"和"了₂"的书写形式统计如下表：

表 4.6 《语言自迩集》"了₁""了₂"统计

	了₁			了₂	
了	咯	小计	了	咯	小计
888		888	1084	140	1224
100%			88.6%	11.4%	

《语言自迩集》"了₂"写作"咯"的比《寻津录》读 lo/la 的比例小，并不意味着从 liao 到 lo/la 发展的停止，而是因为写作"了"的"了₂"很多也读为 lo/la。《语言自迩集》第五章《谈论篇（百篇）》改编自《清文指要》，与《清文指要》三个版本对比（1809 年三槐堂重刻本、1818 年西安将军署重刻本、1830 年《三合语录》五云堂刻本①），可以看到《语言自迩集》改"了"为"咯"，以及增用"咯"的情况：

表 4.7 《语言自迩集》对《清文指要》"了"的改动统计

	1809	1818	1830	1867	
A. 三版无语气词，《自迩集》增用"咯"	——	——	——	咯	26 处
B. 前两版无语气词，第三版为"了"，《自迩集》改为"咯"	——	——	了	咯	5 处
C. 三版为"了"，《自迩集》改为"咯"	了	了	了	咯	29 处

---

① 参照张美兰、刘曼（2013）。

A. 三版无语气词,《语言自迩集》增用"咯"的用例如下:

（11）a. 1809 这一向,你又往那里奔忙去了? 间或到我这里走走是呢。怎么总不见你的面目?

b. 1818 这一向,你又往那里奔忙去了? 间或着也到我这里走走呢。怎么总不见你的面目?

c. 1830 这一向,你又往那里奔忙去了? 遇空儿也到我家。怎么总不见你的面目?

d. 1867 这一向,你又往那儿奔波去了? 遇见有空儿,何不到我这儿走走呢? 怎么总不见你的面儿<u>咯</u>?

（张美兰、刘曼,2013）

B. 前两版无语气词,第三版为"了",《语言自迩集》改为"咯"的用例如下:

（12）a. 1809 看风水的人们,都说那个地方好的上头,才在那里立了坟院。

b. 1818 看风水人,都说那个地方好的上头,才在那里立了坟茔。

c. 1830 看风水的人们,都说那个地方好平安的上头,才在那里立了坟茔<u>了</u>。

d. 1867 请了看风水的人瞧,照他们都说那一块地好,故此在那儿立了坟<u>咯</u>。

（张美兰、刘曼,2013）

C. 三版为"了",《语言自迩集》改为"咯"的用例如下:

（13）a. 1809 又坐了好一会,看他的光景,顺着他慢慢的央求,刚刚的才点了头<u>了</u>。

b. 1818 又坐了好一会，看了他的形景，顺着他慢慢的央求的上头，刚刚的才点了头了。

c. 1830 又坐了好一会，看他的光景，顺着他慢慢的央求，好容易才点了头了。

d. 1867 又坐了好一会子，看着他的光景，顺着他的气儿慢慢儿的哀求他，刚刚儿的他才点了头咯。

（张美兰、刘曼，2013）

将"了"改为"咯"，说明编写者明确地意识到句末语气词的读音不是 liao，因此换用新字形来记录，反映出这一时期句末"了"读为 lo/la 已经很稳定。

（七）《汉英合璧相连字汇》（1871）

这部书采用罗马字母注音，"了$_1$"和"了$_2$"都读 liao³，如："亲了 liao³ 个嘴""雪化了 liao³""走了 liao³ 水了 liao³"。

（八）《汉言无师自明》（1872）

该书"了"和"咯"一共 36 处，只有一处"了$_1$"记音为 layow，按翟理斯的记音法对应为 liao，其余 35 处都记为 la。

（14）a. 你雇了 layow 车没有？

b. 马出了 la 汗先不要喂他。

c. 到咯 la 码头没有？

d. 轮船来咯 la。

按全书的记音体例，单元音 a 记为 ah，如"大"记为 tah。字母 a 记录的是元音 a 的轻读形式，比如后缀"子"都记为 dza，"等着"的"着"记为 ja，"认得不认得"的"得"记为 ta。可见，该书的 la 记的是读为轻声的 la，反映出这一时期"了"从 la 向 lə 变化的过渡状况。

（九）《语学举隅》(1873)

《寻津录》课文的"了"有 lo 读音但没有 la 读音，稍晚的《寻津录》练习和《语言自迩集》有 la 也有 lo，更晚的《语学举隅》反映的"了"读音情况与《寻津录》课文的情况相当，"了$_1$"读 liao 或 lo，"了$_2$"都读 lo，写作"了"或"咯"，如："到了 liao 门口儿""起了 liao 行市了 lo""投了 lo 河了 lo""说开了 lo 话咯 lo"。可能是文献注音滞后的关系，也说明 lo 和 la 是"了"读音变化过程中分别独立的阶段。

表 4.8 《语学举隅》"了"注音统计

了$_1$			了$_2$		
liao 了	lo 了	小计	liao 了	lo 了 / 咯	小计
11	18	29		179	179
37.9%	62.1%			100%	

（十）《总译亚细亚言语集·支那语官话部》(1880)

作者广部精，改编自威妥玛《语言自迩集》，东京书林出版。其中《散语章》用片假名逐字标注读音。"了"有两种注音方法：リヤヲ（liao）和ラ（la）。

(15) a. ——那一本书你看完了 liao 没有？——不都记得，忘了 la 好些个，也有记错了 liao 的。（P28）
  b. 桌子上的那蜡灯是谁拿了 la 去了 la？（P30）
  c. ——甚么是撤了 liao 呢？——你吃完了 liao 饭都拿下去那就是撤了 la。（P46）
  d. 你前年坐海船不是受了 liao 累了 liao 么？（P48）

《散语章》每章开头专讲新词，后接会话例句。"除了"做单词时"了"

注音为 la, 在例句中则注为 liao:

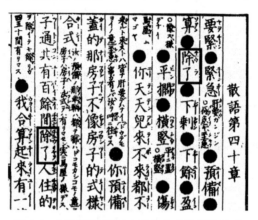

图 4.4 《总译亚细亚言语集》"除了"注音

统计结果如下:

表 4.9 《总译亚细亚言语集》"了$_1$""了$_2$"统计

了$_1$			了$_2$		
liao	la	小计	liao	la	小计
46	8	54	9	105	114
85%	15%		8%	92%	

"了$_1$"少数读作 la,"了$_2$"大多数读作 la,和《寻津录》相比,比例都大大增加了。

(十一)《英清会话独案内》(1885)

该书是作者田中正程将早期英汉教材《英清会话》用日语翻译而成,全书英汉日三种语言对照,汉字和英文单词都用片假名注音。这是目前所见文献中,"了$_1$"和"了$_2$"最早全都弱化为 la 的。全书 40 处"了$_1$"和 143 处"了$_2$"均注为ラ(la),另有 2 处写为"拉"的也记作ラ(la):

There, the boat is touching the shore; the weels do not turn any more.	啊到了船了車輪已經不動了。	アレ今差船シマシタ最早車ガ回リマセヌ。
At least, It will not be long before she reaches the landing	到嗎渡也快拉。	上陸場迄着シマスノハ最早ジキデゴザイス。

图 4.5 《英清会话独案内》“了”“拉”注音

（十二）《官话类编》（1892）

美国传教士狄考文编写的《官话类编》以北方口语为基础，有南北差异的词汇平列，北京在右，南京在左，山东在中间。“了”的书写形式有“了”“喇”“咯”三种。

第六十一課

我[1]要得走喇。○你[2]管你的就是得咯。○好[3]啊。
就是那麽的着罷。○我[4]們在天上的父啊。
○快[5]念罷。先生要背書咧喇○䰟[6]回來嗎。
家裏都好啊。○不[7]要說喇。你快去罷。○
天[8]不早喇。你得趕快的走啊。○他[9]不過
仗着嘴會說罷咧。○誰[10]敲門哪。答我啊。
快開開罷。○我[11]幾句話把他頂回去咯。
○日[12]頭晌午偏西錯了、可以起身走喇。○已[13]
經給你這麽些、中得喇、你去罷。○若[14]再來、
我叫看街的擋你、你聽明白喇。○家[15]裏

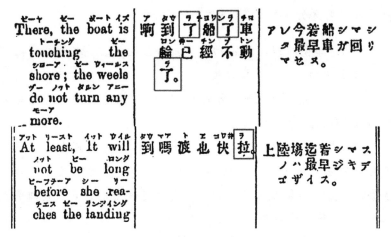

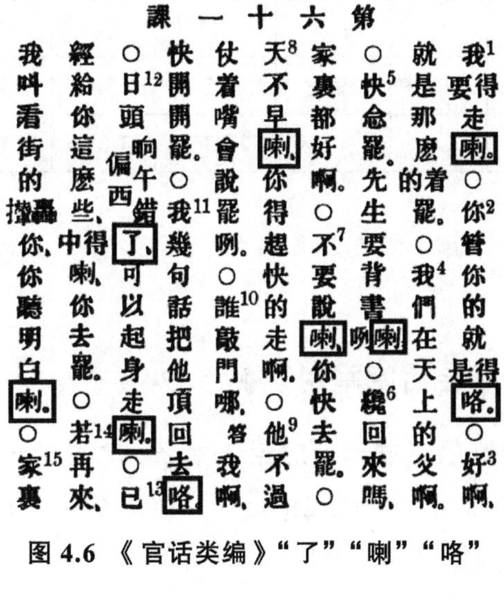

图 4.6 《官话类编》“了”“喇”“咯”

编写者尽力区分了"了""喇""咯":

"了"加在动词后表示动作完成,已成过去,这时常常缩短读为 la³。也用作助动词。(第七课)

当"了"是助动词时,不能读为 la,而当它作为时态结尾时总是读为 la。(第八十八课)

喇:表示完成的句末小品词,当"了"在分句或句末用作简单结尾且(实际也总是)发作 la 时。实际上,在什么情况下应该用哪个字形,以及不同位置上的用法,这是没有规定的,不同教师的说法差别很大。(第六十一课)

咯 loǎ⁴:表明当然的句末小品词,但实际上和"喇"没有什么区别。(第六十一课)

统计结果如下:

表 4.10 《官话类编》"了₁""了₂"统计

了₁				了₂			
了	喇	咯	小计	了	喇	咯	小计
1208			1208	1324	54	427	1805
100%				73.3%	3.0%	23.7%	

"了₁"位置上不用"喇"和"咯",可见《官话类编》的"了₁"不读为 la。

(十三)《日清会话附军用语》(1894)

木野村政德编著的该书包括对话十九章、单语十一章和七章军用语,对话用片假名逐字注音。全文 28 处"了₁"、96 处"了₂"和 21 处"咯"均注音为 ラ(la),如第六章《商店》:

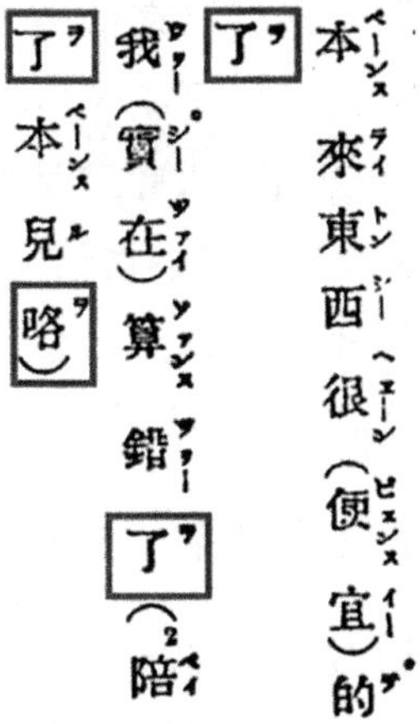
本來東西很（便宜）的了
我（實在）算錯了（陪
了本兒咯

图 4.7 《日清会话附军用语》“了”“咯”注音

（十四）《对兵说话》（1904）

内田庆市、冰野善宽（2016）已注意到在王照《对兵说话》中，“了”有 la、lou、le 三种读音。如：

（16）a. 我们中国的事，全让洋人作了 lou 去了 la。（5b-5）
　　b. 破了 le 多少座城池。（5a-4）
　　c. 不想吃的亏越发的大了 le。（7a-4）
　　d. 把几百里的土都冲坏了 lou。（10b-4）

表 4.11 《对兵说话》“了”注音统计[①]

了₁				了₂			
lou	la	le	小计	lou	la	le	小计
6		16	22	5	8	19	32
27%		73%		16%	25%	59%	

① 《对兵说话》用王照自创的合声字母注音，字母借自汉字偏旁笔画，本书按照规则转写为汉语拼音。

《对兵说话》出现了之前和之后北京话材料中都没有出现的语音形式 lou，应该不是北京话本来的读音①，可能与作者王照的家乡话有关。王照是直隶宁河芦台人，宁河芦台方言属冀鲁官话保唐片，同属保唐片的其他不少方言"了"有 le 和 lou 两读②。虽然由于目前缺乏宁河芦台话"了"的读音材料而无法下定论，但可推测宁河芦台话"了"也有 lou 的读音。《对兵说话》中"了"有 lou 的读音很可能是宁河芦台话的影响。

（十五）《日清会话语言类集》（1905）

金岛苔水著，松云堂发行，全书共三编，分会话、短句和名词集，全部用片假名注音，81例"了₁"和267例"了₂"均注音为ラ（la），另有"喇"2例也读为ラ（la）。如第1编第22课：

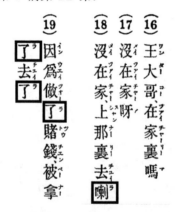

图4.8 《日清会话语言类集》"了""喇"注音

---

① 北京话中表去除、受损的弱化动词"了"有 lou 的读音（马希文，1983）。
② 保唐片方言"了"有 lou 读音是较为普遍的现象，如平谷话、保定话、唐山话、昌黎话、石家庄话。例：
（1）这孩子还小，不懂事；大喽（lou）就好了（lə）。（平谷，陈淑静 1998）
（2）老师已经来喽又走咧。（保定，张丹、赵博雅 2016）
（3）地里长喽（lou）个这么大的西瓜呢。（唐山，习丹丹 2015）
（4）他吃嚼（liu/lou）饭咧（lie）。（昌黎，河北省昌黎县县志编纂委员会、中国社会科学院语言研究所，1984）
（5）a. 饭熟了（lou）叫我。　b. 饭熟了（lə）。（蓟县，陈凤霞 1997）

（十六）蔡友梅《小额》(1907)

《小额》"了₂"位置上的"啦"远多于"了₁",但仍保留了相当数量的"了"形式。

（17）单说胎里坏孙先生,一听说小额遭啦官司,地官里就没安着好心,原就打算吃一下子。额大奶奶撒开了这们一求他,哈哈,胎里坏是更得了意啦。

表 4.12 《小额》"了₁""了₂"统计

了₁			了₂		
了	啦	小计	了	啦	小计
760	9	769	129	939	1068
98.8%	1.2%		12.1%	87.9%	

（十七）李德钖（万人迷）相声(1908)

大多数书面材料反映语音面貌都滞后,现存最早的相声音档是有力的证据。1908年著名相声大家李德钖（万人迷）为百代公司录制了唱片,"了₁"和"了₂"已经都读为 lə,个别"了"读为 la:

（18）a. 那天我吃来着,吃了 lə 二十个不饱。(《灯谜隐语》)
　　　b. 这成了 lə 绕口令了 lə。(《对对子》)
　　　c. 我也说错了 lə。(《对对子》)
　　　d. 老了 lə 玩完。老了 lə 就不成了 la。(《卖对联》)

（十八）《华英文义津逮》（1907）

该书“了$_1$”有上声 liao³ 和轻声 liao 两种读法，如“叹了 liao³ 一口气”“上了 liao 岁数儿”；而“了$_2$”读轻声 liao 和 lo，如“吃饱了 liao”“睡熟了 lo”。该书还指出，“咯”是句尾“了”的另一种形式，如“仅仅的够咯 lo”。

嘆 t'an⁴ 了 liao³ 一 i¹ 口 k'ou³ 氣 ch'i⁴
上 shang⁴ 了 liao 歲 sui⁴ 數 shu⁴ 兒 êrh
吃 ch'ih¹ 飽 pao³ 了 liao
睡 shui⁴ 熟 shu², 了 lo

了 liao³ or lo; a sign of the past tense, hereafter indicated by "ed"; a final particle, pronounced lo; to end, finish, accomplish.

咯 lo, another form of the final *lo*.

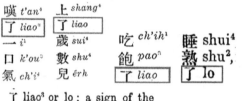

图 4.9 《华英文义津逮》“了”注音

（十九）《汉语通释》（1912）

德国费迪南德·莱辛（Ferd. Lessing）和欧特曼（Wilh. Othmer）合著《汉语通释》，于 1912 年在青岛出版。著者明确指出“了”读为 liao³，口语读 la（tonlos），在用例中则将“了$_1$”和“了$_2$”都标为 la：

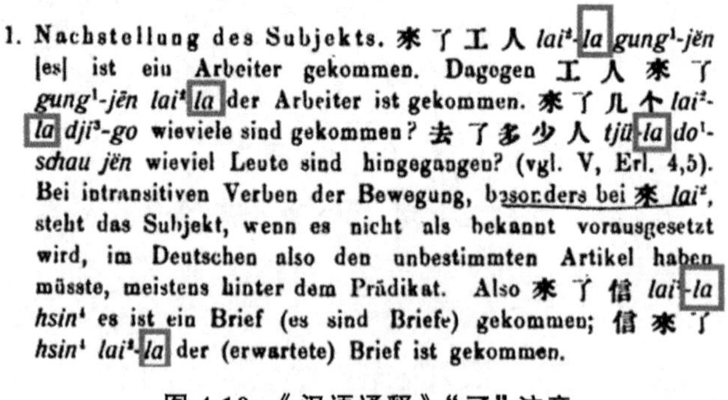

1. **Nachstellung des Subjekts.** 來了工人 *lai²-la gung¹-jĕn* |es| ist ein Arbeiter gekommen. Dagegen 工人來了 *gung¹-jĕn lai² la* der Arbeiter ist gekommen. 來了几个 *lai²-la dji³-go* wieviele sind gekommen? 去了多少人 *tjü-la do¹-schau jĕn* wieviel Leute sind hingegangen? (vgl. V, Erl. 4,5). Bei intransitiven Verben der Bewegung, besonders bei 來 *lai²*, steht das Subjekt, wenn es nicht als bekannt vorausgesetzt wird, im Deutschen also den unbestimmten Artikel haben müsste, meistens hinter dem Prädikat. Also 來了信 *lai²-la hsin⁴* es ist ein Brief (es sind Briefe) gekommen; 信來了 *hsin⁴ lai²-la* der (erwartete) Brief ist gekommen.

图 4.10 《汉语通释》“了”注音

(二十)《北京话语音读本》(1918)

高本汉的《北京话语音读本》中,二十篇中文文本用隆德尔方言字母注音,"了"记为 liao(隆德尔字母为 leao)和 la 两种形式。

图 4.11 《北京话语音读本》"了""咯"注音

统计结果如下:

表 4.13 《北京话语音读本》"了₁""了₂"统计

了₁			了₂		
liao	la	小计	liao	la	小计
133	31	164		225	225
81.1%	18.9%			100%	

(二十一)《速修汉语自通》(1915)

宋宪奭编写的《速修汉语自通》中,"了"所记录的"了₁"和"了₂"谚文注音均为라 la。

（19）a. 表叫贼偷了去了。（第 1 编第 20 课）

b. 现在是几点钟？刚打了三点钟。（第 1 编第 27 课）

c. 搚住他的辫子了。（第 2 编第 11 课）

书中还有"咯"，谚文注音为러 [1]lə，并用 4 个句子集中说明"咯"的用法：

（20）是我咯。/ 没个法子咯。/ 进退两难咯。/ 他是怜悧咯。

但《速修汉语自通》的会话中没有"咯"的用例。

此后，1918 年李源生《速修汉语大成》有 2 例"咯"러 lə：

（21）a. 怎么咯，现成儿的又不是为你纳预备的，随便儿将就着吃点儿罢。

b. 大哥，我还作客么，已经认得府上咯。

1921 年宋宪奭《自习完璧支那语集成》有 34 例"咯"러 lə，其中 27 例与《语言自迩集》相同。如：

（22）a. 可叫我怎么说呢，我也灰了心咯。

b. 那个书取了来咯没有？

在 1867 年《语言自迩集》中，"咯"记录的都是"了$_2$"，当时读作 lo¹，在 1921 年的文献中已经读作 lə。1915 年《速修汉语自通》和 1921 年《自习完璧支那语集成》的作者都是宋宪奭，出版时间相差只有 6 年，但"咯"的用例数量已迅速增多。

（二十二）《言语声片》（1928）

《言语声片》分两卷，共 30 课。词汇表中注明"了"有 liao、lə、la 三

---

[1] 谚文字母ㅓ读 ə，另外还有字母ㅗ读 o，与之形成音位上的对立，所以即使是在一百年前，"咯"也不读 lo 而读 lə。

个读音,“啦”也有 la、lə 两个读音,“了”“啦”的用法也有共同之处，都是表示过去的助词：

3rd Tone 請 點 所 了
3rd Tone. 92. chɪŋ. 93. diɛn. 94. sɔ. 95. liɑo [lə] [lɑ].
3rd Tone. 92. to request. 93. a point, a little. 94. sign of the relative. 95. past aux., sign of complete action.
1st Tone 官 中 英 廳 啊 啦
1st Tone. 137. ĝuan. 138. dʒuŋ. 139. jɪŋ. 140. thɪŋ. 141. ɑ. 142. lɑ [lə].
1st Tone. 137. an official, a Mandarin. 138. middle. 139. flourishing. 140. hall. 141. honorific particle. 142. past auxiliary.

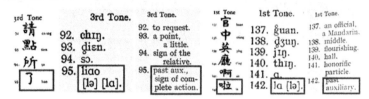

图 4.12 《言语声片》“了”“啦”单字注音

课文中“了”和“啦”的注音是相混的：

乙 夜裏十二點了吧。
甲 哼,兩點十分,真好布局,精奇,筆鋒又爽利,我竟看入了神啦。
乙 你看完了,好該借給我啦。
甲 可惜,你來晚了,早叫二妹妹拿去了。

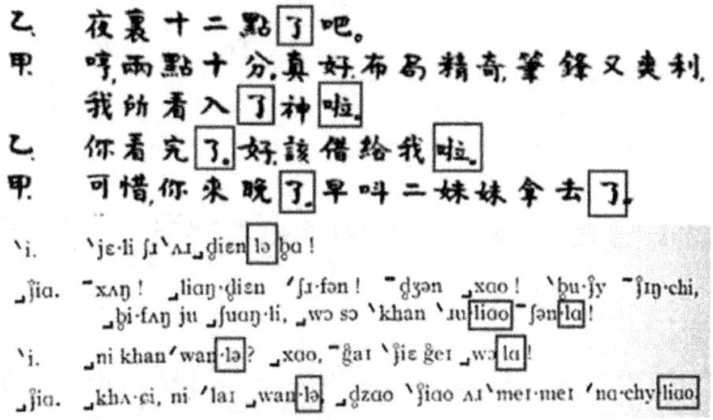

图 4.13 《言语声片》“了”“啦”课文注音

全书统计结果如下：

表 4.14 《言语声片》“了”语音和书写形式用例统计

了=了₁		了=了₂			啦=了₂	
liao	lə	liao	lə	la	lə	la
45	1	59	47	1	4	3

根据老舍先生为此书录制的配套音频，实际读法和标注的读音并不完全一致。如唯一一例标为 lə 的“了₁”，实际读为 liao：

(23) 先生已经教了 lə 几课。(第六课下)

有 5 例注音为 liao 的"了₂"实际发音为 lə。如：

(24) 我昨天晚上到马先生那里去了 liao。(第十六课下)

因此从"了₁"和"了₂"的角度看，实际读音情况如下：

表 4.15 《言语声片》"了₁""了₂"读音统计

了₁			了₂			
liao	lə	小计	liao	lə	la	小计
46		46	54	56	4	114
100%			47%	49%	4%	

（二十三）《国语留声片课本》(1922) 和《新国语留声片课本》(1935)

《国语留声片课本》用注音符号标音，以语体为标准，明确区分"了"的三种读音 liao、lə、la：

"了"字当动词一定要念ㄌㄧㄠ (liao)，当语助词大概总念ㄌㄜ (le)，ㄌㄚ (la) 音是稍带感叹词的口气，但是现在很正式派的诗文里语助词的"了"也可以念ㄌㄧㄠ (liao)。(第 20 页)

在会话材料中，"了₁"和"了₂"均注音为"ㄌㄜ (lə)"。这是目前所见文献中"了₁"和"了₂"都弱化为 lə 的最早记录。

按照语体标准，第十四课胡适《易卜生主义》是正式诗文，第十五课胡适诗《乐观（二）》是叙述语体，所以"了"读为 liao，《乐观（一）》带有感叹语气，所以"了"读为 la。

59. 樂觀 胡適

(一)

這柯大樹很可惡，他礙着我的路！來！快把他斫倒了，把樹根也掘去！哈哈！好了！

(二)

大樹被斫做柴燒，樹根不久也爛完了。斫樹的人很得意，他覺得很平安了。

……的精神，等到個人的個性都消滅了，等到自由獨立的精神都完了，社會自身也沒有生氣了，也不會進步了。

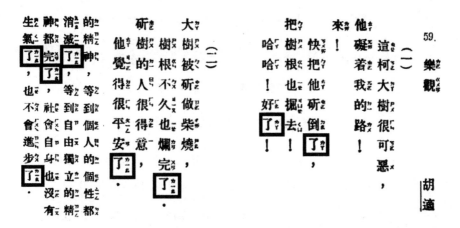

图 4.14 《国语留声片课本》“了”注音

《新国语留声片课本》用罗马字注音，将“了”“咧”并列，注音为带轻声圆点的 le：

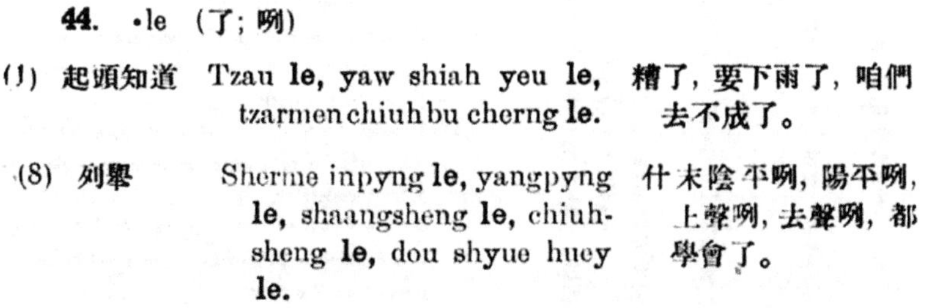

44. •le (了；咧)

(1) 起頭知道 Tzau le, yaw shiah yeu le, tzarmen chiuh bu cherng le. 糟了，要下雨了，咱們去不成了。

(8) 列舉 Sherme inpyng le, yangpyng le, shaangsheng le, chiuhsheng le, dou shyue huey le. 什末陰平咧，陽平咧，上聲咧，去聲咧，都學會了。

图 4.15 《新国语留声片课本》“了”“咧”注音说明

但在会话材料中，1922 年所主张的“正式”的 liao 和“感叹”的 la 都没有见到，同样选用的胡适《乐观》一诗，其中的“了”，注音全部改为 le。

```
Kuay baa ta kaan dao le,        快把他砍倒了,
Baa shuhgen yee jyue chiuh!     把树根也掘去!
Hha!   Hao le!                  哈哈! 好了!
```

图 4.16 《新国语留声片课本》"了"注音

(二十四)《支那语书取研究》(1941)

木全德太郎编,文求堂书店发行。全书以威妥玛符号记音。"了$_1$"和"了$_2$"都读 la^1,"了$_2$"还写作"啦/喇/咯",仍读 la^1。

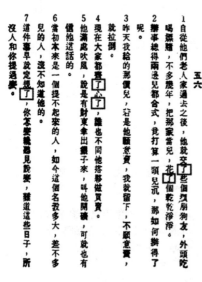

图 4.17 《支那语书取研究》"了"注音

表 4.16 《支那语书取研究》"了$_1$""了$_2$"统计

了$_1$	了$_2$			
了 la^1	了 la^1	啦 la^1	喇 la^1	咯 la^1
118	325	3	12	1

（二十五）《支那语の発音と记号》(1942)

鱼返善雄著，三省堂发行。这是外国人撰写的汉语教材中最早明确记录"了"读为 lə 的文献。该书附录"日本音字·汉字·罗马字对照表"，用假名ラ上加点表示"了"读为 lə。

【ラ】	ラ	拉	la
(ラ̇)	ラ̇	了	lə
【ロ】	ロ	咯	lo
【マ】	マ	麻	ma
(マ̇)	マ̇	蜜	mə
(モ̇)	モ̇	嚜	mə
【ナ】	ナ	那	na
(ナ̇)	ナ̇	呢	nə
【タ】	タ	打	ta
(タ̇)	タ̇	的	tə

图 4.18 《支那语の発音と记号》"了"注音

这一对照表随后出现在 1943 年《华日教室会话》（远藤章三郎著，文求堂发行）里。该书以片假名注音，全书 lə 共 302 例，其中 16 例"了₁"，其余均为"了₂"，包括 1 例"啦"：

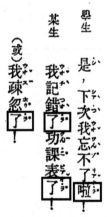

图 4.19 《华日教室会话》"了""啦"注音

可见，"了₁"和"了₂"都弱化为 lə 并稳定下来。

4.3 "了"音变的四个阶段

上文对 25 种早期北京话材料中的"了"读音做了考察,下面把其中有统计数据的材料以及补充的材料中"了"的读音变化按时间顺序排列为下表。

表 4.17 北京话"了₁"语音形式历时变化

语料	了₁								合计
	liao	比例	lo	比例	la	比例	le	比例	
1761 满汉	68	100%							68
1834 撮要	74	100%							74
1853 咀华	71	100%							71
1859 寻津课文	104	100%							104
1859 寻津练习	37	95%			2	5%			39
1867 自迩	888	100%							888
1871 字汇	94	100%							94
1872 自明	1	6.7%			14	93%			15
1873 举隅	11	38%	18	62%					29
1880 亚细	46	85%			8	15%			54
1880 国字	274	100%							274
1881 指南	545	100%							545
1885 案内					40	100%			40
1892 类编	582	100%							582
1904 对兵			6	27%			16	73%	22
1905 类集					81	100%			81

（续表）

语料	了₁								合计
	liao	比例	lo	比例	la	比例	le	比例	
1907 小额	760	99%			9	1%			769
1907 津逮	478	100%							478
1912 通释					240	100%			240
1918 读本	133	81%			31	19%			164
1922 留声	3	15%					17	85%	20
1928 声片	45	98%					1	2%	46
1929 医院					65	100%			65
1933 实用							53	100%	53
1935 罗马					107	100%			107
1935 新留							48	100%	48
1941 书取					140	100%			140
1942 宪兵					36	100%			36
1943 教室							19	100%	19

表 4.18 北京话"了₂"语音形式历时变化

语料	了₂								合计
	liao	比例	lo	比例	la	比例	le	比例	
1761 满汉	138	100%							138
1834 撮要	285	89%	35	11%					320
1853 咀华	149	84%	11	6%	17	10%			177
1859 寻津课文	181	84%	34	16%					215
1859 寻津练习	25	52%	1	2%	22	46%			48

(续表1)

语料	了₂								合计
	liao	比例	lo	比例	la	比例	le	比例	
1867 自迩	1084	89%	140	11%					1224
1871 字汇	278	100%							278
1872 自明					24	100%			24
1873 举隅			179	100%					179
1880 亚细	9	8%			105	92%			114
1880 国字	266	76%	86	24%					352
1881 指南	1287	100%							1287
1885 案内					143	100%			143
1892 类编	709	59%	54	5%	436	36%			1199
1904 对兵			5	16%	8	25%	19	59%	32
1905 类集					269	100%			269
1907 小额	129	12%			939	88%			1068
1907 津逮	653	86%			106	14%			759
1912 通释					544	100%			544
1918 读本					225	100%			225
1922 留声	13	24%			6	11%	35	65%	54
1928 声片	59	52%			4	3%	51	45%	114
1929 医院			1	1%	187	99%			188
1933 实用					10	4%	250	96%	260
1935 罗马					392	100%			392
1935 新留			4	4%			108	96%	112
1941 书取					323	100%			323

(续表2)

语料	了₂								合计
	liao	比例	lo	比例	la	比例	le	比例	
1942 宪兵					147	100%			147
1943 教室							282	100%	282

如果按照时间先后排列"了"的不同读音,会发现"了"的读音变化有反复。如早期形式是 liao,到 19 世纪 50 年代出现 lo、la(《正音咀华》《寻津录》),但在《汉英合璧相连字汇》(1871)只有 liao;在《英清会话独案内》(1885)中所有"了"都读 la,但在《言语声片》(1928)中的注音还有 liao。如何解释这些现象?可能的原因有如下三个:

1. 书写形式没有完全反映读音。汉字书写形式有逐步定型的过程。《华英文义津逮》(1907)"赵城虎"一文共 5 处"咯",注音 lo,《北京话语音读本》(1918)节选时,保留了前 4 处,将最后 1 例"咯"改为"了",但"咯"和"了"都注音为 la。可见 1918 年时语气词 la 已经普遍采用字形"了"来记录。因此可以推测《小额》中写作"了"的也有不少实际读 la。

2. 文献注音滞后。教材、词典等的注音有时追求稳妥,具有一定的保守性,新产生的读音常不被采用。《汉英合璧相连字汇》(1871)把"了"全注音为 liao,没有之前就已出现的 lo 和 la,应该属于这种情况。早期出版发行不便,周期较长,也可能导致文献所反映的面貌落后于口语实际。比如《北京话语音读本》(1918)"了"的使用情况与《总译亚细亚言语集》(1880)非常相近,但正式发表时间相差了近 40 年。《华英文义津逮》(1907)和《寻津录》(1859)、《支那语书取研究》(1941)和《英清会话独案内》(1885)都是前后相差 50 年左右,但反映的语音面貌相近。

3. 不同时期的形式共存,并可能产生一定程度的功能及方言分化①。《言语声片》中 liao、la、lə 并存,可能属于这种情况。今天看到的文献记录,取决于域外汉语教科书的编写者如何取舍。比如要以哪里的语音为标准,艾约瑟《官话口语语法》(1857)中就说:

> Foreigners in writing Chinese sounds, have usually adopted a mixture of the Nanking and Peking pronunciation as a standard.

(外国人在描写汉语语音时,常常以南京音和北京音的混合音作为标准。)

> Morrison in preparing is very useful syllabic dictionary from the native work *Wu c'he yun fu* was not aware that the sounds he followed were not Mandarin at all, but an obsolete pronunciation.

(马礼逊准备根据《五车韵府》编写一本实用的音节词典,但《五车韵府》所记写的完全不是官话,而是废弃的语音标准。)

同时,这一时期社会情况复杂,官话标准本身尚在变化。赵元任《国语留声片课本》(1922)和《新国语留声片课本》(1935)名为"国语",实则兼顾了南京音和北京音。《国语留声片课本》第五课"校正方音",22 条校正条目中,纯粹以北京音为标准的有 15 条,其余有的以南京读书音为准,有的以《国音字典》为准,或以南京音、北京音和《国音字典》的混合为准。"(从民国十一年至今)这十二年当中,从中国语言的研究,从国语教学的经验,从国语标音的研究,各方都有些很重要的进展。"(赵元任,1935)这种变化令教材编写者举棋不定。威妥玛编写《寻津录》系列教材以北京官话为标准,在当时就颇受争议。本书考察所用域外汉语教

---

① "了"的弱化速度可能还受到方言影响。据齐灿(2014)《官话指南》九江书局版(1893),南京官话使用语气词"喇/咯",与北京官话"了"对应。这正好和 1892 年《官话类编》所反映的"了"读音一致。也就是说,1893 年南京官话中"了"已经弱化为"喇/咯"。因《官话指南》未注音,且用例有限,难以判断这种弱化和"了"的性质是否有关,列此备考。

科书,均为作者明确表示用"北京官话"写成,有的还经过母语者审订。但编写者大多数曾在中国四处游历,对于复杂语言现象的选取和判定,也可能略有差异。

如果排除注音滞后的干扰,根据"了"四种读音出现的时间,可以把读音变化分为四个阶段①:

表 4.19 "了"音变的四个阶段

阶段	"了"读音	起始时间	
		了₁	了₂
1	liao	1834 前	1834 前
2	lo	1873	1834
3	la	1859	1853
4	lə	1904	1904

在第 4 阶段,"了₁"的 la 和 lə 音在同一材料中是互补的,如《对兵说话》(1904)、《国语留声片课本》(1922)、《华日教室会话》(1943)只有 lə,

---

① 本书总结的"了"读音变化的时间点与太田辰夫总结的不太相同。太田辰夫(1950)认为《清文指要》(三槐堂重刻本,1809)已出现句尾"咯"。但笔者翻检后只发现一例"咯":"是啊,咱们许久不见了,我进去咯坐坐罢。"此处的"咯"从语法上说不能解释为句尾"了"。在西安将军署重刻本(1818)等后期版本中,"咯"均作"略/畧",可见三槐堂重刻本中的"咯"实为"略"之误写。太田先生所说的"了"读 lo、la 的材料中,《三合语录》(1830)是满蒙汉三语对译的满语教科书,没有标音,只出现"了"一种写法;马礼逊《通用汉言之法》(1815)和雷慕沙《汉文启蒙》(1822)的"了"分别标音为 leaoù 和 liaò,也未出现"咯/啰/唎"等其他功能相当于"了"的汉字,因此都无法证明有 lo、la 读音。太田辰夫(1958)说:"句末的'了'无例外地不读 [liau] 的时代,大概比《儿女英雄传》的时代还要稍晚,是在 19 世纪的后半叶。后助动词的'了'也读成 [le],可以认为是 1880 年前后。"根据本书的考察,由于"了"的不同变体可以共存,"了"在 19 世纪 20 年代仍可以读 liao,而读 lə 的时间是在 1904 年才首次发现。

没有 la；而《日清会话语言类集》(1905)、《汉语通释》(1912)、《支那语书取研究》(1941) 只有 la，没有 lə。但是 "了₂" 的 la 和 lə 在《对兵说话》(1904)、《国语留声片课本》(1922)、《言语声片》(1928)、《实用国语会话》(1933) 四种材料中是共存的。"了₁" 的 la/lə 互补有两种可能的原因，除了注音滞后现象，也由于 la 的韵母因弱化而向混元音①发展，两者不易听辨，被注音者统一标注为相同标音符号。考虑到 "了₂" 两音共存的四种材料的 "了₁" 都只读 lə，不读 la，因此可以推断 "了₁" 的 la/lə 互补更像是不易听辨而做的统一处理。"了₂" 由于在句尾，比句中的 "了₁" 发音略长，听辨稍易，因而在一些材料中把两音区分开。这也说明，"了₁" 在 la 向 lə 发展过程中速度更快，"了₂" 则稍慢，所以至今仍有 "了₂" 读 la（啦）。

前期 "了₂" 的语音变化比 "了₁" 快，"了₂" 的 la 在 19 世纪 70 年代全面取代 liao，而 "了₁" 的 la 在 19 世纪 80 年代才全面取代 liao。但向 lə 变化的过程却是 "了₁" 比 "了₂" 快。"了₁" 的 lə 完全取代 liao、la 是在 20 世纪 20 年代，但直至今天 "了₂" 仍有不少保留 la 的读音。

4.4 "了"读音变化的性质

"了"的读音变化有不同的阶段和表现形式。从第一阶段 liao 到第二阶段 lo，是单元音化；从第二阶段 lo 到第三阶段 la，是央元音化；从第三阶段 la 到第四阶段 lə，是混元音化。无论 "了₁" 还是 "了₂" 都是轻声音节，这种语音变化其实是由于轻读造成的语音弱化。

从 liao 到 lo 的单元音化是弱化的常见现象，从 la 到 lə 的混元音化也是弱化的常见现象，而从 lo 到 la 的变化是元音开口度变大，看作弱化则有违一般认识。那么应该如何解释呢？

---

① 混元音（schwa/shwa）原为德语词 schwa，指见于希伯来语的有央性的一个元音，后来多用于指英语中重读元音变为非重读时最常听到的元音，如 ago、amaze 等词的开头，或 afterwards 的中间。（戴维·克里斯特尔著、沈家煊译，2000）

林焘、王理嘉（1992：46）指出：" 发音器官肌肉紧张的程度不同也可以影响元音的音色。肌肉比较紧张的称为紧元音，肌肉比较松弛的称为松元音。一般说来，紧元音比较长，气流也比较强；松元音比较短，气流也比较弱，而且往往有央元音的倾向。"[1]

汉语的单元音 a 实际上是央元音 ᴀ，发音时口腔肌肉较为松弛，在轻声状态下较易发音。据郑秋晨（2014），发 a 时，声带较松弛，所以发 a 符合语音弱化的省力原则。同时，发 a 时 F0 普遍较低，也符合语调的下降趋势。高元音或半高元音弱化为 a 的情况，在俄语和英语中都能看到。Bolinger（1986：347）观察到英语弱化元音的变体范围很大，ə 的舌位高度可以从 æ 到 a。他提出，弱化元音只与舌位的前后有关，和舌位的高低、圆唇与否都没有关系。弱化元音的表现有时是央化（centralized），有时是模糊的（obscure），并不特别地和某个完整元音相对应。俄语 нópox（火药）和 порóг（门坎）都有两个 o，但 нópox 重音在前，порóг 重音在后，o 在重音位置上读为 o，在非重音位置上弱化为 a，因此这两个拼写相近的单词读法和意义都有很大不同。同一单词中也遵循这一规律，如босикóм（光着脚）、хоровóд（圆圈歌舞）和 лóкоть（肘部）等均将非重读的 o 弱化为 a。可见弱化元音读作 ᴀ 是有音理支持的。

其实，同一时代，北京话中的"呢""的""么"的语音弱化也经历了和"了"相似的韵母 a 化的过程。下面分别列举：

---

[1] Bolinger（1986）描述了英语非重读音节中弱化元音的产生和发展，因轻读而弱化的音理同样适用于汉语"了"等虚词的弱化过程：Historically, the reduced vowels came from the full ones, and the process continues. When a new word is adopted, speakers tend to treat it in a gingerly fashion, pronouncing it precisely. As they get used to it, they grow more careless, speed up, and shift some of the vowels to a speedier set, often moving the position of the stress as well.（弱化元音由历史上的完整元音而来，并且还会继续弱化。一个新单词产生时，大家都谨慎使用，准确发音。习惯了以后，就不那么仔细了，说得快了，就把一些元音都变得快一些，同时也移动重音的位置。）

一、"呢"ni → na → nə（具体参见第五章）

"呢"在19世纪70年代以前读ni。从《语言自迩集》(1867)开始，表示持续进行的"呢"开始出现na的读音，写作"哪"。到《参订汉语问答篇国字解》(1880)中，表示疑问的"呢"也出现na的读音。到20世纪20年代，"呢"出现了ne读音。赵元任在《国语留声片课本》(1922)中指出，"呢"是"快慢轻重不同的多音字"，读得慢一些是ni，读得快一些、轻一些就是ne。在《新国语留声片课本》(1935)中，"呢"就只记为ne了。

二、"的"di → da → də

"的"在20世纪20年代以前的所有注音材料中均记为di音。《日支对译建筑用语》(1921)中，"的"的片假名注音有两种：ダ（da，共77例）和デ（de，共17例）。如：

（25）a. 你今天带来<u>的 da</u> 那个瓦匠，他<u>的 de</u> 手艺不大很好。（58页）

b. 盖房子<u>的 da</u> 计画，你是在那儿托人画<u>的 de</u> 呢？（75页）

《支那四声字典》(1927)将"的"字放在音节 tê 的条目下（该字典中，ê 字母还用于"何歌渴"等字韵母），同时加注了4个读音：ti[1, 2, 4] 和 ta[1]。

三、"么"mo → ma（具体参见第六章）

疑问语气词"么"本读mo，后来出现ma的读法。如：

（26）a. 你还看书呢<u>么 mo</u>，天都矇矇亮儿了，你睡一会儿罢。（《寻津录》）

b. 花瓶也算是家伙<u>么 ma</u>？（《总译亚细亚言语集》）

《支那四声字典》(1927)在音节 ma 的条目下列出了"吗""么"等字，注释中特别说明，"么"做语气词时读为ma。

另一方面,"老""里"等字的弱化形式曾经也有低元音化现象。《小额》中的"啦"除了记录语气词"了"的弱化形式,也记录"老""里"等字在轻声中的弱化形式。如：

（27）a. 小额正在难受之际,明五爷早瞧见他啦,说："额<u>老</u>大呀,你们爷儿几个早来啦。"

　　　b. 这几位恭本人,也不很会跳动,倒是明五爷说了几句大实话,说："得了,额<u>啦</u>大呀,谁让你错了呢,赔个不是吧。"

（28）a. 单说打杂儿的孙升,够奔北新桥儿三条胡同泰都老爷那里。先头<u>里</u>也说过,这位泰都老爷,斗大的字认得一口袋半……

　　　b. 小额这几家儿得意的亲友,先头<u>啦</u>也说过,没有一家儿够程度的。

（29）（王香头）两只抹子脚,横着量有四寸,说话粘牙倒齿,很有点儿妖<u>啦</u>妖气的。

此外,《汉言无师自明》(1872)中,助词"着"注音为 ja,后缀"子"注音为 dza,也应该是这一弱化途径的表现。

由上可见,韵母 a 化是早期北京话的语音弱化的普遍现象。进一步的弱化则变为 ə 韵,这是 20 世纪 20 年代至今的趋势。

liao、lo、la、lə 是虚词"了"语音弱化不同阶段的读音,可看作虚词"了"的四个语音变体。"啦"并非"了+啊"的合音,也不是"了"的强化变韵,而是"了 liao"弱化过程中的一个阶段。"咯 lo"是"了 liao"弱化的第二阶段,并非"了+哦"的合音。

4.5 汉语方言的佐证

4.5.1 "了"的语音形式的两种类型

汉语方言中,"了"不同程度地保留着语音弱化各个阶段的格局。与北京话不同的是,方言中普遍存在 liu/lie/lao/lou 这样的复元音韵母形式。如果把其他方言中的复元音韵母形式也考虑进来,那么"了"的语音弱化过程可分为两种类型的不同阶段:

类型 1:弱化后韵母有 i 介音。

第一阶段:liao。如武汉话"了$_1$""了$_2$"读 liao(或 niao)。

第二阶段:liou/liu/liɔ/lio。弱化后保留第一阶段的 i 介音,保留圆唇元音。如昌黎话"了$_1$"可读 liu(河北省昌黎县县志编纂委员会、中国社会科学院语言研究所,1984);原平话"了$_1$"读 liɔ(侯精一、温端政,1993)。

第三阶段:lia/liɛ/lie。弱化后保留 i 介音,主要元音为不圆唇前元音或低元音。如文水话"了$_2$"读 lia(侯精一、温端政,1993);昌黎话"了$_2$"读 lie(河北省昌黎县县志编纂委员会、中国社会科学院语言研究所,1984)。

第四阶段:liə/liɤ/li。弱化后保留 i 介音,主要元音为不圆唇央中元音或后元音;或主要元音脱落,原介音转为主要元音。如浑源话"了$_1$"读 liə?①(张子华,2013);原平话"了$_2$"读 liɤ;祁县话"了$_2$"读 li(侯精一、温端政,1993)。

类型 2:弱化后无 i 介音。

第二阶段:lao/lou/lɔi/lɔ/lo。弱化后 i 介音脱落,有的方言单元音化,但保持圆唇特征。如绵阳话"了$_1$""了$_2$"都读 lao;蓟县话"了$_1$"读 lou

---

① 这里对"了"的语音形式的分类只考虑韵母元音的舌位和是否圆唇,忽略入声韵尾和鼻音韵尾或鼻化。添加入声韵尾在有入声的方言中是语音弱化的普遍现象,是弱化导致音长变短,与入声混同的结果。有的方言添加鼻音韵尾或元音鼻化,也是语音弱化造成的。

(陈凤霞，1997)；平遥话"了₁"读 lɔ（侯精一、温端政，1993）；合肥话"了₁"和"了₂"都弱化为 lo（安徽省地方志编纂委员会，1997）。

第三阶段：la/lɐ/læ/lɛ/le/lei。主要元音为不圆唇前元音或低元音。如建水话（张宁，1986）和诸城话（钱曾怡、罗福腾，1992）"了₁"和"了₂"都已弱化为 la；邢台话"了₂"① 读 læ（范晓蕾，2014）。

第四阶段：lə/lɤ。韵母弱化为央中元音。如天镇话（谢自立，1990）、神木话（邢向东，2002）。

有的方言中，"了"的声母 l 脱落，比如建水话的"了₁"单念为 lɐ²¹²，在句中可以脱落声母读为 ɐ（张宁，1986），淄川话的"了₁"读为 ə（孟庆泰、罗福腾，1994）。根据元音仍把声母脱落的形式归入第三阶段（ɐ）和第四阶段（ə）②。

表 4.20 汉语方言和不同时期北京话"了"语音形式的类型和弱化阶段

	类型 1：有 i 介音		类型 2：无 i 介音	
阶段 1	liao	武汉、《清文启蒙》		
阶段 2	liou/liu/liɔi/lio	昌黎、唐山、原平	lao/lou/lɔi/lo	绵阳、蓟县、平遥、合肥、《正音撮要》
阶段 3	lia/liɛ/lie	昌黎、保定、文水	la/lɐ/læ/lɛ/le/lei	建水、诸城、邢台、《汉语通释》
阶段 4	liə/liɤ/li	浑源、原平、祁县	lə/lɤ	天镇、神木、荣成、《新国语留声片课本》

可以看到，"了"语音弱化后的三个阶段的语音形式，在无 i 介音类型和有 i 介音类型之间呈现出平行性：同一阶段的语音形式的主要元音基

---

① 邢台话的 læ 和北京话的"了₂"并不完全对应，此处所说的"了₁""了₂"只是大致的区分。
② 脱落声母的"了"还可进一步弱化，与前面的动词融合，发生动词 D 变韵，或发生动词变调，如莒县话（李仕春、艾红娟，2008）、获嘉话（贺巍，1989）、浚县话（辛永芬，2006）、烟台芝罘话（刘探宙，2013）。

本相同。北京话"了"的四个阶段语音形式 liao、lo、la、lə 在其他方言中都能找到同类；弱化后的 lo、la、lə 属于无 i 介音类型的三个阶段。

"了₁"和"了₂"在有的方言中处于同一类型的同一阶段，如武汉话都读 liao，属于有 i 介音类型第一阶段；合肥话和阜阳话都读 lo，属于无 i 介音类型第二阶段；诸城话都读 la，属于无 i 介音类型第三阶段。有的方言中则类型或阶段不统一，如保定话"了₁"读 lou，属无 i 介音类型第二阶段，"了₂"读 lie，属有 i 介音类型第三阶段；蓟县话、平谷话"了₁"读 lou，"了₂"读 lə，分别属于无 i 介音类型第二阶段和第四阶段；海丰话"了₁"读 liau，"了₂"读 liau 或 lo（杨必胜、陈建民，1984），分别属于有 i 介音类型第一阶段和无 i 介音类型第二阶段。

早期北京话材料中，也有用作"了₂"或"了₁"的"咧"，属于类型 1 第三阶段的读音。如：

（30）a. 我只喝一盅就醉<u>咧</u>。（《清文启蒙·兼汉满洲套话》，1730）
　　　b. 过了那山岗子，不远儿就瞧见那二十八棵红柳树<u>咧</u>。（《儿女英雄传》，1850）
　　　c. 我那二兄弟是去年才中<u>咧</u>进士，三兄弟是咳（还）在书房念书呢？（《华音启蒙谚解》，1883）

早期北京话材料中的"咧"在 1850 年后逐渐减少①，在当代基本消失。

"了"语音形式的两种类型的四个阶段的演变，也许不仅存在同一类型中前一阶段向后一阶段的变化，还可能存在两个类型之间的跨类变化。图示如下：

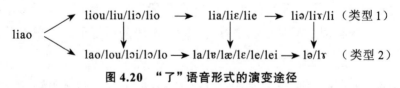

图 4.20　"了"语音形式的演变途径

---

① "咧"在朝鲜时代的汉语教材中多见，可能有东北方言的影响（参看第七章）。

高晓虹(2010)说:"助词'了'的韵母由齐齿呼丢掉介音变为开口呼,而不是相反。这是因为在语流中,轻声音节如果是齐齿呼,介音常变得模糊含混,从而导致介音脱落。"类型2的不同阶段读音,既可能是同类型的上一阶段变化而来,也可能是类型1的相同阶段脱落 i 介音而来。

4.5.2 "了"的不同语音形式的功能分化

不少方言中,"了"的不同语音形式存在功能分化,主要是用不同的语音形式表示"了$_1$"和"了$_2$",如唐山话、邢台话、蓟县话、保定话、济南话、菏泽话、滨州话。

当代北京话"了$_1$"和"了$_2$"的语音形式已基本统一,只是"了$_2$"有不同的语音形式,其中 la 更倾向于在强语气语境出现。这种现象在其他方言中也有。高晓虹(2010)发现,沂水话"了$_1$"和"了$_2$"一般情况下都读 lə,但在表达强烈语气时,"了$_2$"也可以读为"嘣 lā";莱州话"了$_1$"和"了$_2$"都读"喽 lou",但在强语气语境,"了$_2$"也可以读"啦 la"。如此看来,第三阶段的语音形式由于韵母开口度大,发音响亮,更易用于强语气语境。这种情况主要出现于"了$_1$"和"了$_2$"读音基本统一、"了$_2$"有不同语音形式的方言中。

前面说到"了"的不同阶段的语音形式可以并存,正如杨永龙(2003)所说,语气词的语音强弱形式是"四世同堂"而非"新陈代谢"。既然"了"的语音演变过程是"四世同堂",同一个共时平面上,一个语言单位共存有多个读音,就可能出现分工。远藤光晓(1986)考察了老舍等《言语声片》中"了"的 liao 和 le 出现的条件,得到下面的规律:"了$_1$"读 liao,"了$_2$"在强音节后读 le,弱音节后读 liao。但这个规律有15.6%的例外,另一方面在其他材料中都未发现类似的规律,因此这个规律是否成立还需进一步的验证。

从目前掌握的材料看,"了"的不同语音形式的分工主要与两方面因素有关。其一是风格色彩因素。老形式 liao 更典雅,适合在比较正式的场合使用，新形式 la、lə 则适合非正式场合。京剧唱词中的"了"仍读作 liao，在念白中，韵白读 liao，京白读作 lə。《言语声片》标音作 lə 的部分"了"，在录音中反而读成了 liao，很可能是较为正式的录音环境和教科书性质，使老舍采取了典雅的读法。

其二是语气强弱因素。前面说到，开口度大的 la 发音更响亮，适合用于互动等级高、强语气的场合。老舍约 31 万字的剧本中，"是啦/好啦/得啦/怎么啦"的使用数远多于相对应的"了"形式，因为在互动语境中经常需要加强语气。

表 4.21　老舍剧本高互动等级语境"了"的用字

啦	用例数	了	用例数
是啦	19	是了	3
好啦	18	好了	8
得啦	19	得了	9
怎么啦	57	怎么了	11

郭小武（2000）认为"啦"是"了"的强化形式。方梅（2016）认为，"啦"主要用于宣告事态、请求、质疑三种施为性功能。陈颖（2017）认为，语气词互动等级与其语音形式相关：互动等级越高（主观性、交互主观性强），语气词的开口度越大。开口度越大，发音越响亮。以上研究都表明"了"的不同语音形式存在一定程度的分工。在当代共时平面上，读 la 的"了"更适合用于互动等级高、强语气的表达。不过，我们认为，强语气条件只是从"了"已有的四个语音形式中选择最适合的形式，而不是强行改变"了"的读音。只有这样，才能解释为何历史上有一段时间包括"了$_1$"在内的所有"了"都读 la。

"咯 lo"虽然当代书面语中已不常见，但口语中其实并不少见。由于 lo 比 lə 发音响亮，也更多地用于强语气、互动等级高的场合。

4.6 小结

"了₁"和"了₂"本来都读 liao,后来出现连续的语音变化。"了"的语音变化经历了"liao—lo—la—lə"四个阶段。19 世纪 30 年代"了₂"开始出现 lo 的读音,写作"咯""啰";19 世纪 50 年代出现 la 的读音,写作"咯""了",或"喇""拉""啦"。1904 年前后,"了₁"和"了₂"开始弱化为 lə,有时也可读为 la,写作"啦"。

"了₁"和"了₂"的变化速度不同:在从 liao 向 lo、la 变化时,"了₂"比"了₁"时间早、速度快;在从 la 向 lə 变化时,"了₁"比"了₂"快。"了₂"比"了₁"更快变化为 lo/la 的可能原因是,"了₂"比"了₁"语义更虚,又处于句末非重音位置,更容易弱化。但句尾"了₂"的 la 发音更响亮,适合用于互动等级高、强语气的场合,因而部分保留下来。

"了"的这一系列语音变化是轻声造成的语音弱化。语音弱化后韵母 a 化是北京话中的普遍现象,不但出现于"了"的弱化,也出现于"呢""的""么"及其他轻声音节的弱化中。

"了"的四个语音形式中,lo、la、lə 是语音弱化的结果。不同形式可在同一时代共存,并出现一定程度的功能分化,liao 常出现在典雅、正式的场合,发音响亮的 la 和 lo 更常出现于强语气、互动等级高的交际场合,发音不响亮的 lə 一般出现在弱语气、互动等级低的场合。"啦"并非"了+啊"的合音形式,也不是"了"的强语气变韵形式,而只是"了"的语音弱化过程中的一个阶段的读音形式。在强语气的语境,说话人倾向于从"了"既有的四个语音形式中选择发音更响亮的形式。

从跨方言的角度看,"了"的语音形式可分为无 i 介音和有 i 介音两种类型,两种类型的弱化过程呈现大致平行的阶段。北京话的"了"弱化后的三种读音 lo、la、lə 分别属于无介音类型的二、三、四阶段读音。

第五章 "呢"和"哪"的关系

5.1 问题的提出

根据《现代汉语词典》(第7版),语气词"哪"和"呢"是无关的两个词:

哪:·na 助 "啊"受前一字韵尾 -n 的影响而发生的音变:谢谢您~|你得留神~!|同志们加油干~!

呢:·ne 助。❶用在句中表示停顿(多为对举):如今~,可比往年强多了|喜欢~,就买下;不喜欢~,就别买。❷用在陈述句的末尾,表示动作或情况正在继续:她在井边打水~|别走了,外面下着雨~|老张,门外有人找你~。❸用在陈述句的末尾,表示确认事实,使对方信服(多含夸张的语气):收获不小~|晚场电影八点才开~|远得很,有两三千里地~|这个药灵得很~,敷上就不疼。❹用在疑问句(特指问、选择问、正反问)的末尾,表示提醒和深究的语气:这个道理在哪儿~?|你学提琴~,还是学钢琴~?|你们劳动力够不够~?|人~?都到哪儿去了?|他们都有任务了,我~?

但陆志韦(1956)列出"呢"只能读 ni(阴平):"你为什么不去呢?""哪"却既可读 na(阴平):"我不要,你哪?/我还没吃饭哪!"也可读 ne(轻声):"你哪,也不成。/我且不去哪!"

而在实际语料中,语气词"哪"也有"呢"的用法,如:

(1) a. 她只撇了撇嘴:"买车也得悠停着来,当是你是铁作的哪!你应当好好的歇三天!"(老舍《骆驼祥子》)
　　b. 见祥子进来,他半恼半笑的说:"你这小子还活着哪?!忘了我啦!"(老舍《骆驼祥子》)
　　c. "姓龙的在哪儿哪?"孙守备问。(老舍《老张的哲学》)

上面例子中,语气词"哪"都可以替换为"呢"而不改变意思。那么"哪"与"呢"到底是什么关系呢?

对于语气词"呢"和"哪"的关系,历来有不同观点。太田辰夫(1995)认为"呢"表疑问兼夸张,"哪"表感叹兼时体,但也承认"哪"和"呢"有所交叉。吕叔湘(1942)认为"哪"是"呢+啊"的合音,孙锡信(1999)和郭小武(2000)认为"哪"是"呢"的强语气形式。这两种说法都很难解释"哪"与"吗、吧"等语气词连用的语例:

(2) a. 善二爷说:"那不是在果盘里哪吗?……"(《小额》)
　　b. 对了,马先生,你还没吃饭哪吧?(老舍《二马》)
　　c. 他住在这儿哪么,我以为是他还在东京哪。(《支那惯用语句例解》)

语气强弱说有一定道理,但没有说明造成强弱分别的原因。更为重要的是,"哪"和"呢"的语气轻重既可能有不同时间段的差异,也可能是历时演变的结果。

本书认为,"哪"并非"呢+啊"的合音,而是"呢"的语音演变的一个阶段,是轻声后发生韵母 a 化的结果。"呢"的读音从 ni 到当代的 nə 之间存在 na 的阶段,即语气词"呢"的读音存在 ni —— na —— nə 的演变过程,而不同阶段的读音可以在同一时期并存。"呢"读为 na 时,可写作"哪",有时也写作"呐"。

另一方面,"呢"是否读为 na,在不同用法、不同时代情况并不相同。在《官话指南》(1881)中,"哪"是表持续和夸张情态的语气词,而表疑问的语气词一律写作"哪"：

（3）a. 先生来了，在外间屋里坐着哪。（第二卷）

b. 脸水打来了，漱口水也倒来了，胰子盒儿在脸盆架子上搁着哪。（第三卷）

（4）a. 这时正晌午，太阳很毒，暑气很利害，怎么好出门呢？（第一卷）

b. 那么您现在有甚么贵干呢？（第二卷）

可是在《华日教室会话》（1943）中，35例表疑问的语气词中，有28例写作"哪"：

（5）a. 那么是第几页第几行哪？（13页）

b. 那么你怎么忽然想起这个题目来了哪？请你说说！（106页）

这是因为，语气词"呢"的不同意义的读音变化的时间进程不同。因此，有必要把"呢"的不同意义区分开。

关于语气词"呢"的不同意义，有多分说（赵元任，1968；吕叔湘，1942；朱德熙，1982）和合一说（王力，1943；胡明扬，1981）两种观点。表疑问语气和表示持续确认的"呢"来源不同，吕叔湘（1941）分析了唐宋语气词"在里——在/里——哩——呢"的演变过程，认为表持续的"呢"是来源于"在里"；曹广顺（1986）认为疑问语气词"呢"是从唐五代的"聻"而来，江蓝生（1986）提出疑问语气词"呢"的演变路径是从上古的"尔"到唐宋时期的"聻、你、尼、那"。在现代汉语中，疑问语气词"呢"是高调，表示持续的"呢"是低调。因此，我们认为，"呢"至少应分为两个词项：表疑问语气的"呢$_1$"和表持续用法的"呢$_2$"。而"表示确认事实，使对方信服（多含夸张语气）"的用法实际是表持续的引申用法，应归为"呢$_2$"。《现代汉语词典》"呢"的义项一（用在句中表示停顿）实际与表疑问语气的用法有语义关联。赵元任（1968）认为语气词的停顿用法与汉语句子"一问一答"模式有关："a（啊）、ne（呐/呢）、me（嚜）、ba（吧）这四个助词都有表疑问和表停顿这两种作用。……他自己的小孩儿呐，也不大听他的话。小孩儿都上哪儿去了呐？……上面说的现象不是偶然的，是源于主语作为问话、谓语作为答话的性质。"从这个角度看，"呢"的表疑问用法和表停顿用法可用"期待回答"来概括，即都表达对一个回答的期待。疑问用法是提出问题，期待对方回答；停顿用法是提出问题，自己回答。因此，表停顿用法应归入"呢$_1$"[①]。

对应于《现代汉语词典》的义项如下：

呢$_1$：❶用在句中表示停顿（多为对举）：如今～，可比往年强多了。❹用在疑问句（特指问、选择问、正反问）的末尾，表示提醒和深究的语气：这个道理在哪儿～？| 人～？都到哪儿去了？

呢$_2$：❷用在陈述句的末尾，表示动作或情况正在继续：她在井边打水～。❸用在陈述句的末尾，表示确认事实，使对方信服（多含夸张的语气）：收获不小～。

5.2　早期北京话语料所反映的"呢"的读音

"呢$_1$"和"呢$_2$"来源不同，早期读音也不同。根据刘坚等（1992）、齐沪扬（2002）、张美兰（2003）、郭利霞（2015）等的研究，"呢$_2$"早期一般写作"里、哩"；"呢$_1$"早期写作"聻、尼、你"等。元明时期表疑问的也有"哩"的写法，形成"呢""哩"混用的现象。清代开始表持续、夸张语气的用法出现"呢"的写法。"呢"和"哩"的混用很可能是由于轻声引起"哩"的声母鼻音化，从 l 变为 n，两字声韵变得相同所致。在清中叶《红楼梦》中，表疑问和表持续、夸张这两种意义均用"呢"。如：

---

① 当代汉语中，"呢"常作为纯粹的停顿填充词，这种用法已脱离"一问一答"的句子模式，是"一问一答"句子模式的"呢"的进一步发展，也应归入"呢$_1$"。

(6) a. 周瑞家的又问道:"这药有名子没有呢$_1$?"(第7回)
　　b. 正好,我这里正配丸药呢$_2$,叫他们多配一料就是了。(第3回)

下面从清中叶北京话"呢$_1$"和"呢$_2$"读 ni 时期开始考察,看"呢"是如何从早期的 ni 发展到 nə 的。

(一)《兼满汉语满洲套话清文启蒙》(1761)

这部满语教科书用满文字母对汉文部分注音,竹越孝(2012)将满文注音转写为罗马字母。全书18例"呢$_2$"和12例"呢$_1$"都读 ni。如:

(7) a. 一个朋友叫我商量事,他在家里等着呢$_2$(ni)。(第42话)
　　b. 他们怎么不赖我呢$_1$(ni)?(第35话)

(二)《正音撮要》(1834)

高静亭《正音撮要》自序成书于1810年,本书采用道光十四年(1834)刊本。"呢"共出现143例,其中52例为"呢$_2$",91例为"呢$_1$";"哪"出现2例,都属"呢$_2$"。如:

(8) a. 你瞧你八哥儿在房脊儿上站着呢$_2$。(附见面常谈打弹弓)
　　b. 你一块豆腐的身家,闹甚么呢$_1$?(第十六段闹臭话)

(9) a. 还有外面的症候哪:长疮的、长秃疮的、长疥疮的、火丁疮的、长痂瘩的。(第十二段病疼)
　　b. 你听着哪:老实人、忠厚人、斯文人、正派人、体面人、能干人、有能耐的人,这都是夸奖人的名目咯。(第三段杂话)

（三）《正音咀华》（1853）

莎彝尊《正音咀华》中"呢"的反切是"纳衣切"，读音为 ni。出现 78 例"呢"，其中 9 例是"呢$_2$"，69 例是"呢$_1$"；有 2 例"哪"，属"呢$_2$"。如：

(10) a. 听见道儿上的人说公冶长的家人这几天儿在家里弄绵羊呢$_2$。（子谓公冶长）
b. 那两位大人在京里的名声怎么样呢$_1$？（问士）

(11) a. 拿醒酒汤来啊！你们做什么哪，都瞧不起我吗？（齐人有一妻一妾）
b. 寡人的园囿，不过四十里，比文王的，还差一半哪，那百姓们反说我的太大了。（齐宣王问曰文王之囿）

上例虽有疑问词"什么"或前字韵尾 n，但根据上下文应把"哪"看作表持续的"呢$_2$"。

（四）《寻津录》（1859）和《语言自迩集》（1867）

《寻津录》和《兼满汉语满洲套话清文启蒙》的情况一样，"呢"的读音都标为 ni，没有相当于"呢"用法的"哪"。"呢"共出现 122 例，其中"呢$_2$"76 例，"呢$_1$"46 例。如：

(12) a. 太阳都压山儿了，还没散衙门呢$_2$(ni)。（天类 86）
b. 雹子是甚么变的呢$_1$(ni)？（天类 242）

《寻津录》只有 1 例"哪"（图 5.1），是"哪$_1$"用法，即"啊"的语音变体。

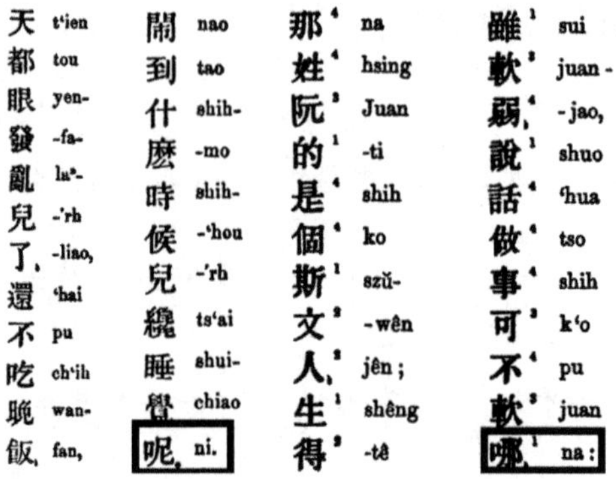
天 t'ien 都 tou 眼 yen- 發 -fa- 亂 lu- 兒 -'rh 了， -liao, 還 'hai 不 pu 吃 ch'ih 晚 wan- 飯， fan,
鬧 nao 到 tao 什 shih- 麼 -mo 時 shih- 候 -'hou 兒 -'rh 纔 ts'ai 睡 shui- 覺 chiao 呢。 ni.
那 na 姓 hsing 阮 Juan 的 -ti 是 shih 個 ko 斯 szŭ- 文 -wên 人， jên; 生 shêng 得 -tê
雖 sui 軟 juan- 弱， -jao, 說 shuo 話 'hua 做 tso 事 shih 可 k'o 不 pu 軟 juan 哪。 na:

图 5.1 《寻津录》“呢”“哪”注音

表 5.1 《寻津录》“呢”“哪”用例统计

呢 1			呢 2		
呢 ni	哪 2 na	合计	呢 ni	哪 2 na	合计
46		46	76		76
100%			100%		

《语言自迩集》中“呢”的读音标为 ni，共出现 454 例，其中“呢 2”137 例，“呢 1”317 例；“哪”出现 3 例，标音为 na，都属于“呢 2”。如：

（13）a. 我是瞧咱们朋友去来着，他家住得太远，在西城根儿底下呢 2！（谈论篇百章之七十四）

b. 你见他的时候儿他是穿靴子是穿鞋呢 1？（第三章练习一）

（14）a. 那字你抄了没有？还没抄哪。（第三章练习五答案）

b. 若果然是那么着，不是玩儿的呀！得略收收儿才好哪。（谈论篇百章之四十六）

c. 大人让你哪。（问答章之四）

表 5.2 《语言自迩集》"呢""哪"用例统计

呢₁			呢₂		
呢 ni	哪₂ na	合计	呢 ni	哪₂ na	合计
317		317	137	3	140
100%			98%	2%	

这两部教材的作者同为威妥玛,对比可以看到,早期北京话中的"呢"都是读 ni 的,后来表示持续和夸张意义的"呢"逐渐有了 na 的读音。只不过比起《正音撮要》和《正音咀华》,《寻津录》反映的语言面貌滞后。

(五)《汉英合璧相连字汇》(1871)

中国海关雇员英国人司登德(George Carter Stent)在所著的官话字词典《汉英合璧相连字汇》中,对"哪"和"呢"做了如下解释(322—327):

| ni¹ | 呢 | interrogative particle; final particle; cloth; if. |
| na¹ | 哪 | interrogative particle; final sound; expletive. |

图 5.2 《汉英合璧相连字汇》"呢""哪"注音

在作者看来,"哪"和"呢"相似,都能用于疑问句,用于句末,也都具备小品词的性质。这是目前所见最早关于"哪 na"用于表疑问的文献记载。限于语料性质,全书未见到"哪"的语例,但可看出,这一时期,用法属于"呢₁"的疑问语气词已经有了 na 的读法。

(六)《北京官话伊苏普喻言》(1879)

全书出现"呢"101 例,其中"呢₂"29 例,"呢₁"72 例;出现 7 例"哪",都属于"呢₂"。如:

(15) a. 这小鱼儿哀哀的声儿说，饶了我罢，我还小呢₂。（小鱼乞命）

b. 在那儿拴着的牛问他说，你为甚么逃到这么人多的地方儿来呢₁？（鹿藏牛圈）

(16) a. 忽然来到一棵大树底下，见有若许的猴儿，普哩普儿的，在那儿会齐儿哪。（猴擒二客）

b. 但公子们并没理会，说，那么巧了是他还在前头哪罢。说完，摇鞭打马走了。（狐被人追）

上例"哪"后出现另一个语气词"罢（吧）"，这是目前发现的最早用例。

表 5.3 《北京官话伊苏普喻言》"呢""哪"用例统计

呢₁			呢₂		
呢	哪₂	合计	呢	哪₂	合计
72		72	29	7	36
100%			81%	19%	

（七）《参订汉语问答篇国字解》（1880）

日本人福岛九成编著的这部书中，"呢"共172例，其中"呢₂"40例，"呢₁"132例。如：

(17) a. 我自己才拟一个方子去抓药,还没回来呢₂。（熬夜生病）

b. 前几天我托你的事怎么样呢₁？（代人说情）

出现20例"哪"，其中13例是"呢₂"的用法，7例属于"呢₁"，这是目前所见最早用"哪"表示"呢₁"的语例。

(18) a. 啊，你也是个呆子哪。（辩论星士）

b. 你病了有多久哪？（病不服药）

表 5.4 《参订汉语问答篇国字解》"呢""哪"用例统计

呢₁			呢₂		
呢	哪₁	合计	呢	哪₂	合计
132	7	139	40	13	53
95%	5%		75%	25%	

（八）《官话指南》（1881）

《官话指南》中一共 188 例"呢"，其中 186 例是"呢₁"的用法，只有 2 例属于"呢₂"：

(19) a. 那么您来找我，打算是怎么个办法呢₁？（官商吐属第十一章）

b. 我听见说，江老爷的意思，打算说定规了之后，立合同的时候，先给一半儿银子，下剩那一半儿银子，总得等完了活才能给呢₂。（官商吐属第十章）

c. 这个乡下人听这话，恍然大悟，心里说：怪不得皇上眼头里的东西，都添上一个御字呢₂！（官商吐属第三十九章）

"哪"共 70 例，都属于"呢₂"：

(20) a. 刘师傅，我们老爷叫你进去哪。（官商吐属第十章）

b. 这个地亩，现在是他自己种着哪，还是有佃户种着呢？（官商吐属第八章）

例（20 b）"哪"虽然出现在选择问句中，但根据上下文判断应属于"呢₂"的用法。

表 5.5 《官话指南》"呢""哪"用例统计

呢₁			呢₂		
呢	哪₂	合计	呢	哪₂	合计
186		186	2	70	72
100%			3%	97%	

（九）《官话类编》（1892）

该书明确记录"哪"有阴平和去声两种声调，且性质均为句末小品词：

哪 Na¹,⁴ A final particle（句末小品词）.（第六十一课）

呢 Nĭ. An interrogative particle ending any question not answered by yes or no:—see Sub, also Les. 89.

哪 Na¹,⁴ ...... A final particle:—see Sub.

图 5.3 《官话类编》"呢""哪"注音

全书共 906 例"呢"，其中 838 例属于"呢₁"，68 例属于"呢₂"。如：

（21）a. 王立：一疋有多少尺呢₁?（买卖讲价）
　　　b. 你这二年在那里念书，家里也省好大的嚼用呢₂。（第八十九课）

7 例"哪"中有 5 例属于"呢₂"，2 例属于"呢₁"。如：

（22）a. 家里锁着门哪，我妈带着钥匙走喇。（第六十一课）
　　　b. 你放心，我也放了心喇，这是谁在你家里使的坏哪?（媒人说媒）

1894年《日清会话附军用语》的情况相似,"呢₁"和"呢₂"的na读音比例有增长。

阴平是高平调,去声是高降调。从字调和句调的适应关系看,去声更适应感叹句调。从肌肉紧张程度上看,降调比高平更为放松。从音理上看,ni¹>na¹>na⁴是合理的弱化序列。降调和弱化相互促进,"呢₂"弱化增多,"呢₁"的弱化形式在《官话类编》中也出现了,只是用例不多。如:

(23) a. 你放心,我也放了心喇,这是谁在你家里使的坏哪?
b. 家里锁着门哪,我妈带着钥匙走喇。

表 5.6 《官话类编》"呢""哪"用例统计

呢₁			呢₂		
呢	哪₂	合计	呢	哪₂	合计
838	2	840	68	5	73
99.8%	0.2%		93%	7%	

(十)《北京官话实用日清会话》(1904)

日本人足立忠八郎编著的该书有假名注音,共56例"呢",都读ni,4例属于"呢₂",52例属于"呢₁":

(24) a. 我点了一点,还短一只小皮箱呢₂(ni)。(短句门第十三章)
b. 你和朋友打官司是甚么事情呢₁(ni)?(短句门第九章)

29例"哪"都读na,只有8例是"呢₁",21例是"呢₂",比此前大大增加。

(25) a. 打那儿还走七里地才可以到岫岩城哪(na)。(谈论门第二十九章)

b. 往天津去的火轮船是多咱开哪(na)?（谈论门第五章）

表 5.7 《北京官话实用日清会话》"呢""哪"用例统计

呢$_1$			呢$_2$		
呢	哪$_2$	合计	呢	哪$_2$	合计
52	8	60	4	21	25
87%	13%		16%	84%	

同一时期，1905 年《日清会话语言类集》和 1912 年《汉语通释》情况类似，读为 na 的"呢$_2$"用例数量超过了"呢$_1$"。

（十一）《小额》(1907)

蔡友梅小说《小额》中，"呢"共 149 例，其中 109 例是"呢$_2$"，40 例是"呢$_1$"：

（26）a. 李顺进去一瞧，这位宗室恩在书房同着三家儿斗纸牌呢$_2$。
　　　b. 来到家中，额大奶奶一瞧，心里说："怎么刚去功夫不大就回来了呢$_1$？"

66 例"哪"都属于"呢$_2$"：

（27）伊太太来到上屋里，一瞧，老头儿同恒爷这儿吃饭哪，这才稍微的放点儿心。

有 1 例"哪"出现在反问句中：

（28）额大奶奶说："用多少，您先拿点儿去。"胎里坏说："哎，我告诉您，惟独我这人办事死心眼儿（得亏你是死心眼儿。要是活心眼儿，可就了不得啦），您听信就得啦。""甚么话哪，办事吗！"

但这里的"哪"应看作"啊"的语音变体。虽然"话"不是 n 尾字，据前文考察，在《儿女英雄传》等早期北京话材料中，经常可见非 n 尾字后的"啊"写作"哪"。

表 5.8 《小额》"呢""哪"用例统计

呢₁			呢₂		
呢	哪₂	合计	呢	哪₂	合计
40		40	109	66	175
100%			62%	38%	

（十二）《汉语通释》（1912）

《汉语通释》共 48 例"呢"，只有 1 例是"呢₂"，其余均为"呢₁"：

（29）a. 可是您知道一个月是多少房钱呢？

b. 账主说："你现在当面呢，怎么会说没回来？"

4 例"哪"均为"呢₂"，持续义 1 例，夸张义 3 例，没有相当于"呢₁"的弱化用例：

（30）a. 瞧有什么不要的东西，该倒的该扔的，就都倒了扔了，那才是的哪。

b. 这个孩子一天挨几回打，他还这样儿的不怕哪。

表 5.9 《汉语通释》"呢""哪"用例统计

呢₁			呢₂		
呢 ni	哪₂na	合计	呢 ni	哪₂na	合计
47		47	1	4	5
100%			20%	80%	

（十三）《支那官话字典》（1917）

该书为字典性质，按假名音序分条注释，将“呢”注音为 ni^1，把“哪”放在 na^1 音条目之下，又注音为 no^1/no^2，与“那”读音部分相同。

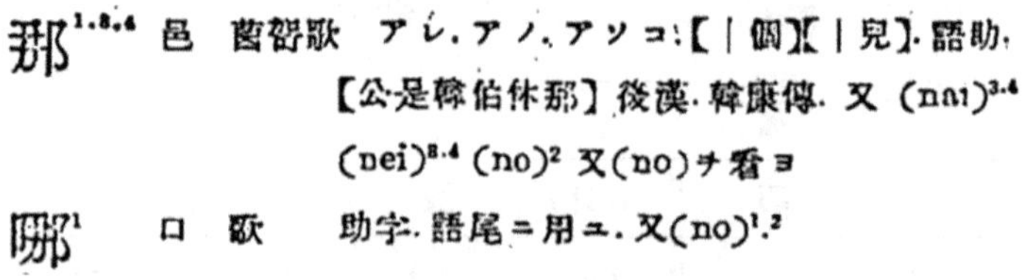
那 $^{1.3.4}$ 邑 窩智歌 アレ．アノ．アソコ：【｜個】【｜兒】．語助．【公是韓伯休那】後漢．韓康傳．又（nai）$^{3.4}$（nei）$^{3.4}$（no）^{2} 又（no）ナ看ヨ

哪 ^{1} 口 歌 助字．語尾ニ用ユ．又（no）$^{1.2}$

图 5.4 《支那官话字典》“哪”注音

“哪”的主元音既有开口大的低元音 a，也有开口度较小的半高元音 o，但在所考察的语料中没有看到读为 no 的实际会话注音用例。

（十四）《北京话语音读本》（1918）

高本汉编著的这部书用隆德尔音标注音，转写为国际音标“呢”音 nɪ，“哪”音 nᴀ（艾溢芳，2016），宽式标音分别为 ni 和 na。全书共 41 例“呢”，“呢 $_2$”4 例，“呢 $_1$”37 例：

（31）a. 可巧有一个念书的人也在树底下坐着呢 $_2$（ni）。（P112）

b. 你行了几年医了呢 $_1$（ni）?（P106）

“哪”共 5 例，都属于“呢 $_2$”：

（32）a. 我是估衣铺的人，在这儿竟等着您的跟班给我拿出衣裳来哪（na）。（P146）

b. 那个骗子手在点心铺里吃点心哪（na）。（P140）

（十五）《警务支那语会话》（1922）

《警务支那语会话》和赵元任《国语留声片课本》、老舍《言语声片》同时期，但“呢”没有出现 nə 读音，不过“呢$_1$”弱化为 na 的比例超过了10%，比前一时期有所增长。

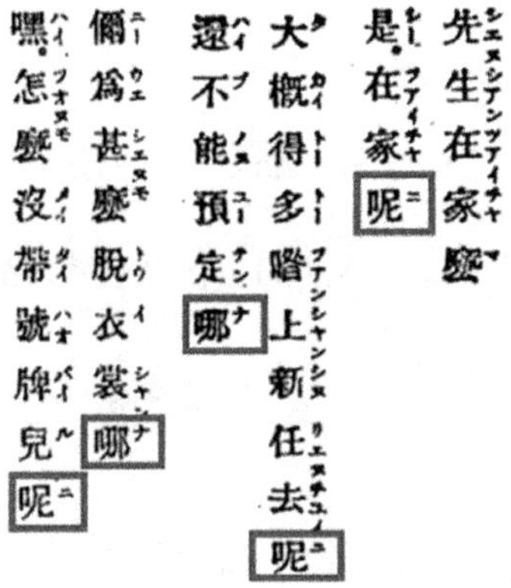
先生在家麼
是在家呢
大概得多咱上新任去呢
還不能預定哪
倆為甚麼脫衣裳哪
嘿怎麼沒帶號牌兒呢

图 5.5 《警务支那语会话》“呢”“哪”注音

统计数据如下：

表 5.10 《警务支那语会话》“呢”“哪”用例统计

呢$_1$			呢$_2$		
呢 ni	哪$_2$na	合计	呢 ni	哪$_2$na	合计
94	14	108	12	74	86
87%	13%		14%	86%	

（十六）《家庭支那语》（1922）和《最新日支会话の早わかり》（1925）

这两部材料中的“呢”和“哪”都使用同一个假名ナ注音，读为 na。

《家庭支那语》"呢"共17例,其中2例是"呢₂",15例是"呢₁":

(33) a. 现在回来了,在这儿满洲国政府作事呢₂(na)。(后编二妇女初会)

b. 您在那儿学满洲国话呢₁(na)?(后编一初会)

5例"哪"都属于"呢₂":

(34) 你瞧,还短筷子哪(na)。(中编九日常の使令语句)

《最新日支会话の早わかり》共12例"呢",都属于"呢₁":

(35) ——到汉口那火车站开呢₁(na)?——前门外西站开。(第一编第十铁道)

还有6例"哪",其中3例属于"呢₂",3例属于"呢₁":

(36) a. ——舢板在那儿呢₁(na)?——在那儿等着哪(na)。(第一编第十铁道)

b. ——府上在那儿哪(na)?——敝处是柳树屯。(第一编第一初对面)

图5.6 《家庭支那语》"呢""哪"注音　　图5.7 《最新日支会话の早わかり》"呢""哪"注音

两种材料统计结果如下：

表 5.11 《家庭支那语》和《最新日支会话の早わかり》"呢""哪"用例统计

	呢₁			呢₂		
	呢 na	哪₂na	合计	呢 na	哪₂na	合计
《家庭支那语》	15		15	2	5	7
	100%			29%	71%	
《最新日支会话の早わかり》	12	3	15		3	3
	80%	20%			100%	

"呢₁"和"呢₂"都读为 na 以后，逐步产生分工，"呢"记录"呢₁"，"哪"记录"呢₂"。这和"呢""哪"的历史来源是一致的。

（十七）《国语留声片课本》（1922）和《新国语留声片课本》（1935）

赵元任在《国语留声片课本》中将"呢"列为"快慢轻重不同的多音字"，注音为ㄋㄧ（ni）和ㄋㄜ（ne）。全书 12 个"呢"例句中，除了一处"那个人呢"注音为 nə，其余都注音为 ni①。这说明"呢"在当时读为 ni 是主流现象，如果读得快一些、轻一些就是 nə，但 nə 尚未稳定下来。

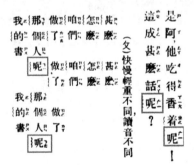

图 5.8 《国语留声片课本》"呢"注音

---

① 例句中使用的声母是旧式注音符号"ㄣ"，和"ㄋ"一样都是声母 n。

《新国语留声片课本》放弃了"呢"的 ni 读音,只记为 ne,并对"呢"和"呐"的字形分工加以说明:

·ne 这个助词在旧小说里在第(1)(2)(3)功用写"呢",在第(4)(5)(6)功用写作"哩"。因为事实上都读·ne,所以一律写作"呐"或"呢"。

45. ·ne(呐)

(1)	起頭問	Nehme ranq ta shuo deal sherme ne?	那末讓他說點兒什末呐?
(2)	特指問	NII ne, NII shuo deal sherme ne?	你呐?你說點兒什末呐?
(3)	副句	Nii yawsh idinq yaw ne, woo yee yeou fartz.	你要是一定要呐,我也有法子。
(4)	感歎	Jeh daw heen weishean ne! Bush wal de ne!	這倒很危險呐!不是頑兒的呐!
(5)	申明有	Yeou ibae chyy ne, shen de heen ne.	有一百尺呐,深得很呐。
(6)	"還"	Jen haowal! Hair "haowal" ne!	真好頑兒!還"好頑兒"呐!

图 5.9 《新国语留声片课本》"呢"注音

上图中的(1)(2)(3)是"呢₁"的用法,(4)(5)(6)是"呢₂"的用法。赵元任在这一时期把"呢₁"和"呢₂"都记为 ne 音。

小弟:哼,爸爸逗穿外國衣裳呐!
Sheau Dih: Heng! Bahx hair chuan waygwo i·shang ne!

图 5.10 《新国语留声片课本》课文"呢"注音

对比赵元任 1922 年和 1935 年两种国语留声片课本,可以看到"呢"的 nə 读音已经稳定下来。

(十八)《言语声片》(1928)

《言语声片》有罗马字母注音,全书共 41 例"呢 ni",11 例是"呢₂",30 例是"呢₁":

第五章 "呢"和"哪"的关系   217

(37) a.——王先生在书房里么？——我不知道，大概在那里呢₂(ni)。(第九课上)

b.先生没事的时候作什么消遣呢₁(ni)?（第二十课下）

全书只有两例"哪 na"，"呢₂"和"呢₁"各1例：

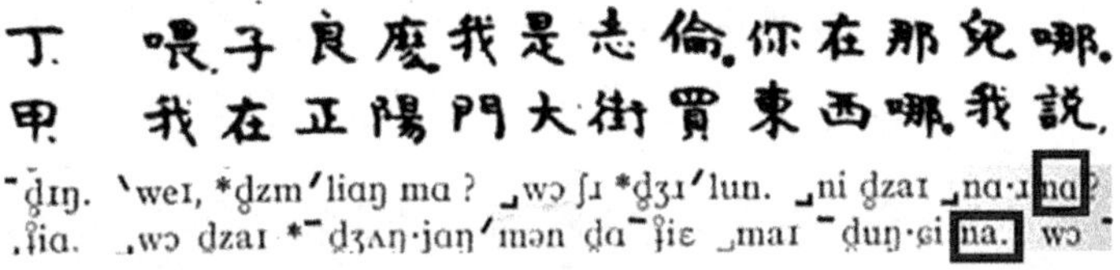

丁　喂子良麼我是志倫。你在那兒哪。
甲　我在正陽門大街買東西哪我說。

-dɪŋ. ˇwei, *dzmˊliaŋ ma? ˉcw ʂˊtʂɹ*ˊlun. ˉni. ɪaʐ₋na cwˊ
cwˊiɹ₋ɡuŋ. ˉiam. ʂiʂˋɴɒ nemˊŋɒ₋ɴʐɒ. ˉiam. ˉdʐɥ₋ɡi na. cwˋ
nii.

图 5.11 《言语声片》"哪"注音

课文中"哪"对应的罗马字记音为 na。听辨配套的《言语声片》录音，老舍先生实际发音为 nə，与赵元任 1922 年《国语留声片课本》的记音吻合。这也说明"呢₁""呢₂"读为 nə 还不是主流。录音中个别"呢"读得很轻，近似 nə，绝大部分"呢"都读为清晰可辨的 ni¹，这可能与《言语声片》作为汉语教材的教学性质有关。

表 5.12 《言语声片》"呢""哪"用例统计

呢₁			呢₂		
呢	哪₂	合计	呢	哪₂	合计
30	1	31	11	1	12
97%	3%		92%	8%	

（十九）《医院专用日华会话乃刊》（1929）

日本人小野得一郎编著，该书有罗马字母注音，48 例"呢"均注音 ni，都是"呢₁"：

(38)您脸上怎么那么刷白的呢₁(ni)?（第二编第三章第一节）

全书共 12 例 "哪"，均注音 na，其中 11 例属于 "呢₂"：

（39）a. 您这个药方儿钱还没收<u>哪</u>（na），您到账房儿去交去罢。（第三编第一章第二节）

b. —— 那么给您三天的。这个丸药您一天可以分吃三回，都得用饭前才好哪。—— 是凉水送呢是开水送<u>哪</u>（na）？—— 最好是温和水了。（第二编第一章第五节）

上例 b 句中，"哪" 用于选择问句末，和 "呢" 平行，看作是 "呢₁" 的用法。

表 5.13 《医院专用日华会话乃刊》"呢""哪" 用例统计

呢₁			呢₂		
呢 ni	哪₂na	合计	呢 ni	哪₂na	合计
48	1	49		11	11
98%	2%			100%	

（二十）《实用国语会话》（1933）

乐嗣炳编著的这本书用注音符号逐字标音，语气词 "呢" 和 "呐" 都注音ㄋㄜ，"哪" 注音ㄋㄚ，ㄜ和ㄚ上都有空心圆圈表示轻声，即 "呢、呐" 读 nə，"哪" 读 na。

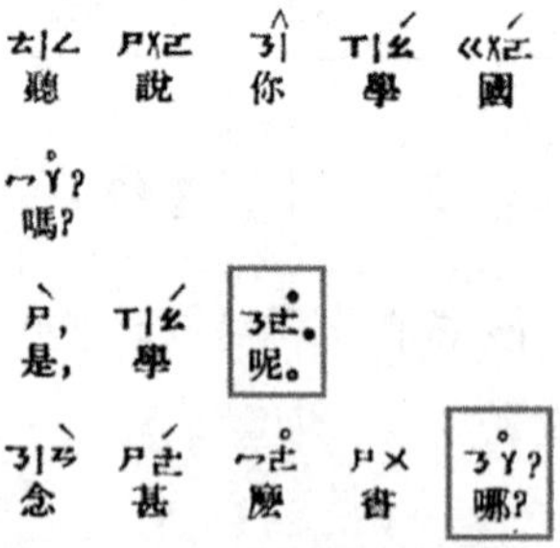

图 5.12 《实用国语会话》"呢""哪" 注音

全书共 53 例"呢 nə",其中 12 例是"呢$_2$",41 例是"呢$_1$":

(40) a. 往后求您的地方多着呢$_2$(nə)。(P27)
b. 这架钢琴怎么搬呢$_1$(nə)?(P136)

17 例"呐 nə"中,11 例是"呢$_2$",6 例是"呢$_1$":

(41) a. 我刚吃了点心,还不饿呐$_2$(nə)。(P119)
b. 行李是您自己带着啊,是交给行李车上呐$_1$(nə)?(P171)

22 例"哪 na"中,9 例"呢$_2$",13 例"呢$_1$":

(42) a. 叔叔,我带着我妹妹在这儿玩儿哪(na)。(P112)
b. 胰子和手巾都在那儿哪(na)?(P60)

表 5.14 《实用国语会话》"呢""哪"用例统计

呢$_1$			呢$_2$		
na	nə	合计	na	nə	合计
哪 13	呢 41 呐 6	60	哪 9	呢 12 呐 11	32
22%	78%		28%	72%	

(二十一)《急就篇》(1933)和《罗马字急就篇》(1935)

1933 年宫岛大八编纂了颇具影响力的汉语教科书《急就篇》,1935 年他用罗马字母全文逐字注音,成为《罗马字急就篇》,书中"呢"都注音 ni^1,"哪"都注音 na^1。

48 例"呢"中,46 例属于"呢$_1$",2 例属于"呢$_2$":

(43) a. —— 这溜儿有客栈么?—— 多着的呢$_2$(ni^1)。—— 属

那一家儿好?——都差不许多。(44/32①)

b.——大观楼换了影片了么?——刚换了两天。——新的有甚么特色呢₁(ni¹)?——都是国产的大片儿了。(46/35)

46例"哪"中,41例是"呢₂",5例是"呢₁":

(44) a. 我正盼您来哪(na¹)。(146/138)

b. 老婆儿吓了一跳说,你一个小孩子,怎么能打鬼哪(na¹)?(108/91)

表5.15 《罗马字急就篇》"呢""哪"用例统计

呢₁			呢₂		
呢 ni	哪₂na	合计	呢 ni	哪₂na	合计
46	5	51	2	41	43
90%	10%		5%	95%	

(二十二)《支那惯用语句例解》(1938)

这是所见最早将"呢"注音为ㄋㄜ nê的域外汉语教科书,"哪"注音为ㄋㄚ na,并说明这两个语气词的用法如下:

ㄋㄚ na 哪:用于现在进行的动作或状态,附在句末加强语气的助词。(P127)

ㄋㄜ nê 呢:(1)辅助疑问语气的助词;(2)反问时,附在句末的语气词。(P131)

---

① 斜线前为1933年《急就篇》例句所在页码,斜线后为1935年《罗马字急就篇》对应注音所在页码。

第五章 "呢"和"哪"的关系　221

全书 64 例 "呢" 中，只有 1 例是 "呢₂"，其余 63 例都是 "呢₁"：

（45）a. 他说怕得来吗，该死的才死呢₂，不该死的死不了啊。（P318）
　　　b. 啊，那是甚么声儿呢₁？（P297）

全书 68 例 "哪" 中，58 例属于 "呢₂"，只有 10 例属于 "呢₁"：

（46）a. 钱是先给一半儿，下余那一半儿，是赶完了活才给哪！（P312）
　　　b. 把金票换大洋，按多少钱合哪？（P298）

可见 "呢₁" 读成 nə 的用例比 "呢₂" 多。

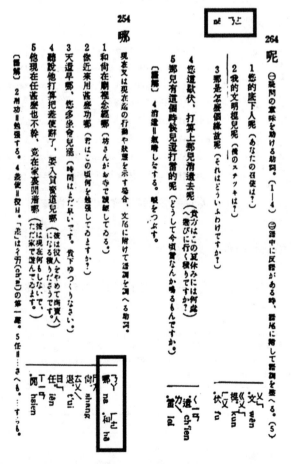

图 5.13 《支那惯用语句例解》"呢""哪"注音

表 5.16 《支那惯用语句例解》"呢""哪"用例统计

呢₁			呢₂		
哪₂ na	呢 nê	合计	哪₂ na	呢 nê	合计
10	63	73	58	1	59
14%	86%		98%	2%	

（二十三）《支那语书取研究》（1941）

《支那语书取研究》中"呢₁"注音既有 ni，还有 na，说明这一时期"呢"弱化为 na 的现象很普遍。

(4) Chê⁴-kuan³-pi³, juan³-ying⁴ tsên³-mo¹-yang⁴ na¹.
(5) Chao³-ch'ui⁴-tzǔ¹-lai², tsa¹-i¹-tsa² chiu⁴-chieh¹-shih⁴-la¹.
(6) T'ing¹-t'a¹-ti³ k'ou³-ch'i⁴, chiang¹-lai² shih⁴-yao⁴-tso¹-mai³-mai⁴, pu⁴-ta³-suan⁴ to¹-nien⁴-shu¹.
(7) Hao³-tai³ shih⁴-ko⁴-jên², k'an⁴-cho, wo³-k'an⁴ chê⁴-ko⁴, mei²-yu³ na⁴-ko⁴ hao³.
(8) Na⁴-ma¹ T'ien¹-chin¹-ti¹ wo³-na⁴-ko⁴ p'êng²-yu³, tsên³-mo¹ chiu⁴-nêng²-chih¹-tao⁴, wo³-kei³-t'a¹-t'ien⁴-hui⁴ yin¹-tzǔ¹-ch'ü⁴ ni¹.

图 5.14 《支那语书取研究》"呢"注音

全书"呢""哪"使用情况如下：

表 5.17 《支那语书取研究》"呢""哪"用例统计

呢₁				呢₂		
呢	哪₂		小计	呢	哪₂	小计
ni	na	na		ni	na	
30	19	5	54	6	21	27

从读音上看，仍然是"呢₂"弱化为 na 的比例高于"呢₁"：

表 5.18 《支那语书取研究》"呢₁""呢₂"读音统计

呢₁			呢₂		
ni	na	合计	ni	na	合计
30	24	54	6	21	27
56%	44%		22%	78%	

（二十四）《宪兵支那语会话》(1942)

《宪兵支那语会话》"呢 ni"有 24 例，有 20 例"哪₂"，其中 18 例均用于陈述句中，表示持续义。

（47）a. 这个箱子锁上了，里头装什么呢？
　　　 b. 他才从乡下来的，还没领证明书哪！

另外 2 例"哪₂"用于问句，全句为持续义，"哪₂"的疑问语气不明显。即使将这 2 例看作是"呢₁"的弱化用法，比例也很低。

（48）a. —— 这个斧子是谁的？—— 是我们的！—— 平常搁在那儿哪？—— 搁在堆房里头！
　　　 b. —— 你偷钱的时候儿，那屋子里没有人么？—— 谁也没有！—— 那个钱在那儿放着哪？—— 在桌子上了！

表 5.19 《宪兵支那语会话》"呢""哪"用例统计

呢₁			呢₂		
呢 ni	哪₂na	合计	呢 ni	哪₂na	合计
24	2	26		18	18
92%	8%			100%	

（二十五）《华日教室会话》(1943)

目前所见第一本将"呢"标音为罗马字母nə的域外汉语教科书是鱼返善雄《支那语の发音と记号》(1942)，他用假名ナ上方加圆点与之对应，表明"呢"的读音，无圆点假名ナ对应罗马字母注音na，表明"哪"的读音，并在"助词"一节用小标题"……呢（或哪）"表示二者的关系。

「了」や「呢」は音韻組織から言へば「ㅁ」「丿」とすべきであるが、いづれも「軽声」なので、実際の発音を重んじて「ラ」「ナ」とする「的」もこれと同じ。("了"和"呢"也发音为lo和no，是轻声，实际读得重一些是la和na，"的"亦然。)(P103)

[ナ] ナ 那 na

(ナ̇) ナ̇ 呢 nə

图5.15 《支那语の发音と记号》"呢""哪"注音

远藤章三郎1943年《华日教室会话》采用相同的注音方法，全书6例"呢"均注音ナ̇ nə，都是"呢$_1$"的用法：

（49）若是把"很"字去掉呢$_1$(nə)?（上编（二）第三问答）

34例"哪"均注音ナ na，其中27例是"呢$_1$"，7例是"呢$_2$"：

（50）a. 吉田，你的桌子歪着哪(na)。（上编（一）第三教室）
　　　b. 是！把"很快"挪到前边去，可以不可以哪(na)?（上编（二）第三问答）

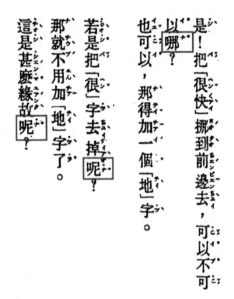

图 5.16 《华日教室会话》"呢""哪"注音

统计全书例句使用情况如下：

表 5.20 《华日教室会话》"呢""哪"用例统计

呢₁			呢₂		
哪₂ na	呢 nə	合计	哪₂ na	呢 nə	合计
27	6	33	7		7
82%	18%		100%		

将上面的考察和补充材料一起用下表显示。

表 5.21 1761 年以来"呢"读音变化历时统计

语料	呢₁					呢₂					合计
	ni	比例	na	比例	nə	比例	合计	ni	比例	na	比例	nə	比例	
1761 满汉	12	100%					12	18	100%					18
1834 撮要	91	100%					91	52	96%	2	4%			54
1853 唖华	69	100%					69	9	82%	2	18%			11
1859 寻津	46	100%					46	76	100%					76
1867 自迩	317	100%					317	137	98%	3	2%			140
1871 字汇	ni		na					ni		na				
1879 伊苏	72	100%					72	29	81%	7	19%			36
1880 国字	132	95%	7	5%			139	40	75%	13	25%			53
1881 指南	186	100%					186	2	3%	70	97%			72
1885 案内	18	86%	3	14%			21	1	8%	11	92%			12
1892 类编	838	99.7%	2	0.3%			840	68	93%	5	7%			73
1894 军用	22	92%	2	8%			24	16	64%	9	36%			25
1904 日清	52	87%	8	13%			60	4	16%	21	84%			25
1905 类集	73	99%	1	1%			74	1	10%	9	90%			10
1907 小额	40	100%					40	109	62%	66	38%			175
1907 津逮	26	93%	2	7%			28	14	88%	2	12%			16

（续表）

语料	呢₁ ni	呢₁ 比例	呢₁ na	呢₁ 比例	呢₁ nə	呢₁ 比例	呢₁ 合计	呢₂ ni	呢₂ 比例	呢₂ na	呢₂ 比例	呢₂ nə	呢₂ 比例	合计
1912 通释	47	100%					47	1	20%	4	80%			5
1918 读本	37	100%					37	4	44%	5	56%			9
1922 警务	94	87%	14	13%			108	12	14%	74	86%			86
1922 家庭			15	100%			15			7	100%			7
1922 留声	9	90%			1	10%	10	2	100%					2
1925 日支			15	100%			15			3	100%			3
1928 声片	30	97%	1	3%			31	11	92%	1	8%			12
1929 医院	48	98%	1	2%			49			11	100%			11
1933 实用	13	22%	13	22%	47	78%	60	2	5%	9	28%	23	72%	32
1935 罗马	46	90%	5	10%			51			41	95%			43
1935 新留					11	100%	11					19	100%	19
1938 例解	30	56%	10	14%	63	86%	73	6	22%	58	98%	1	2%	59
1941 书取	30	56%	24	44%			54			21	78%			27
1942 宪兵	24	92%	2	8%			26			18	100%			18
1943 教室			27	82%	6	18%	33			7	100%			7
合计	2359	89.3%	152	5.8%	128	4.9%	2639	614	54%	479	42.2%	43	3.8%	1136

可以看到,"呢"的读音总的倾向是从 ni 向 na 和 ne 变化,但似乎有反复。比如 1761 年《兼满汉语满洲套话清文启蒙》中"呢"的读音为 ni,到 1834 年《正音撮要》和 1853 年《正音咀华》,"呢₂"就出现了 na 的读法,而此后 1859 年《寻津录》的"呢"却全部读 ni。再如 1935 年《新国语留声片课本》已经明确提出"呢"都读为 ne,但 1942 年《宪兵支那语会话》的"呢"还读 ni 和 na。造成这种现象的可能原因有二:1. 注音滞后。出版发行周期较长,或文字及语体性质造成的书面材料保守性,都有可能造成注音滞后。特别是教材,对新产生的读音不太接受,而宁愿采取正统的旧读音。2. 新旧读音交替时期的新旧读并存。一种新的读音产生后,旧的读音并不会马上消失,而是会与新读音并存一段时期,从 1834 年 na 读音出现后,旧读音 ni 仍长期存在。

如果按照 1761 年以来"呢"的读音变化本身划分,可以分为三个阶段,加上 1761 年以前"呢"的读音状况,一共四个阶段。

表 5.22 "呢"读音变化的四个阶段

阶段	"呢"读音特点	起始时间 [①]	
		呢₁	呢₂
0	"呢₁""呢₂"声母不同	1761 前	1761 前
1	声母合并,i 韵母	1761	1761
2	a 韵母	1871	1834
3	ə 韵母	1922	1933

按"呢"读音变化三个阶段重新排列本书所考察的材料,可列表显示如下(带 * 的是注音滞后的材料):

[①] 此处的起始时间仅就本书所用材料而言,实际的起始时间应该更早。

表 5.23 "呢₁"读音变化的三个阶段

			呢₁		
			呢 ni	哪 na	呢 nə
阶段 1：1761—	1761	满汉	100%		
	1834	撮要	100%		
	1853	咀华	100%		
	1859	寻津	100%		
	1867	自迩	100%		
	1879	*伊苏	100%		
	1881	*指南	100%		
	1912	*通释	100%		
	1918	*读本	100%		
阶段 2：1871—	1871	字汇	ni	na	
	1880	国字	95%	5%	
	1885	案内	86%	14%	
	1892	类编	99.7%	0.3%	
	1894	军用	92%	8%	
	1904	日清	87%	13%	
	1905	类集	99%	1%	
	1907	小额	100%		
	1907	津逮	93%	7%	
	1922	警务	87%	13%	
	1922	家庭		100%	
	1925	*日支		100%	
	1928	*声片	97%	3%	
	1929	*医院	98%	2%	
	1935	*罗马	90%	10%	
	1941	*书取	56%	44%	
	1942	*宪兵	92%	8%	

（续表）

			呢₁		
			呢 ni	哪 na	呢 nə
阶段3：1922—	1922	留声	90%		10%
	1933	实用		22%	78%
	1935	新留			100%
	1938	例解		14%	86%
	1943	教室		82%	18%

表 5.24　"呢₂"读音变化的三个阶段

			呢₂		
			ni	na	nə
第一阶段：1761—	1761	满汉	100%		
	1859	*寻津	100%		
	1922	*留声	100%		
第二阶段：1834—	1834	撮要	96%	4%	
	1853	咀华	82%	18%	
	1867	自迩	98%	2%	
	1871	字汇	ni	na	
	1879	伊苏	81%	19%	
	1880	国字	75%	25%	
	1881	指南	3%	97%	
	1885	案内	8%	92%	
	1892	类编	93%	7%	
	1894	军用	64%	36%	
	1904	日清	16%	84%	
	1905	类集	10%	90%	
	1907	小额	62%	38%	
	1907	津逮	88%	12%	

（续表）

			呢₂		
			ni	na	nə
第二阶段：1834—	1912	通释	20%	80%	
	1918	读本	44%	56%	
	1922	警务	14%	86%	
	1922	家庭		100%	
	1925	日支		100%	
	1928	声片	92%	8%	
	1929	医院		100%	
	1935	*罗马	5%	95%	
	1941	*书取	22%	78%	
	1942	*宪兵		100%	
	1943	*教室		100%	
第三阶段：1933—	1933	实用		28%	72%
	1935	新留			100%
	1938	例解		98%	2%

可以看到，从 ni 向 na 变化，"呢₂"比"呢₁"的时间早、速度快，但从 na 向 nə 变化时，"呢₁"比"呢₂"早。表 5.21 的合计数据中，读为 ni 的"呢₁"用例差不多是"呢₂"的 4 倍，而读为 na 的"呢₂"用例是"呢₁"的 3 倍多。很可能是因为开口度大的 na 发音更响亮，多用于夸张、感叹的强语气，因而更早地从 ni 变为 na，并较晚地过渡到 nə，而疑问语气更多的是采用高元音，因而更晚从 ni 变为 na，更早从 na 变为 nə。

一些少数民族语言也有类似现象。白语疑问语气词"呢"读 ȵi⁵⁵（你哥哥呢？nɯ⁵⁵kɔ⁴⁴tɯ²¹ȵi⁵⁵），感叹语气词"呢"读 na³⁵（三月街才不赶了呢。sa⁵⁵ua⁴⁴tsɿ³³le²¹ti²¹mɯ³³xɔ⁴⁴na³⁵）（王锋，2016）。其他语言的各语气词中，若有高元音 i，则多半是用于疑问的语气词，如水语疑问语气词"呢"ni⁵⁵

（韦学纯，2016）；藏语甘孜话的疑问、假设语气词"呢"$ȵi^{55}$（燕海雄、江荻，2016）；壮语武鸣话的疑问语气词"呢"ni^{33}（蓝利国，2016）。哈尼语表判断的语气词（$ŋɯ^{33}$、$ŋe^{33}$）和表疑问的语气词（$pɿ^{53}$、$ŋe^{33}$、$pu^{33}lo^{31}$、le^{53}）主元音多为高元音，表祈使的语气词（ma^{33}、va^{31}、o^{33}）和带交互主观性的祝福语气词（pa^{53}）则多为低元音（经典，2015）。

5.3 "呢"读音变化的性质

以上考察表明，早期北京话"呢"的读音经历了 ni —— na —— nə 的变化过程。从 ni 到 na，是央元音化；从 na 到 nə 是混元音化。正如前文 4.4 节所指出，这种变化是由于语气词在句末，通常轻读，造成了语音弱化。

第二阶段，"呢₂"和"呢₁"先后从 ni 向 na 弱化，弱化后"呢₂"和"哪"同音，因此用"哪"字形记录"呢₂"。汉语的单元音 a 实际上是央元音 A，发音时口腔肌肉较为松弛，在轻声状态下较易发音。在弱化过程中，不仅有元音的弱化，也有声调的变化。《官话类编》记录"哪"有阴平和去声两种声调。阴平是高平调，去声是高降调。从字调和句调的适应关系看，去声更适合感叹句调。从肌肉紧张程度上看，降调比高平调更为放松。降调和元音弱化相互促进，共同作用于句末非重读音节。但"呢""哪"毕竟历史来源不同，它们只是临时的同音字，所以后来又逐步分工，"呢₁"多用"呢"字形，"呢₂"多用"哪"字形，如《家庭支那语》和《最新日支会话の早わかり》。

第三阶段，"呢"弱化为 nə，是混元音化所致。出于省力原则，轻读音节发音弱化，发音器官肌肉得以放松，混元音化是常见现象。只不过，"呢"混元音化的音变过程既有可能是 ni 读音的元音 i 舌位降低，也有可能是 na 读音的元音 a 舌位抬高。a[A] 和 e[ə] 只是开口度大小的不同，都是 i 的弱化形式，实际听感上的区别并不明显。

因此，从19世纪30年代到20世纪20年代，"哪"记录了"呢"从 ni —— na —— nə 弱化的中间过程，na 是比 ni 弱但比 nə 强的语音形式。今天人们所感觉到的"这个人可好哪 na"比"这个人可好呢 nə"语气更强，正是因为"哪 na"是"呢 ni"的次强语音形式。

"呢"的读音弱化现象在其他方言中也可以看到。上海话"呢₁"读为 n̩i²³ 是文读形式，读为 nə²³ 是白读形式（许宝华、汤珍珠，1988），而文白读之分正是历史层次的体现。

5.4 "呢"语音形式的跨方言比较

汉语方言中，"呢₂"和"呢₁"不同程度地保留着语音弱化各个阶段的格局。

阶段0："呢₂"和"呢₁"声母不同，两字不同音，保持了表持续语气词"哩"和表疑问语气词"呢"的早期读音区别。如山东临淄"呢₂"为 li，"呢₁"为 n̩i（史冠新，2006）。

阶段1："呢₁"和"呢₂"两字声韵相同，同为 i 韵母，反映的是韵母弱化前的阶段。如敦煌（刘伶，1988）、获鹿（陈淑静，1990）、山阴（郭利霞，2015）都读为 li，潍坊（钱曾怡、罗福腾，1992）和昌黎（河北省昌黎县县志编纂委员会、中国社会科学院语言研究所，1984）都读为 ni。

阶段2："呢"主要元音开始弱化，其表现是由高舌位变为低舌位。不同方言中舌位高低有异，如长治的 lei（侯精一，1985）、淮阴的 niẽ（黄伯荣，1996）比 i 低一度；浚县的 lɛ（辛永芬，2008）、英山的 liɛ（陈淑梅，1989）、乌鲁木齐回民话的 n̩iɛ（刘俐李，1989）低两度；英山的 la（陈淑梅，1989）、阳曲的 la（孟庆海，1991）、淮阴的 nia（黄伯荣，1996）低三度。

阶段3："呢"弱化为混元音，如呼和浩特（李作南、辛尚奎，1987）都弱化为 lə，曲靖、保山都弱化为 nə（云南省地方志编纂委员会，1989），显示出第三阶段的特征。有的方言还添加入声韵尾，如定襄的 liəʔ（范慧琴，2007)、阳曲的 liəʔ 和 ləʔ（孟庆海，1991)，而入声化在晋方言中是轻声弱化造成音节短促化的普遍现象。

有的方言中，不同阶段的读音并存。如乌鲁木齐回民话中"呢"的 ȵi、ȵiɛ、nə（刘俐李，1989)，山阴的 li、lɛe（郭利霞，2015)，阳曲的 la、ləʔ、liəʔ（孟庆海，1991)。

表 5.25　汉语方言"呢"的语音形式所反映的弱化阶段

		呢₂		呢₁	
		有 i 介音	无 i 介音	有 i 介音	无 i 介音
阶段 0：声母不同	临淄	li		ȵi	
阶段 1：i 韵母	获鹿	li		li	
	山阴	li		li	
	敦煌	li		li	
	潍坊	ni		ni	
	昌黎	ni		ni	
	乌鲁木齐回民	ȵi²¹		ȵi⁴⁴	
阶段 2：前低元音或中元音韵母	乌鲁木齐回民	ȵiɛ²⁴		ȵiɛ²⁴	
	英山			liɛ³⁵	
	淮阴	niẽ/nia		nia	
	山阴				lɛe
	长治		lei		lei
	浚县		lɛ		lɛ
	英山		la		
	阳曲		la		

（续表）

		呢₂		呢₁	
		有i介音	无i介音	有i介音	无i介音
阶段3：混元音韵母	定襄	liəʔ²		liəʔ²	
	阳曲	liəʔ	ləʔ	liəʔ	ləʔ
	乌鲁木齐回民				nə²¹
	呼和浩特		lə		lə
	曲靖		nə		nə
	保山		nə		nə

有的方言中，"呢"进一步弱化，脱落声母。比如安阳（郭青萍，1988）"嘞"ləi 大致相当于普通话"啊"或"呢"，常把声母丢掉读为 əi（老王嘞！），汝城（黄伯荣，1996）把表示程度深的"呢₂"读为 ɛ°〔佢妹子长得 lɛ° ɛ°（他妹妹长得才俏皮呢！）〕。

5.5 小结

北京话语气词"呢"的读音从 ni 弱化到 na，再弱化为 nə。"呢"弱化为 na 时，可记写为同音字"哪"或"呐"。后来"呢"进一步弱化为 nə，"哪"保留 na 读音，二者又区分开来。

表持续、夸张语气的"呢₂"与表疑问、停顿语气"呢₁"的读音变化时间并不相同，"呢₂"先弱化为 na，"呢₁"比"呢₂"先弱化为 nə，这种现象反映了开口度大的元音更适合表达"呢₂"的强语气。

清中叶到民国时期，北京话虚词的读音有着不同程度的弱化，用不同的写法记录。"了"从 liao 弱化为 lo 和 la，最后弱化为 lə，这一时期多用"咯""啦"字形记录 lo 和 la 读音。"的"从 di 弱化为 da，最后弱化为 də。"么"作语气词时本来 mo/ma 两读，后来读 ma，写作"吗"。可见，早期北京话中存在轻声音节韵母 a 化的普遍现象,进一步则弱化为 ə(郭锐、陈颖、刘云,2017)。

郭小武(2000)认为,"哪"是"呢"的强语气变韵形式。根据我们的考察,"哪 na"比"呢 nə"的语气更强,并不是"呢 nə"强化的结果,反而是"呢 ni"弱化的结果,"哪"记录的是"呢"弱化过程中的次强阶段。强语气是"呢"保留 na 读音的重要条件,因此,在当代汉语中,疑问或感叹语气更强的时候倾向于使用语气词"哪"。可见互动等级越高(主观性、交互主观性强),语气词的开口度越大(陈颖,2017)。

5.6 附论

5.6.1 朝鲜汉语教科书中"呢"的读音

朝鲜汉语教科书中的"呢"在 ni、na 读音之外,还有不见于其他语料的ᄂᆡ nəi 读音。

《汉语独学》(1911)的"呢"谚文记音有两种:니 ni 和 ᄂᆡ nəi。全书共 4 例 ᄂᆡ nəi,均出现在"呢$_1$"位置上。"哪"还是注音为 나 na,相当于"呢$_2$"用法的多于相当于"呢$_1$"的:

(51) a. 您因为甚么来呢ᄂᆡ?

b. 你们二位是到此处游历来了还是有公事呢니?

c. ——今年收成的怎么样哪나? ——今年收成的还算好哪나。

(52) a. 昨儿做道场,我在那儿坐了一整天呢니。

b. ——他通晓敝国的语言么? ——他不通晓,还没学话哪나。

表 5.26 《汉语独学》"呢""哪"用例统计

呢₁				呢₂		
呢	哪₂	合计		呢	哪₂	合计
니 7	늬 4	나 3	14	니 1	나 8	9
50%	29%	21%		11%	89%	

《支那语集成》(1921)的"呢"只有늬 nəi 一种注音,"哪"的注音都为나 na,但未见相当于"呢₁"的用例,用于"呢₂"的用例也不多:

(53) a. 他在候车房等着哪。

　　 b. 给我熬一点儿粳米粥,要烂烂儿的,不稀不稠,匀溜的才好哪。

表 5.27 《支那语集成》"呢""哪"用例统计

呢₁			呢₂		
呢	哪₂	合计	呢	哪₂	合计
늬 137		137	늬 43	나 10	53
100%			81%	19%	

这可能是"呢"弱化的另一种方向。虽然 əi 是复元音,但韵腹 ə 舌位较低,韵尾 i 只是表示舌位滑动的趋势,因此相对于高元音 i 而言,发 əi 时发音器官的紧张程度更弱,也是 i 的弱化形式。若进一步弱化把韵尾丢掉,则成为今天"呢"的读音 nə。

除了"呢",朝鲜汉语教科书中的"了"也有特别的读音 녜 niə 和 랴 liə(参见第七章)。这些语音现象目前只见于 19 世纪前后的朝鲜汉语教科书,可见是有时代和地域两方面特征的语言现象。由于朝鲜汉语教科

书的数量和种类都少于日本汉语教科书,进一步的探究还有待于新材料的发掘。

5.6.2 从"呢"的弱化看老舍作品的用字特点

考察老舍作品"呢""哪"使用情况,结果如下表所示:

表5.28 老舍作品"呢""哪"用例统计

语料	呢$_1$				呢$_2$			
	呢	哪$_2$	合计	"哪"比例	呢	哪$_2$	合计	"哪"比例
1926《老张的哲学》	52	3	55	5%	65	1	66	2%
1928《言语声片》	29	1	30	3%	8	1	9	11%
1929《二马》	218	2	220	1%	97	7	104	7%
1936《骆驼祥子》	234	7	241	3%	101	8	109	7%
1944《火葬》	122		122		39	3	42	7%
1961《正红旗下》	142		142		19		19	

如前所述,20世纪初正是"呢"弱化为 nə 的调整时期,这在《言语声片》录音中有所体现。《言语声片》将"哪"记为 na 读为 nə,可以看作是这一时期 nə 读音刚刚产生、还不够稳定的表现。《老张的哲学》中,"呢$_1$"的弱化形式"哪"比例超过了"呢$_2$",这和其他任何一部域外汉语教科书的情况都相反,很可能是因为老舍作为汉语母语者,察觉到"呢"已经读为 nə,就不适宜再用"哪"来记录,只有明确与持续进行义相关的才用"哪",所以此后弱化形式"哪"的使用比例一直维持在很低的水平。

(54) a. 妈在屋里哭<u>哪</u>!(《老张的哲学》)
　　　b. 他在家<u>哪</u>?(《二马》)

c. 见祥子进来，他半恼半笑的说："你这小子还活着哪？……"(《骆驼祥子》)

　　d. 没哪！(《火葬》)

到了1961年《正红旗下》，一共11例"哪"均为"哪₁"，没有"哪₂"的用法，表持续、夸张的时候使用了"哩"而不是"哪"，说明老舍有意识地将"哪"作为"啊"的变体了，与"呢"明确分工：

(55) a. 这只是个开端，新规矩还多着哩！

　　b. 母亲一暗示留他吃饭，他便咳嗽一阵，有腔有调，有板有眼，而后又哈哈地笑几声才说："亲家太太，我还真有点饿了呢！……"

(56) a. 他偷眼往里间看，一僧一道正在窗前下围棋呢。

　　b. 收起眼泪，大舅妈把我好赞美了一顿：多么体面哪！

第六章 "么"和"吗"的关系

6.1 问题的提出

语气词"么"（麼）的来源是"无",学界已有共识。对于"吗"和"么"的关系,王力（1989）和太田辰夫（1958）认为是新旧字形替换关系,钟兆华（1997a）和孙锡信（1999）考察诗文用韵情况后指出,"么"在五代时读为 mua,到宋元时有 muɔ 和 ma 两读。孙锡信（1999）认为,因为"使用'吗'字更准确地表达出 ma 的读音",所以人们用"吗"替代"么"。

"吗"替代"么"的过程漫长而不单纯。虽然语气词"吗"在宋代就已产生,但《红楼梦》还是以"么"为主。是什么原因引起了清末的字形替换？更何况"么"在代词（怎么、什么、这么、那么、多么）中并未被替换。考察早期北京话语料,可以比较清楚地看到"吗"逐渐替代"么"的过程,并且可以进一步认识到,之所以是在 20 世纪初"吗"才完全替代"么",既与"么"的用法分化有关,更与当时的整体语言环境有关。前文已述,晚清民国是北京话语气词的读音弱化时期,"了"从 liao 到 lo、la 再到 lə,"呢"从 ni 到 na 再到 nə,"咧"也与"了"的读音弱化有关。"么""吗"的字形替换是以读音弱化和用法分化为基础的。

6.2 早期北京话语料所反映的"么"的读音

前人研究指出,"么"在宋元时期有符合演变规律的 muɔ 和口语读音 ma,这种现象一直延续到清代中叶。有的语料重视反映正式读音,就只记录了"么"的 mo① 读音。有的文献记录重视反映实际读音，就将"么"记为两读，直到 20 世纪 40 年代还能看到。下面从清中叶北京话"么"读 mo 开始考察，看它是怎样发展成为 ma 和 mə 的。

（一）17、18 世纪材料记音

1677 年《朴通事谚解》中，"么"的两读都注音为叶 ma，书后所附的《单字解》对"么"的说明是：

麽：本音모，俗用为语助辞，音마，古人皆呼为모，故或通作莫。
（汪维辉，2005）

从这段记录看，"么"读为 mo 是古音，ma 是俗音，文中标音以俗语为准。

1765 年《朴通事新释谚解》的谚文注音中，148 例代词后缀和 79 例语气词"么"都是뭐 muɔ/ 마 ma 两读：

图 6.1 《朴通事新释谚解》"么"注音

1761 年《兼满汉语满洲套话清文启蒙》中，"么"用作代词后缀共 67 例，用作语气词共 54 例，都读为 mo，没有"吗"字形。如：

---

① muɔ 和 mo 关系密切，本书不讨论其性质及源流，这两种读音均按文献标注照录。

(1) a. 若是不去，也由着我罢咧，必定告诉你作什么 mo？（第 2 话）

　　b. 倘若不存心也使得么 mo？（序）

1873 年《语学举隅》与此相同，代词后缀和语气词用法的"么"都记音为 mo。

（二）《正音撮要》（1834）和《正音咀华》（1853）

《正音撮要》中共 144 例"么"，全部用于代词后缀，有 30 例"吗"均为疑问语气词用法。如：

(2) a. 你们虽是苦极的人，难道就不讲情理吗？（第十一段应酬杂客）

　　b. 我们也是居家过日子的人，那里有这么些多余钱来给你们呢？（第十一段应酬杂客）

该书除了将"麼"反切为"明波切"外，没有其他标音。钟兆华（1997a）、孙锡信（1999）的考察和同时期其他材料记载都说明，这一时期"么"有 mo 和 ma 两读。《正音撮要》的用例说明编写者有意识地区分了两种用法的字形，但还难以说明读音上已完全分化。

《正音咀华》中，"么"作代词后缀共 90 例，用作疑问语气词 7 例。书中有 19 例疑问语气词"吗"，还有 16 例用于问句的"嘛"字形①。如：

(3) a. 吾兄羽毛这么丰满，将来鹏程万里，一定恭喜的。（问士）

　　b. 令问："这位是蒋老师吗？"教官答："晚生姓蒋。"令问："这位是韩老爷么？"典史答："卑职姓韩。"（属员贺新任）

　　c. 你可知道这个人甚么人嘛？（子路从而后）

---

① 《正音咀华》中还有 3 例"嘛"用于非问句，如："嗳呀，好书法啊！临王右军嘛！临颜鲁公嘛！临欧阳率更嘛！"

这两种材料时间相近,《正音咀华》反映的情况比《正音撮要》复杂得多,说明用字不能完全反映读音,我们的研究需要更多地依赖标音文献。

(三)《寻津录》(1859)

《寻津录》的"么"字形除了记录语气词,也作为代词后缀出现。该书没有使用"吗"字形。

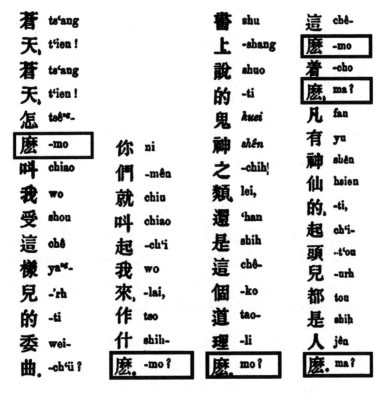

图 6.2 《寻津录》"么"注音

如前文 4.2 节所述,《寻津录》的课文和练习很可能是分开编写的,课文在前,练习在后,所以两个部分记录"么"的读音有差异。

表 6.1 《寻津录》"么"用例统计

	代词后缀"么"			语气词"么"		
	ma	mo	小计	ma	mo	小计
课文	1	88	89	6	16	22
	1.1%	98.9%		27%	73%	
练习	5		5	10		10
	100%			100%		

课文部分的"么",绝大多数读 mo(104 例),读为 ma 的很少(7 例),但课文中读为 ma 的语气词(6 例)多于代词后缀(1 例),而在练习中的"么"全部读为 ma。这反映了"么"从 mo 变读为 ma 的过程。

(四)《语言自迩集》(1867)

该书对"么"和"吗"的读音和用法有明确说明:

> 甚 shên² 么 mo¹,吗 ma¹。"么"是个否定疑问小品词(a negative interrogative particle)[①];有时它也充当连接词(a conjunction),例如"那么多""这么少"。"吗 ma"是个地道的口语疑问词(a colloquial interrogative)。(散语章练习一 23)

编写者所说的"么"充当"连接词",就是指代词后缀用法。"么"还有语气词用法,和"吗"是语体之别,"吗 ma"既为"地道"的口语,"么 mo"则应为书面或正式的用语。

《语言自迩集》中作为语气词使用的"么"共 308 例,"吗"只有 31 例,还不到 10%,"么"仍占有绝对优势。"么"和"吗"都可以用在是非问句

[①] 张卫东(2002)将 negative interrogative particle 译为"消极疑问词缀",但在《语言自迩集》的用例中,"么"也作为语气词使用,故本书将 particle 译为具有独立词类性质的"小品词"。

和反问句中：

（4）a. 你会用我们这儿的字典么？

b. 那孙飞虎原不是言听计从的脾气，听这话就笑着问：尊驾能有甚么好法子吗？

（5）a. 借人家的家伙，用完了不给送回去，还等着人家来取，使得么？

b. 要让你白说了这句话，那不是前功尽弃了吗？

1880 年《参订问答汉语篇国字解》与此类似，全书共 367 例 "么"，其中 79 例是语气词用法。而书中仅有 3 例 "吗"，均为语气词：

（6）a. 不知道你们去的学堂近这么？我也可以去学吗？

b. 你怎么说的，你是外人吗？你既要学，把不得教你成功，报恩的话，是咱们兄弟说的话么？

c. 老兄，你呐不记得吗？三年前他在咱们那儿住着的时候，那是甚么样儿哪？

（五）《汉英合璧相连字汇》(1871)

这部书记录了 "么" 做代词后缀时读 mo^1，做语气词时有两种读法 mo^1 和 ma^1，还记录了另一个疑问语气词 "吗"，读为 ma^3：

$chê^4$-mo^1	這麼	thus.
$chê^4$-mo^1-$yang^4$	這麼樣	thus, in this way, or manner.
mo^1	麼	interrogative particle. See ma^1.
ma^1	麼	interrogative particle. See mo^1.
ma^3	嗎	to rail, to abuse, to scold; interrogative particle.

图 6.3 《汉英合璧相连字汇》"么""吗" 注音

(六)《华音撮要》(<1877)

《华音撮要》全书采用"吗"字形,做语气词时只读为마ma,但做代词后缀时有무mu/마ma两种读音:

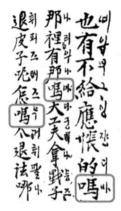

图6.4 《华音撮要》"吗"注音

值得注意的是,"吗"读为무mu只在"怎吗"中出现,且34例"怎吗"中有30例的"吗"读为무mu①,mu读音占了88%,而其他代词"这吗、那吗、甚吗"中的"吗"都读为마ma。

《你呢贵姓》(1877~1894)中也是如此,只有"怎吗"的"吗"mu/ma两读。不过《你呢贵姓》篇幅较小,用例不多,"怎吗ma"有4例,"怎吗mu"共3例,mu读音占了42%。

同样是朝鲜汉语教科书,和约一百年前的《朴通事新释谚解》相比,muɔ/ma两读的"么"变成了mu/ma两读的"吗",看起来是发生了由复元音muɔ向单元音mu的弱化。mu音和mo音相近,这种语言面貌和《语言自迩集》等材料mo/ma两读是接近的。

如果mu读音进一步弱化,弱化到完全消失,就只留下ma读音。所

---

① 《华音撮要》第24—52页没有谚文注音,不纳入统计。

以后来相当一部分朝鲜汉语教科书不分用法地只有"么"一种写法和 ma 一种读音,包括 1883 年《华音启蒙谚解》、1915 年《官话华语教范》和 1939 年《"内鲜满"最速成中国语自通》。

(七)《北京官话伊苏普喻言》(1879)

这部书中共 316 例"么",其中 254 例代词后缀,62 例为疑问语气词。如:

(7)武士说:"嘿!你瞧这还有甚<u>么</u>你力大的凭据<u>么</u>?"(士夸狮子)

该书没有标音,但仅有的 1 例"吗"是用于代词后缀,这应为同音误用所致,可见这一时期的代词后缀和《寻津录》一样,也有 ma 的读音:

(8)有一个铜匠,养活着一条小狗儿。这狗见主人作起活来就睡觉,见吃上饭就起来。一天,家主儿一面吃着饭,一面说:"怎<u>吗</u>?这个畜生齁懒的。"(铜工詈犬)

(八)《总译亚细亚言语集》(1880)

这是目前所见最早根据用法区分"么"读音的材料,从假名注音看,全书 134 例代词后缀"么"都读 mo,59 例语气词"么"都读 ma,分工明确。

图 6.5 《总译亚细亚言语集》"么"注音

（九）《英清会话独案内》（1885）

该书以假名逐字注音，133 例代词后缀“么”都读 mo，36 例语气词“么”都读 ma，没有“吗”字形。

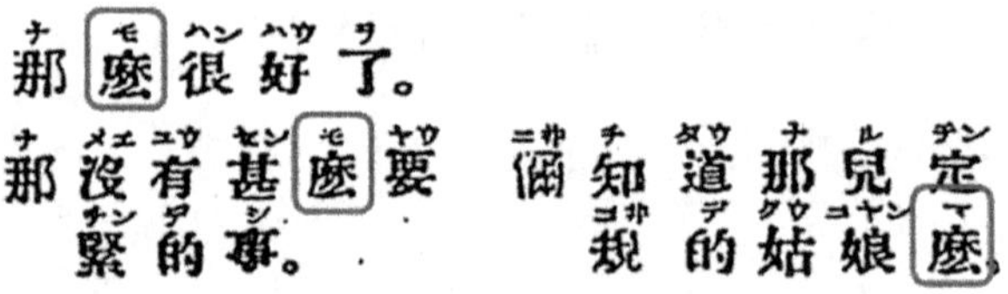
那麽很好了。
那沒有甚麽要緊的事。
儞知道那兒定親的姑娘麽。

图 6.6 《英清会话独案内》“么”注音

1887 年《汉言无师自明》也是这样，只有“么”字形，语气词都读 ma。

（十）《官话类编》（1892）

这是目前所见在写法和用法上完全区分“么”和“吗”的最早语料：

> 吗：直接问句的标志，即可以用“是”或“否”回答的问题。汉语不像英语那样用升调来提问，而是把“吗”放在句末来提问。字形“么”moă 常用于替代“吗”，有的老师会坚持写成“么”，这是不正确的。（第八课）
>
> 么 Moă^2, ma^2：间接问句中与各种词连接的疑问小品词（an interrogative particle joined with various words in asking indirect questions）。（第十七课）
>
> “甚么”或“什么”：……“么”有时说成“吗”ma，但从不写成“吗”。（第十七课）

编写者认为虽然“么”“吗”有时同音，但在问句中不能写成“么”，在代词中不能写成“吗”，有意识地分化两种字形的使用环境，因此课文中的 1200 例“么”都只用于代词后缀，语气词共 607 例，都只用“吗”。

（9）a. 你这么大的人，还害怕吗？（第三十六课）
　　　b. 火炉里还有火吗？（第八课）

（十一）《日清会话附军用语》（1894）

该书用假名注音，72例代词后缀"么"都读mo，66例语气词"么"中，59例读为mo，7例读为ma，没有根据用法分化读音，也没有"吗"字形，反映的语音情况与《语言自迩集》相近。

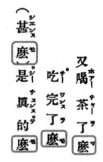

图6.7 《日清会话附军用语》"么"注音

（十二）《北京官话实用日清会话》（1904）

该书仍未使用"吗"字形，但"么"的读音已经根据用法而产生分化，154例代词后缀的假名注音都是モmo①，77例单独用作语气词的"么"注音都是マma。

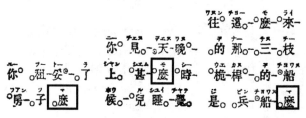

图6.8 《北京官话实用日清会话》"么"注音

---

① 154例中，有1例假名注音为ムmu，本书考察的所有日本语料中仅此1例，暂作モmo之讹误。

（十三）《日清会话语言类集》（1905）

该书"么""吗"同用，"么"的读音已经按用法分化，131例代词后缀注音为モ mo，只有1例注为マ ma。97例疑问语气词都注音マ ma，其中"么"86例，"吗"11例。

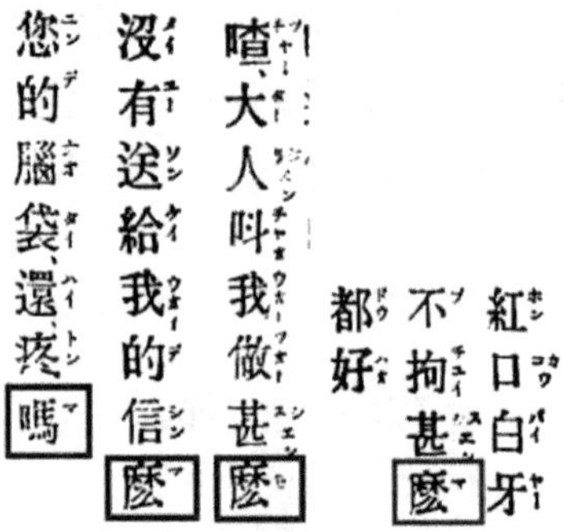

> 您的腦袋還疼嗎
> 沒有送給我的信麽
> 喳，大人叫我做甚麽
> 都好不拘甚麽
> 紅口白牙

图6.9 《日清会话语言类集》"么""吗"注音

1922年《家庭支那语》情况大体相同，代词后缀"么"都读mo，语气词都读ma，大多数写作"么"，也有写作"吗"的。

（十四）《汉语通释》（1912）

这部书在解释课文例句时部分注音，全书只有"么"字形，无论是代词后缀还是语气词用法，都注音mo，没有"吗"字形。

在解释汉字"么"时，作者提到有两种读法：

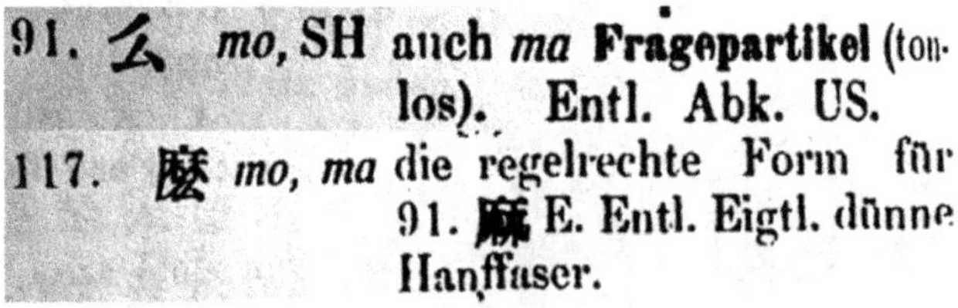

> 91. 么 mo, SH auch ma Fragepartikel (tonlos). Entl. Abk. US.
> 117. 麽 mo, ma die regelrechte Form für 91. 麻 E. Entl. Eigtl. dünne Hanffaser.

图6.10 《汉语通释》"么"读音

91. 么 mo，也读 ma，疑问小品词（轻声）。（第 24 页）
117. 麼 mo, ma，是 91 的真正形式。（第 39 页）

可见，编者认为，"麼"是正式用法，"么"是口语形式，二者是语体之别，只是口语中都读 mo。这也印证了其他材料中"么"两读的记载。

（十五）《北京话语音读本》（1918）

《北京话语音读本》的课文选自不同的汉语教科书，基本保留了材料原有的文字面貌。全书 122 例"么"都注音为 mo，没有根据用法分化读音，这些材料大多来自 1881 年《官话指南》。书中还在《赵城虎》和《圣谕广训》这两篇语料中使用了 11 例语气词"吗"，注音为 ma，前者选自 1907 年《华英文义津逮》，后者选自 1892 年《圣谕广训》。

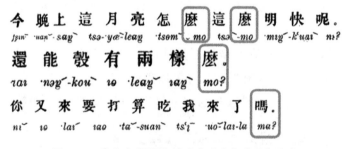

图 6.11 《北京话语音读本》"么""吗"注音

（十六）《速修汉语大成》（1918）和《支那语集成》（1921）

《速修汉语大成》只采用一种字形"么"，语气词只读为 마 ma，大多数代词后缀"么"读 마 ma，也有读音 머 mə，并且只在"那么"中出现。该书"那么"中的"么"读为 ma 的共 11 例，读为 mə 的共 8 例，并非个案，不可能是误记。但读 mə 的用例均出现在第三编问答中，第一编单话、第二编会话和第四编长话均未见到，很可能是因为教材为多人分章节合作完成，第三编的编写者注意到这一读法并记录了下来。第四编长话中有 1 例代词后缀"么"记为 만 man，也反映了在语流中的实际读音。

图 6.12 《速修汉语大成》"么"注音和写法

《支那语集成》中也有相似的现象，52例"这么"中有1例记作 mə，26例"那么"中有2例记作 mə，其余代词后缀和语气词用法仍然记为 ma。

这两部语料虽然没有完全根据用法区分"么"的读音，也没有采用新字形"吗"，但它们显示出"么"的弱化倾向，这是"么""吗"彻底分家的前奏。另外，这两部语料都是活字本排印，"么"都出现了繁简两种写法。

（十七）《国语留声片课本》（1922）

《国语留声片课本》采用注音符号，全书13例语气词"吗"均注音为ㄇㄚ ma。21例代词后缀"么"中，有19例注音为ㄇㄛ mo，有2例注音为ㄇㄜ mə。赵元任特别指出："ㄛ（o）音并不难念，不过北方把ㄛ音的字都读得像ㄜ（e）。"并特别列出"多/喝/可/过/渴"在北京语音中读 e 韵母，在国音中读 o 韵母（第16页）。可见，"么"读为 mo，是当时确定的国音标准，而在北方口语中，实际是读为 mə 的。

关于用法，赵元任说："现在取用'吗'当问话语尾，留'么'字读ㄇㄛ。""取用"即用法分家，"留读"即语音分化。可见，这一时期北京话中的"吗"读为 ma，用于"问话语尾"，"么"读为 mə，只用在代词中。

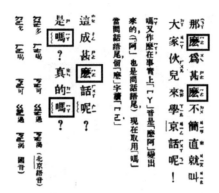

图 6.13 《国语留声片课本》“么”“吗”注音及说明

（十八）《支那四声字典》（1927）

该字典 ma 条目下列出了“吗”“么”等字，注释中说明“么”做语气词时读为 ma，在“甚么 / 怎么 / 这么 / 那么”四个代词中读为 mê。《支那四声字典》作为外国人学习汉语的工具书，特别区别了读音 mê 和 ma，可见这种分别已是当时的主流现象。

204. MA

1. 摩(mê1.2) 蟆(mê1) 嗎 麼(mê1) 庅(mê1) 媽
螞 (3. 4)

麼(俗). 語尾＝附スル問ヒノ語氣{但シ(甚麼.怎麼.這麼.那麼)ノ四熟語ノ場合ハ(mê1)音ヲ用フ}. 又或ル事ノ既定事實タルヲ表示スル場合ノ語尾ノ助辭ニモ用フ.(來了!)來タカ.(吃了飯了!).(他的病好了!).(我的事情!你管甚麼)私ノ事ダモノ御前ハ何ノ關係ガアルカ. 伺ホ(mê1)音ノ注意ヲ見ヨ.

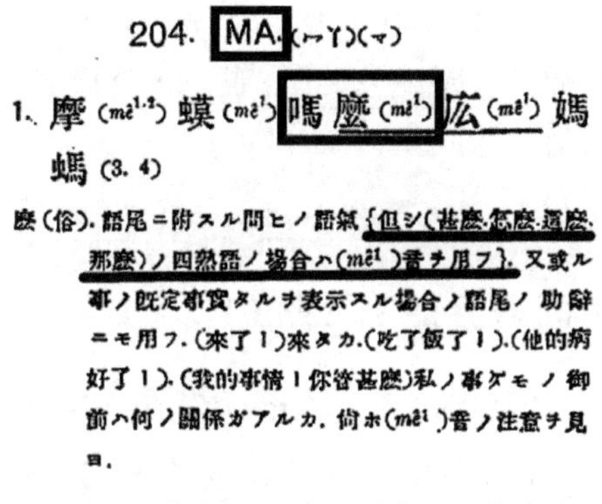

图 6.14 《支那四声字典》“么”注音

（十九）《言语声片》（1928）

全书未使用“吗”字形。中文文本生词表中“么”注音为 mo，在对应的卷一英文文本中增加了两个读音 ma 和 mə。

在卷一对课文的逐字注音中，明确按用法区分了读音，语气词读 ma，代词后缀读 mə。

图 6.15 《言语声片》"么"注音

只有 1 例实际注音为 mɔ：

（10）他出去那么 mɔ 远，我不能不挂念他。（第 25 课上）

还有 4 例按照实际变读把"么"注音为 mən：

（11）a. 那几个盒子最大的多么 mən 大？（第 11 课下）
　　　b. 任凭他怎么 mən 说我不去。（第 16 课上）
　　　c. 他听见骆驼这么 mən 说，就稍微往后面移动一点。（第 29 课）
　　　d. 光你自己来了么 mən？（第 12 课下）

（二十）《实用国语会话》（1933）

这部书中，代词后缀都注音ㄇㄜ mə，其中 134 例写作"么"，4 例写作"末"；所有疑问语气词都注音ㄇㄚ ma，其中 37 例写作"吗"，2 例写作"么"。读音和字形开始分化。

（12）a. 念甚么 mə 书哪？（第一课）
　　　b. 啊！就那末 mə 办吧。（第十八课）
　　　c. 听说你学国语呢吗 ma？（第一课）
　　　d. 不是有小租儿么 ma？（第十八课）

（二十一）《新国语留声片课本》（1935）

赵元任在该书中将代词后缀写作"末"和"么",注音都是 me,疑问语气词写作"吗",注音都是 ma（第 18 页）①。

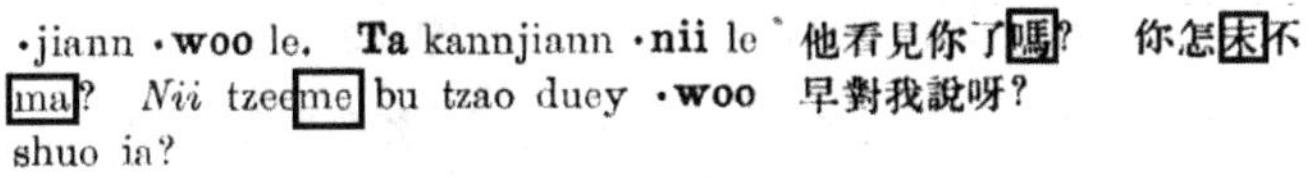

·jiann ·woo le. Ta kannjiann ·nii le ˚ 他看見你了嗎? 你怎困不 ma? Nii tzeeme bu tzao duey ·woo 早對我說呀? shuo ia?

图 6.16 《新国语留声片课本》"吗""末"注音

全书共 76 处"末",17 处"么"。二者的区别在于语体:口语用"末",书面语用"么"。如:

先生:好,今天这一课,正好讲给你们听,为什末像你们那样念书就越念越糊涂了。我现在先念一遍:凡是自己说不出"为什么这样做"的事,都是没有意思的生活。反过来说,凡是自己说得出"为什么这样做"的事,都可以说是有意思的生活。生活的"为什末",就是生活的意思。(第十二课)

（二十二）《支那语书取研究》（1941）

全书中,"么"做代词后缀时读为 mo 和 ma 的各 49 例,语气词"么"读为 ma,共 14 例,语气词"吗"ma 共 23 例。虽然语气词都读为 ma,也有新字形加入,但读音上没有和代词后缀完全分开。

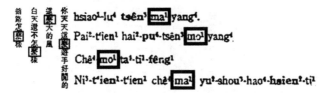

图 6.17 《支那语书取研究》代词后缀"么"注音

---

① 该书还使用了 1 例表惊讶的"麻 ma"(这这这干麻)和 12 例非疑问句末的"嚰 me"(本来就不行嚰),本书暂不讨论。

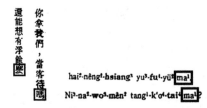

图 6.18 《支那语书取研究》语气词"么""吗"注音

(二十三)《支那语の发音と记号》(1942)

该书附录的"日本音字·汉字·罗马字对照表"中,"麻"注音为マ ma,"么"注音为ᆓ,对应的罗马字母注音就为 mə。值得注意的是,"嚜"的读音是假名モ,读音也是 mə。也就是说,低元音 a 和半高元音 o 都弱化为央元音 ə。

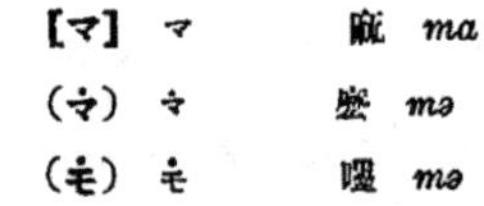

[マ] マ 麻 ma
(ᆓ) ᆓ 麼 mə
(モ) モ 嚜 mə

图 6.19 《支那语の发音と记号》"么"注音

(二十四)《华日教室会话》(1943)

该书用"么"记录 131 例代词后缀,注音为假名ᆓ mə,用"吗"记录 110 例疑问语气词,注音为マ ma。这就在用法、读音和字形上完全区别了"么"和"吗"。

图 6.20 《华日教室会话》"么""吗"注音

6.3 小结

下表6.2列出全面的语料考察情况,力求反映每隔十年"么"的读音变化,兼顾记录不同字形和读音的语料,既反映读音变化情况,又显示书面记录滞后的现象(标*者是注音滞后的语料)。

表6.2 "么"弱化过程统计

	语料	代词后缀					语气词				
		mo		ma		mə		小计	mo		ma		小计
分化弱化前	1677 通事			169	100%			169	①		75	100%	75
	1761 满汉	67	100%					67	54	100%			54
	1765 新释	148	100%					148	79	100%	②		79
	1834 撮要	144	100%					144	③		30	100%	30
	1853 咀华	90	100%					90	7	17%	35	83%	42
	1859 寻津	88	94%	6	6%			94	16	50%	16	50%	32
	1867 自迩	817	100%					817	308	91%	31	9%	339
	1871 字汇	mo1							mo1		ma1, ma3		
	1879 *伊苏	254	99.6%	1	0.4%			255	62	100%			62
	1880 *国字	288	100%					288	79	96%	3	4%	82
	1894 *军用	72	100%					72	59	89%	7	11%	66
	1912 *通释	35	100%					35	20	100%			20
	1918 *读本	105	100%					105	16	59%	11	41%	27

（续表）

语料		代词后缀					语气词		
		mo		ma		mə	小计	mo	ma	小计

	语料	代词后缀 mo		代词后缀 ma		代词后缀 mə		小计	语气词 mo		语气词 ma		小计
第一阶段：语气词只读 ma	<1877 华音	30	32%	63	68%			93			83	100%	83
	1880 亚细	134	100%					134			59	100%	59
	1885 案内	133	100%					133			36	100%	36
	1887 自明	20	100%					20			1	100%	1
	1904 *日清	154	100%					154			77	100%	77
	1892 类编	1200	100%					1200			607	100%	607
	1905 类集	131	99%	1	1%			132			97	100%	97
	1922 *家庭	29	100%					29			28	100%	28
	1935 *罗马	254	100%					254			139	100%	139
	1941 *书取	49	50%	49	50%			98			37	100%	37
	1942 *宪兵	140	100%					140			95	100%	95
第二阶段：代词后缀读 mə	1918 速修			86	90%	8	8%	95 ④			62	100%	62
	1921 集成			326	99%	3	1%	329			153	100%	153
	1922 留声			19	90%	2	10%	21			13	100%	13
	1928 声片	1	1%			76	99%	77			21	100%	21
	1933 实用					138	100%	138			39	100%	39
	1935 新留					93	100%	93			13	100%	13
	1943 教室					131	100%	131			110	100%	110
合计		4402	79%	701	13%	451	8%	5555	700	27%	1878	73%	2578

①该书"么"谚文注音为 ma,《单字解》说明该字本音读 mo。
②该书"么"谚文注音为 muɔ/ma 两读。
③该书"么"反切为"明波切",此外无注音。
④该书有 1 例"么"注音为 man:"既然你弄出这么件事来了,后悔也不及了。"

上表显示出,分化前,"么"有 mo 和 ma 两读,部分写作"吗"。"么"在分化弱化过程中,用法、字形和读音相互作用:

第一阶段,两种不同用法的"么"读音分开,语气词只读作 ma,代词后缀"么"大多还读 mo;

第二阶段,代词后缀"么"进一步弱化为 mə,语气词仍然读 ma,倾向于固定使用"吗"字形。

可见,导致"么""吗"字形替换的根本原因是语言单位的分立和语音形式的弱化。"么"的读音演变过程如下图所示:

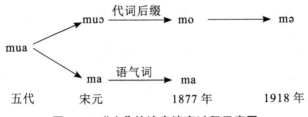

图 6.21 "么"的读音演变过程示意图

从"么"的情况来看,之前一直 mo/ma 两读,适应不同语体的需要。1877 年前后分化读音,代词后缀"么"读 mo,语气词"么"读 ma。1918 年前后,代词后缀"么"进一步弱化为 mə,语气词"么"仍读为 ma。从 mo 到 ma,"么"的元音舌位下降。前文 4.4 节已述,语音学已经证明,发 a 时,F0 普遍较低,且声带较为松弛,既符合句末降阶的趋势,也符合语音弱化的省力原则。

"吗"一直读 ma,放在句末做语气词,与"么"ma 临时同音,因而混用①。"么"从 mo 弱化为 mə,这是在代词后缀位置上的变化,句尾语气词

---

① 张美兰、刘曼(2013)认为《清文指要》以"吗"为主,是清代的新用法,比其他文献呈现得更早。《清文指要》早期版本的确是"吗"占优势,但此后各版本"吗"越来越少,"么"越来越多(见下表 6.3)。《清文指要》没有给汉字注音。查张华克(2005a、b)"生字索引",满语"说"的口语标音为 sim,"说吗"是 simna,"得到"是 baχəm,"得到吗"是 baχəmna。可见相应的疑问标记为 -mna。当时"么"为 mo/ma 两读,所以很可能《清文指要》编写者受到满语影响,倾向用"吗"字形记录 ma 音,用"么"字形记录 mo 音。

"吗"没有弱化为 mə。

"吗"记录的是"么"mo → ma → mə 弱化过程中的次强形式 ma，适用于表现较强的语气，因此"么""吗"同用的语料中，"吗"更多用于反问句。

表 6.3 "么""吗"同用比例统计 ①

	么			吗		
	是非问	反问	合计	是非问	反问	合计
1867 自迩	196　65%	105　35%	301	8　26%	23　74%	31
1907 津逮	17　53%	15　47%	32	8　28%	21　72%	29
1918 读本	9　56%	7　44%	16	3　27%	8　73%	11
1941 书取	6　46%	7　54%	13	6　26%	17　74%	23

疑问语气词读为 mo 和 ma 的情况在汉语方言中有不同程度的保留。

保留分化前面貌的如五华客家话"么"mɔ[13]："你食哩饭么？（你吃饭了吗）"（李芳，2012）

保留分化后读为 ma 的如乌鲁木齐回民话"吗"ma[21]："真真是你的吗？"（刘俐李，1989：204）

进一步推测，语气词"吗"ma 也有可能跟随代词后缀"么"mə 弱化为 mə，比如江苏宿迁话的疑问语气词"埋"mɛº 就可以看作是进一步弱化的结果，如"你吃饭埋？""他病好埋？"（力量，1998）。

广州话是非问句末语气词有多种形式共存，包括进一步弱化失去辅音声母（方小燕，2003：142）：

---

① 语气词"么""吗"同用的语料还包括 1871 年《汉英合璧相连字汇》、1880 年《参订汉语问答篇国字解》、1907 年《小额》和 1922 年《家庭支那语》。前三种材料都没有逐字记音，且《字汇》不是对话材料，《参订》"么/吗"均不用于反问句，《小额》全文以"吗"为主，共 68 例，"么"只有 2 例，不用于是非问，《家庭》则"么/吗"同音，故此处考察未列入。

（13）a. 你而家返屋企吗 ma³³?（你现在回家吗？）
　　　b. 你唔去咩 mɛ⁵⁵?（你不去吗？）
　　　c. 佢搭紧巴士嚟啊 a²¹?（他正乘公共汽车来吗？）

和"了/呢"的弱化过程相比，由于"么/吗"不同字形的限制，大多数地区语气词"吗"的弱化过程会更加漫长。

6.4　附论：《官话口语语法》所记"么"的读音问题

《官话口语语法》(A Grammar of the Chinese Colloquial Language Commonly Called the Mandarin Dialect)的作者艾约瑟（Joseph Edkins）在中国生活了57年，主要居住于北京、天津和上海，1848年开始在上海生活，该书1857年第1版以南方官话为标准。他于1861年移居天津，1863年移居北京，该书1864年第2版增加了不少关于北京和直隶（Peking and Chǐli）话语音的内容。

《官话口语语法》虽然以南方官话为标准，也有一些关于北京话的说明。编写者将"么 mo"定义为和"呢"一样的疑问小品词（interrogative particles），关于读音，特别说明如下：

In Peking shen' 'mo, or shen ,ma (with words changing their tone) and shih ,ma.（北京话中，"甚么"声调自由，可以读成 shen³mo²、shenma¹ 和 shih ma¹。）

但编写者认为，"么"原来读 ma²，后来才读为 mo²：

Of 甚麼 ,shen 'mo, what? the old sound was jim' 'ma, hence 恁 jim' is used in some old books.

也就是说，"么"读为 mo 是从宋元口语形式 ma 变来的，与 muɔ 无关。此处关于"么"的读音记录中，ma 有阴平和阳平两种声调。如前文4.2节所述，声调的变化正是语音弱化的前兆，如"了"从 liao³ 到 liao¹ 后就进一步弱化为 lo。北京话"么"从阳平变为阴平，也可能正是元音从 a 弱化到 o 的前兆。那么，"么"从 ma 变为 mo 在音理上是可能的。

《官话口语语法》是以记录南方官话为主的汉语教科书，所以特别提出北方的读法不同。

> The word 麽 'mo, is sometimes to be regarded as by itself constituting a pronoun *what* ? for it is so used in parts of the metropolitan province and of Shantung, where it is called 'ma. （"么 mo²"有时被看成是代词"甚么"的一部分，在一些大城市和山东的一些地方读作 ma²。）

南方话中"么"普遍读为 mo，而在北方读为 ma（上文提到北方话"么"也可以读为 mo）。按照该书"ma 为旧音，mo 为新音"的说法，那么在"么"的读音演变问题上，北方话存古，南方话先发生了变化。而张卫东（1998）认为，北京话替代南京话上升为标准语，在 1850 年前后就已成定局。在这样的大环境下，北方话反而存古的可能性就不大了。

据 1892 年《官话类编》所记，北京话中"么"更常用 ma 读音：

> 么：用于和其他小品词一起构成间接提问。ma 和 moǎ 两种发音都能听到，ma 更常用。（第八课）

此时距《官话口语语法》已有 35 年，ma 是旧音的说法更加可疑。

由于缺乏其他材料佐证，《官话口语语法》提出的"么"读音演变路径姑且存疑，列此备考。

第七章 "咧""罢咧"和"否咧"

早期北京话语气词"咧"情况比较复杂，在不同性质的语料中表现各异。《红楼梦》中用例不多，广为流传的程甲本前八十回只有 4 例"咧"和 1 例"罢咧"。但蔡义江增评校注的《红楼梦》中，仅第 67 回删掉凤姐定计害尤二姐一段，繁本就有 1 例"咧"和 4 例"罢咧"①。可以猜想这两个语气词在当时的实际使用情况比流传下来的书面记载更为普遍。

1867 年《语言自迩集》将"咧""罢咧"和"罢了"分成三个不同的单位。在解释句子"他也是学会得罢咧，并不是生了来就知道的啊"时，注释为：

咧 lieh⁴，句末表示肯定的小品词。（谈论章百篇之三）

在解释句子"郑恒听了这个话就说：那个拿银子捐官尽是上档，买地倒罢了"时，注释指出：

---

① 平儿在一旁劝道："奶奶生气，却是该的。但奶奶身子才好了，也不可过于气恼。……这都是珍大爷他的不是。"凤姐说："珍大爷固有不是，也总因咱们那位下作不堪的爷他眼馋，人家才引诱他<u>罢咧</u>。俗语说'牛儿不吃水，也强按头么？'"平儿说："珍大爷干这样事，珍大奶奶也该拦着不依才是。"凤姐说："可是这话<u>咧</u>！珍大奶奶也不想一想，把一个妹子要许几家子弟才好，……总也不给她妹子留一些儿体面，叫妹子日后怎么抬头竖脸的见人呢？妹子好歹也<u>罢咧</u>！那妹子本来也不是她亲的，而且听见说原是个混账烂桃。……"平儿说："珍大爷只顾眼前，叫兄弟喜欢，也不管日后的轻重干系了。"凤姐儿冷笑道："这是什么'叫兄弟喜欢'，……这是什么做哥哥的道理？倒不如撒泡尿浸死了，替太老爷死了也<u>罢咧</u>，活着作什么呢！"……平儿看此光景越说越气，劝道："奶奶也煞一煞气儿，事从缓来，等二爷回来，慢慢地再商量就是了。"凤姐听了此言，从鼻孔内哼了两声，冷笑道："好<u>罢咧</u>，等爷回来，可就迟了！"（《增评校注红楼梦》，蔡义江评注，2007 年）

罢了 pa⁴liao：不带前缀"倒 tao"，意思是"行了"，"足够了"。（第六章秀才求婚第四段）

在声调练习说明中，对"罢咧"的解释是：

罢咧 pa⁴lieh¹：感叹词，通常用于句子末尾，= 就这些罢咧。（第七章声调练习 192）

《语言自迩集》是较早以北京音为标准的汉语教科书，但"咧"的注音还带有入声韵尾，这与当时"了"读音尚未完全弱化有关，所以《语言自迩集》解释"罢了"和"罢咧"的意义和性质都不同。在"罢咧"句中将"咧"单独来解释，单用的"咧"和"罢咧"中的"咧"声调标记不同，都反映了这个时期"咧"和"罢咧"并不那么稳定。

7.1 咧

人们对语气词"咧"的性质认识不一：太田辰夫（1958）认为"咧"来源于"了"，刘勋宁（1985）认为"咧"是"了+也"合音而成，孙锡信（1999）把"咧"看作是"哩"的异写形式，翟燕（2013）则提出，"咧"可能与语气词"哩"及"了"都存在一定的关系。

何亚南、苏恩希（2007）总结《你呢贵姓》和《学清》中的"咧"有相当于"了₁""了₂"和"呢"的三种用法。本书考察发现，"咧"的这三种用法在其他早期北京话语料中也能见到。那么，当时学习汉语的外国人是怎么看待语气词"咧"的呢？

1892年《官话类编》解释"咧""在北方为了韵律和谐只用在'罢'后面，在南方有时候相当于'喇'"。

（1）a. 他不过仗着嘴会说罢<u>咧</u>。
　　　b. 快念罢，先生要背书<u>咧</u>/喇。

（第六十一课）

《官话类编》的"喇"就是"了",说"咧"相当于"喇",说明"咧"和"了"关系密切,也说明"咧"具有南京方言色彩。

日本汉语教科书则注意到"咧"和"了"有所不同。如宫岛吉敏《支那语语法》(1921)对"咧"的解释是:"与'了'同类,或多或少含有责问或侮蔑意味。"这说明"咧"还具有一定的主观情态。宫越健太郎《华语文法提要》(1941)认为例句"这可以使得的"中"的"可以换成"咧",表示确实语态。换用"咧"后,句子显然比用"的"多了主观情态意义。而这种主观情态义,在这一时期的域外汉语教科书的相关说明中没有记载。

"了"的语气词意义与时体意义不可分割,用于句末,对语境较少依赖。语气词"呢"带有夸张情态,通常认为有申明事态变化、突显焦点等作用,也常用于反问句中,因此没有对话语境或上下文语境就难以判断"呢"的具体作用。

语气词"了"和"呢"各自侧重不同,在语气上也有明显的交互主观性强弱的差异,多数情况下不能互换。如果说话人在表动作行为确定完成的同时再加上一点对听话人的关注,"了"和"呢"的差异就不大了,可以互换。

在本书所考察的语料中,京味小说、西人和日本汉语教科书中的"咧"用例都很少,朝鲜汉语教科书的用例较多。虽然学界对朝鲜汉语教科书基础方言的性质认识并不统一,但都承认它们与北京官话之间的互相影响。张美兰(2011)指出:"要把两部教材(《华音启蒙谚解》《你呢贵姓》)放在19世纪末域外汉语学习的重心是北京官话这个特定的历史时期,并在空间上把当时北京的语言文化发展大背景纳入考察的视野之内。"的确,只有结合同时代或更长时期的语料,扩大考察范围,才能看得更清楚,进而分析其意义和用法并定性。本书认为是系列语气词读音弱化造成了"咧"和"了""呢"的短暂同音,从而语义相混。

7.1.1 "咧"的语音弱化

7.1.1.1 从"了 liam 也 iə"到"了 liəm"

朝鲜时代后期汉语教科书中,目前所见最早使用语气词"咧"的是《中华正音》(1824 年,韩国顺天大学图书馆藏本,以下简称"顺天本")①。1824 年之前的语料没有语气词"咧",相应的意义由"了"表示。值得注意的是,朝鲜官撰的汉语教科书汉字谚解均为两读,通常认为,谚解的右音为正音,左音为俗音(李得春,2000)。朝鲜汉语教科书《老乞大谚解》(1670)和《朴通事谚解》(1677)所记录的"了",均为右音랴오 liao,左音람 liam,即 17 世纪"了"的口语读音是 liam。

有人认为"咧"是"了也"的合音,从朝鲜汉语教科书来看,"也"的左右音都是여 iə,要和"了"람 liam 合音成"咧"比较困难,也没有直接的语料证据。

我们在朝鲜汉语教科书中反而看到了从"了也"到"了"的合音痕迹。《朴通事谚解》和《朴通事新释谚解》都摘录了《西游记》车迟国的故事,《朴通事谚解》中有两处"了也",在《朴通事新释谚解》中被改为"了"。如:

(2) a. 孙行者说:"我如今入去洗澡。"脱了衣裳,打一个跟斗,跳入油中,才待洗澡,却早不见了。王说:"将军你搭去,行者敢死<u>了也</u>。"……众人喝彩:"佛家赢<u>了也</u>!"(《朴通事谚解》)

b. 行者说:"我如今入去洗澡。"便脱了衣裳,打一个跟斗,跳入油中,才待洗澡,却早不见了。王说:"将军,你捞去,行者敢是死<u>了</u>。"……众人喝采说:"佛家法力大,赢<u>了</u>!"(《朴通事新释谚解》)

---

① 《朴通事新释谚解》(1765)有一例"咧":"每月多少学钱一个呢?多少不等。也有三钱的、五钱的。人家有贫富不同,随各人送罢咧。""咧"的谚文注音是레 lieɪ/려 liə。此例"咧"不是单独使用的语气词,而"罢咧"由"罢了"弱化而来,详见后文。

《朴通事新释谚解》和《重刊老乞大谚解》(1795)所载"了"的口语读音为령 liəm。从 17 世纪的"了也"到 18 世纪的"了",语音上从 liam iə 到 liəm,很可能是由于语流同化进而合音。正如刘勋宁(1985)所言:"当语音形式已经并合为一个音节以后,就不太容易再坚持写两个汉字了,而在不另造新字的情况下,写法上就只能是省去虚语素而保留实语素。"相对"了"而言,"也"正是更容易省掉的虚语素。所以从朝鲜汉语教科书的实例来看,出现"咧"之前,还有一个"了也"合音成为"了"的阶段。

表 7.1　17、18 世纪朝鲜汉语教科书中"了"的谚文两读注音

教科书	左音	右音
1670《老乞大谚解》	liam	liao
1677《朴通事谚解》	liam	liao
1765《朴通事新释谚解》	liəm	liao
1795《重刊老乞大谚解》	liəm	liao

7.1.1.2 "呢""哩"出现

18 世纪的朝鲜汉语教科书还出现了"呢"和"哩"这两种不见于 17 世纪的书写形式。"呢"的谚文注音是 녜 niɛ/ 니 ni,"哩"的谚文注音是 례 liɛ/ 리 li。右音 ni/li 为正音,这也是其他汉语教科书给"呢""哩"的注音,韵母 i 是高元音。左音 niɛ/liɛ 为俗音,韵母是复元音,比 i 多出的元音 ɛ,很可能是发完高元音后回复口腔自然状态过程中带出来的。可以猜想,俗音是由正音弱化而来。

有意思的是,"呢"和"哩"分工明确,"呢"基本只用于疑问句及其相关用法,"哩"基本只用于表示持续和夸张。以下两段对话是非常典型的用例:

(3) a. —— 阿哥在那里下着呢? —— 小人在街东堂子间壁下

着哩。

　　b.——大哥,你曾打听得么?京都圣驾几时起行呢?——没有日期,还早哩,等到民间田禾都收割了,八月初头才起程哩。

(《朴通事新释谚解》)

"呢"除了用于问句,也用于假设条件、话题标记和句中停顿。赵元任(1968)"零句说"认为,汉语的主语和谓语具有一问一答的性质。"呢"用在疑问句后,进而用在假设条件后、用作话题标记和用于句中停顿,可以将这些用法看作是和问句相关:

(4)a. 你总要卖呢,咱们好商量。(《重刊老乞大谚解》)

　　b.——咱们商量定了,如今先着谁去讨酒呢?——光禄寺里呢,可着姓李的馆夫讨去;内府里呢,就着姓崔的外郎去讨。(《朴通事新释谚解》)

　　c.——你往京里去,有甚么勾当?——我将这几个马卖去。——这么的呢狠好,我也要去卖这几个马。(《重刊老乞大谚解》)

表7.2　18世纪朝鲜汉语教科书"呢""哩"用法统计

	呢 네 niɛ/ 니 ni			哩 레 liɛ/ 리 li		
	问句相关	持续、夸张	总数	问句相关	持续、夸张	总数
1765《朴通事新释谚解》	121	1	122	2	72	74
1795《重刊老乞大谚解》	12	1	13		3	3

"呢"和"哩"无论正音俗音都十分接近,所以有个别例外,可视作是音近而误记。如"呢"有2例用于表示夸张情态:

（5）a. 你说饶我四子，于今我却赢了呢！（《朴通事新释谚解》）
　　　b. 潮银子是不要，给我些好银子才要呢。（《重刊老乞大谚解》）

"哩"有2例见于问句：

（6）a. 我不曾留心看。不知写着甚么哩？（《朴通事新释谚解》）
　　　b. 你若学的成材长大起来，应科举得做官，辅国忠君，光显门闾，何等荣耀哩！（《朴通事新释谚解》）

18世纪朝鲜文献记载反映出，"了""呢""哩"的口语读音十分接近，因此在用法上就有相混的可能。"哩"在19世纪以后不再用作语气词，只出现在"胡哩胡涂"等词语中，持续、夸张的意义就由"呢"来承担。

7.1.1.3　从"了"到"唎"

前文已述"唎"字形最早见于1765年《朴通事新释谚解》，但尚未单独用作语气词。"唎"用作语气词是从1824年《中华正音》（顺天本）开始的，因未能见到顺天本全文谚解，不知此时"了"的读音怎样，汪维辉等（2011）校注本注释"唎於"音为녀러，可见此时"唎"的读音为녀 niə。

1877年《华音撮要》开始，谚解不再两读注音，"了"只读 liao，也没有语气词用法，在"了不得"等用法中保留实义[①]；同时"唎"的谚解注音为녀 niə，且有"了₁"的用法：

（7）a. 到唎本铺里，费多少工夫作这个闽姜来吗！
　　　b. 别说是三十多吊钱，那怕丢唎他一百吊钱，也不大怎吗个儿哪。

[①] 这一现象很可能在1824年《中华正音》（顺天本）中已有，限于条件，未能见到顺天本全文谚解，列此备考。

19世纪末《你呢贵姓》中,"了"有2例,用于"罢了""算了",不是语气词。"唎"用作"了₁"的用例少,读音不稳定,出现了弱化的趋向:

(8) a. 地却是多不过二十多成地,赶到秋天收成粮食,就现卖一半打唎 레 lɛ 人家的吸,剩下一半刚勾一年吃。
b. 过唎 러 lə 一两天,别人都停当。

"唎"有"了₁"的用法,就说明"唎"不是纯粹的语气词,而是"了"的替代品。

1909年《中华正音》(华峰文库本)中,"了"旦 liao 多用作实义动词,如"罢了"等。相当于"了₁"的4例"唎"均读为 레 lei;相当于"了₂"的句末"唎",大多读为 레 lei,部分读为 러 lə:

(9) a. 只怕工不上裁料,比尺寸多弄一点,裁唎 레 lei 衣服若有余剩的是拿回来。
b. 若是辨不出这一件事来,别的一万八千的卖买是更不用管着唎 러 lə。

朝鲜汉语教科书反映出,18世纪"了"的俗音从 liam 变为 liəm,19世纪进一步弱化,丢掉韵尾即成 liə,因而可以用相近读音的"唎"记录,这样才能解释为何"唎"在"了₁""了₂"位置上均有用例。"了"保留了实义和正音 liao,因此"唎"更多用在句末。实际上,"了"和"唎"的中古音同属于来母山效摄,音韵地位相近,只不过分属上声和入声两个调类,读音向同一个方向演变是很自然的。

7.1.2 "唎"的用法

本书将"唎"分为四种情况来讨论,相当于"了₁"的非语气词用法、相当于"了₂"的"唎₁"、相当于"呢"的"唎₂"和意义上"了₂"和"呢"两可的。

7.1.2.1 非语气词用法

朝鲜汉语教科书中"咧"放在句中动词后,表示动作完成,即"了₁"的用法,这在其他性质的材料中还没有看到。如:

(10) a. 过<u>咧</u> lə 一两天,别人都停当。(《你呢贵姓》)

b. 我那二兄弟是去年才中<u>咧</u> liə 进士,三兄弟是咳在书房念书呢。(《华音启蒙谚解》)

c. 到那里问一问,说是打骨牌输<u>咧</u>三十五吊钱,才出去咧。(《中华正音》阿川本)

d. 只怕工不上裁料,比尺寸多弄一点,裁<u>咧</u> liə 衣服若有余剩的是拿回来。(《中华正音》华峰本)

e. 若是办不出这一件事来,别的一万八千的卖买是更不用管着<u>咧</u> lə。(《中华正音》华峰本)

早期北京话中的"了"的读音经历了 liao —— lo —— la —— lə 的弱化过程(参见第四章),1857 年至 1909 年正是语音弱化的第三时期,即"了"开始弱化为 lə。朝鲜汉语教科书中的"咧"经历了 niə —— liə —— lə 的弱化过程后与"了"同音,因此"咧"可以作为"了"的同音形式而用在句中动词后。统计"咧"(不计"罢咧/否咧/不咧")及谚文注音如下:

表 7.3 朝鲜汉语教科书"咧"注音及用例统计

	谚文注音	相当于"了₁"		句末		总数
		例数	比例	例数	比例	
1824 顺天	녀 niə	12	6%	176	94%	188
<1877 华音	녀 niə	27	11%	217	89%	244
1877~1894 贵姓	러 lə/ 레 lɛ	2	8%	24	92%	26
1883 启蒙	려 liə	25	14%	158	86%	183

	谚文注音	相当于"了₁"		句末		总数
		例数	比例	例数	比例	
1883 阿川	无注音	20	11%	161	89%	181
1909 华峰	러 liə/ 러 lə	4	8%	46	92%	50

(续表)

"唎"相当于"了₁"的非语气词用法说明,"唎"在这一时期曾经是"了"的同音字。

7.1.2.2 唎₁

"唎₁"可以放在句末表示完成和肯定,不能换成"呢":

(11) a. 王大哥的话,这一件牛皮是勾当是不差甚吗,算结<u>唎</u>。(《你呢贵姓》)

b. 别过奖<u>唎</u>!(《语言自迩集》)

c. 把东西都打开<u>唎</u>,老爷你来瞧瞧,点点数儿罢。(《华音启蒙谚解》)

d. 王大哥,天气不大早<u>唎</u>,我到别处瞧朋友问候去。(《中华正音》华峰本)

也可以用在假设句末,前面常常有"万一""若"等与之呼应:

(12) a. 卖到现银子,就也倒没有难;<u>若</u>说是恒事一违卖不出去<u>唎</u>,我咳该怎吗的呢?(《你呢贵姓》)

b. 我这个生意本来毛短的卖买,<u>万一</u>赊给你空手回去<u>唎</u>,人家的吸荒打不开,我这个稀松的生意,如何搁得住呢?(《你呢贵姓》)

c. 那吗再等一候儿,天道<u>若</u>好<u>唎</u>,在这里起身;<u>若</u>不好<u>唎</u>,打派车户家往合通店里喂牲口去。(《华音撮要》)

d. 倘或是像今年年头不值咧，许多的外账要不来呢，这是该怎吗的呢？(《中华正音》华峰本)

有的句子中没有"万一"等词，假设意义不明显，可以看作是条件句：

（13）a. 你这么着，等他来白要钱咧，别说是几十吊钱，连分毫钱也弄不来啊。(《中华正音》阿川本)

b. 赶到秋天，沈阳城里杂货恒市一违咧，连一张皮子卖不动，何时对付银子来呢？(《中华正音》华峰本)

表 7.4 朝鲜汉语教科书"咧"假设条件句用例统计

	句末例数	假设条件句例数	比例
1824 顺天	176	39	22%
<1877 华音	217	23	11%
1877～1894 贵姓	24	6	25%
1883 启蒙	158		
1883 阿川	161	19	12%
1909 华峰	46	9	20%

"咧$_1$"还可以用于列举格式中，只见于旗人小说，域外汉语教科书没有这一用法。

（14）a. 凤姐道："这里头怎么又扯拉上什么张家李家咧呢？"(《红楼梦》第 67 回)

b. 什么扎花儿咧，拉锁子咧，我虽弄不好，却也学着会做几针儿。(《红楼梦》第 92 回)

c. 甚么续香烟咧，又是清明添把土咧，我心里早没了这些事情了。(《儿女英雄传》)

d. 专门包治外科的，遇见有钱的主儿，长甚么砍头疮咧，搭背咧，这些个症候，真能够吃个三个月五个月的。(《小额》)

"咧₁"的这三种用法和"了"的变化义（假设条件句也是变化义）、列举义（参见本书第四章）对应，相当于"了₂"。

7.1.2.3　咧₂

"咧₂"相当于"呢"，句中有情态成分与之呼应，如"还""倒"等，表示夸张申明某一事实，不能换为"了"：

（15）a. 弟兄们是四个，都在一块儿日子，还没有分家咧。(《你呢贵姓》)

　　b. 你这个生意里头，有人砸你的锅咧！(《中华正音》阿川本)

　　c. 啊哥一到鄙处那吗夸奖我们咧，我们又是那里当得岂呢？(《中华正音》华峰本)

还有一些句末的"你咧"用例，看起来像是第二人称尊称"您"的记音形式，作用和"你呢""你纳"相当：

（16）我的有罪，失迎候你咧。(《华音撮要》)

全面考察朝鲜时代汉语教科书，有"你咧"用例的语料也使用"你呢"，但"你咧"只出现在句末，"你呢"主要出现在句首和句中，所以二者性质不同，"你咧"的"咧"还是应当看作句末语气词。

表 7.5　朝鲜汉语教科书"你呢""你咧"用例统计

	你呢		你咧	
	总例数	句末例数	总例数	句末例数
1824 顺天	48		3	3
<1877 华音	45		4	4
1877～1894 贵姓	17	1		
1883 阿川	31		3	3
1883 启蒙	12	1	2	2
1909 华峰	9		1	1

7.1.2.4　咧 = 了 / 呢

有的语例中,"咧"既相当于"了"又相当于"呢",既有肯定完成义,又有夸张申明义:

(17) a. 就底些再没有剩余下的咧。(《你呢贵姓》)
　　 b. 前儿,我们几个人,甚么是逛来着,竟是受了罪咧!
　　　　(《语言自迩集》)
　　 c. 这位姑娘也忒累赘咧。(《儿女英雄传》)
　　 d. 嗳哟,这却是了不得咧。(《华音启蒙谚解》)
　　 e. 如候搁下东西等着时候,却是不用说咧。(《中华正音》华峰本)

"咧"的两可用法说明"咧"是"呢"或"了"的另一种形式。

7.1.3　"咧"的演变

翟燕(2013)提出,在清代语料中出现的"咧"可能与语气词"哩"及"了(啦)"都存在一定的关系,不排除有两个来源的可能。从以下统计数据可以更清楚地看到"咧"在"了""呢"两种意义上的演变过程：

表 7.6 "咧₁""咧₂"用例统计

	咧₁=了	咧₂=呢	两可	总例数
1791《红楼梦》前 80 回	2		1	3
1824 顺天	65	58	53	176
1850 儿女	34	34	18	86
1867 自迩	1		2	3
<1877 华音	105	70	43	218
1877～1894 贵姓	2	8	7	17
1883 启蒙	61	88	9	158
1883 阿川	82	50	28	160
1892 类编	1	5		6
1909 华峰	16	16	14	46

考察各语料，可以看到 19 世纪 80 年代是一个重要的时间节点。《华音启蒙谚解》和《中华正音》（阿川本）都是朝鲜汉语教科书，发行时间相同，"咧"的用例数相近，但一部语料的"咧"偏向于"了"，一部偏向于"呢"，说明这一时期"咧"的两种用法不分上下。

这种多来源和共存的状态从《语言自迩集》对《清文指要》的改编也可以看出。"咧"在《语言自迩集》中仅 3 例。对照《清文指要》，1 例"咧"是从"呢"改过来的：

（18）a. 那格的例呢？像你这样的八旗的都许考，有独不准你考的理吗？况且义学生都还使得，秀才何用说呢？（1809《清文指要》三槐堂重刻本）

b. 那个的例？像你这样的八旗都考得，有独不准你考的理吗？况且义学生都还使得，秀才何用说呢？（1818《清文指要》西安将军署重刻本）

c. 这是那里的例？像你这样的八旗的都考得，独不准你考的理有么？况且义学生还使得，秀才何用说呢？（1830《三合语录》五云堂刻本）

d. 像你这样儿的，八旗都许考，独不准你考的理有么？况且义学生还准考呢，秀才倒不准咧？（1867《语言自迩集》谈论章百篇之七）

（张美兰、刘曼，2013：14）

1例"咧"是从"了"改过来的：

(19) a. 前日我们几个人什么是游玩，竟受了罪了。（1809《清文指要》三槐堂重刻本）

b. 前日我们几个人什么是游玩，竟受了罪了。（1818《清文指要》西安将军署重刻本）

c. 前日我们几个人什么是游玩，竟受了罪了。（1830《三合语录》五云堂刻本）

d. 前儿我们几个人甚么是逛来着，竟是受了罪咧！（1867《语言自迩集》谈论章百篇之九十二）

（张美兰、刘曼，2013：154）

还有1例"咧"是《语言自迩集》新增的：

(20) a. 我算什么奇特？比我好的要多少？如何指望着必得呢？托着祖父，侥幸捞着了也定不得。（1809《清文指要》三槐堂重刻本）

b. 我有什么奇特？比我好的要多少？如何指望必得呢？

托着祖父的福田，侥幸捞着了也定不得。（1818《清文指要》西安将军署重刻本）

c. 我算什么奇？比我好的要多少？如何指望必得呢？托着祖父的恩泽，万一侥幸捞着也定不得。（1830《三合语录》五云堂刻本）

d. 别过奖咧！我有甚么奇处儿？比我好的多着的呢！一定指望着，使得么？不过是托着祖宗的福荫，侥幸捞着也定不得。（1867《语言自迩集》谈论章百篇之十二）

（张美兰、刘曼，2013：82）

再看1880年《总译亚细亚言语集》对1867年《语言自迩集》的改动。《语言自迩集》谈论篇共14例"咧"，《总译亚细亚言语集》照录了13例，将另外1例的"咧"改为"了"：

（21）a. 想来你是自己不觉罢咧。（1867《语言自迩集》）

b. 想来你是自己不觉罢了。（1880《总译亚细亚言语集》）

将这种改动总结如下：

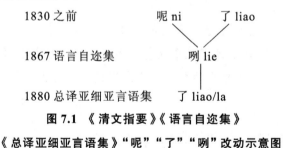

图 7.1 《清文指要》《语言自迩集》《总译亚细亚言语集》"呢""了""咧"改动示意图

《语言自迩集》时期，"了"还读 liao。到《总译亚细亚言语集》时期，"了"处于向 la/lə 的读音弱化的阶段（参见第四章）。把"咧"改为"了"，既说明"了"的读音在弱化，也说明相当于"了"的这部分"咧$_1$"使用范围在缩小。

读音的改变,打破了"咧"完成义和夸张义共存的局面,完成义由"了"表示,于是"咧"向夸张情态方面发展。在1892年《官话类编》中,"咧₂"的用例更多一些:

（22）a. 那把茶壶,把/给他三百钱,还不晓得买得倒/来买不倒/来咧。

b. 李又向赵钟英说:"哦,县考第三,府考第五,就是阁下吗,这才是闻名没见面咧,正在妙年,又考在前五名,今科必进无疑了。"

之后的语料中,"咧₂"的用例不少于"咧₁",改变了之前"咧₁"占优势的格局。

可见,"咧"在19世纪60年代是作为"了"和"呢"弱化过程中的同音字而使用,因此也具有"了"的完成义、列举用法和"呢"的夸张义。19世纪80年代"了"弱化为la,"咧"不再和"了"同音,因此"咧₁"的用例减少,此时"呢"也开始弱化为na,但弱化速度比"了"慢,所以"咧₂"的用例增多,但增幅不大。等到"呢"完全弱化为nə,"咧"就只存留在方言中了。

7.1.4 "咧"的方言因素及留存

"咧"向夸张情态义发展的过程中,方言的影响不容忽视。太田辰夫（1950）指出,"咧"多限于方言或俗语。《红楼梦》"咧"都出自刘姥姥和王熙凤之口,《儿女英雄传》主要是张氏夫妇等粗鄙乡俗之人使用。《官话类编》中,肯定完成义的"咧"作为南方官话词与北方官话词"喇"并列,而作为夸张情态的"咧"没有对应北方官话词,说明这一意义的"咧"仍是北方官话通用词。如:

（23）a. 先生要背书咧/喇。

b. 这场官司,他也不过花了十几吊钱,答:好钱哪,花了四十多吊咧。

后来北京话中的"了₂"在语音上进一步弱化为 lə,句末"咧"形式保留在北方其他方言中,如昌黎方言"了₁"读 liou 或 lou,"了₂"读 lie(河北省昌黎县县志编纂委员会、中国社会科学院语言研究所,1984),晋语北区保德方言中的"咧"liɛʔ[21]既是时体助词又可以用于各种句类末尾(鲁美婷,2013)。

潼关方言中,"了₁"读为 liɔ,"了₂"读作 lia 和 liɛ。"咧"是"了₂"的形式之一,能放在假设句后,如"你想转咧就转,不想转咧就休息",也有列举作用,如"秋收时节,你到农村去,苞谷咧、红芋咧、辣子咧,尕大马细,多的是"(孙立新,2014)。

也有的方言中"了₁"和"了₂"都读为"咧",如甘肃山丹读为 liɔ(何茂活,2007),甘肃敦煌(刘伶,1988)和山东潍城(钱曾怡、罗福腾,1992)都读为 liə。

还有的方言保留了相当于"呢"的"咧"。如江苏宿迁话中的"喱"nieº 用于问句末尾(力量,1998):

(24)他上哪哈去了<u>喱</u>?这事我怎么办<u>喱</u>?

邢向东(2002)说,陕西神木话中"'嘞'和'呢'用法基本对应"。刘育林(1988)指出,"陕北方言没有'呢',北京话用'呢'的地方,陕北方言多数地区用'叻'liə",如:

(25)a. 东西多着<u>叻</u>。(东西多着呢。)
　　　b. 你想吃什么<u>叻</u>?(你想吃什么呢?)

朝鲜汉语教科书中"了"的弱化程度一直不高,用例有限,都读 liao,"呢"的语音弱化过程也比其他材料晚,语义虚化的完成义多由"咧"表示。这种情况不见于其他域外汉语教科书和京味小说,可见"咧"带有明显的方言色彩。

7.2 罢咧

19 世纪后期"了"已经弱化为 la,并向 lə 靠近。在这个过程中,"罢咧"逐渐兴起,与"罢了"并存。太田辰夫就认为"罢咧"是直接由"罢了"发展而来的。

7.2.1 罢了

近几年研究"罢了"词汇化的文献较多,如刘宁(2010),刘志远、刘顺(2012),刘晓晴、邵敬敏(2012),详细分析了"罢了"经历语法化/词汇化的过程,探讨了从两个实义动词的组合演变成为句末语气词的成因和机制,但这些考察都是到明清时期为止。早期北京话语料中,"罢了"作为语气词的用例并不多。统计数据如下:

表 7.7 "罢了"用例统计

	用例总数	非语气词用法		语气词用法	
		单用	结束义	限制义	让步义
1824 顺天	9	4	3	1	1
1850 儿女	72	9	33	2	28
1867 自迩	17		9	2	6
<1877 华音	2	2			

《儿女英雄传》共 72 例"罢了",其中有 33 例放在句中动词后,表示动作完成实现,还有 9 例单用,表示放弃、取消:

(26) a. 却说邓九公见大家吃<u>罢了</u>饭,诸事了当,他却耐不得了,向安老爷道:"老弟,你快把明日到那里怎的个说法告诉我罢。"

　　　　　b. 老爷一见，先就笑容可掬的道："罢了，不必了。……"

放在句末的"罢了"有不少还保留了结束义，充当谓语动词：

　　（27）a. 我们恳求阿哥托些个东西，阿哥你呢应为我们大费事也倒罢了。(《中华正音》顺天本)
　　　　　b. 不拘谁托他一件事，他不应，就罢了；他若是点了头，必定替你尽力的办，不成不肯歇手。(《语言自迩集》)

句末语气词"罢了"可以分为两类，一类是限制义，把事物的量往小里说，表示"仅此而已"：

　　（28）a. 我们没有弄别的好茶饭，就是空饭罢了，敬你一顿，就算是阿哥给我们的脸。(《中华正音》顺天本)
　　　　　b. 那师爷说："要照现勘的丈尺，多也不过百十金罢了。"(《儿女英雄传》)
　　　　　c. 昨儿因为是我，肯忍你那行子的性子罢了；若除了我，不拘是谁，也肯让你么！(《语言自迩集》)

另一类是让步义，直接来源于放弃、取消的实义，表示"就算了，就是了"：

　　（29）a. 该怎吗着，各人想不出方法来，寡丢人罢了。(《中华正音》顺天本)
　　　　　b. 没修积个儿子来罢了，难道连个女儿的命也没有？(《儿女英雄传》)
　　　　　c. 只管由他说罢了！(《语言自迩集》)

《语言自迩集》以后就没有"罢了"的语气词用例，连结束义的用例也没有。1877年《华音撮要》的2例"罢了"，都是和"啊"连用。该书中谚文注音"了"读 liao，"咧"读 niə，"罢了啊"很可能反映的是"罢咧"

的同音形式：

（30）a. 好兄弟的话，我有一件勾当要托你，你呢因为我费一点儿事罢了啊。

b. 一种靴鞹是买银卖钱的东西，你们牛皮是按行市老价钱罢了啊。

1883 年《华音启蒙谚解》有 2 例 "罢了"，均为单用的非语气词用法。1883 年《中华正音》（阿川本）没有 "罢了" 的新用例，只是抄录了《华音撮要》的用例。1909 年《中华正音》（华峰文库本）3 例 "罢了"，1 例单用，另外 2 例直接抄录于 1824 年《中华正音》（顺天本）。

7.2.2 "罢咧" 结束义

表 7.8 语气词 "罢咧" 用例统计

	结束义		让步义		限制义		申明义		合计
1824 顺天	2	40%	2	40%	1	20%			5
1850 儿女	4	40%	1	10%	4	40%	1	10%	10
1867 自迩			7	30%	13	57%	3	13%	23
1883 启蒙					1	100%			1
1883 阿川					1	100%			1
1892 类编	3	50%			3	50%			6
1894 军用					1	100%			1
1918 速修					1	100%			1

所考察的语料中，单用的 "罢咧" 只在《儿女英雄传》中有 3 例：

（31）a. 姑娘道："我不懂，你们有一搭儿没一搭儿的把我小时候的营生回老爷作吗？"褚大娘子道："罢咧！罢咧！连你那拉青屎的根子都叫人抖翻出来了，别的还有甚么怕说的！"

b. 张姑娘道："我们爬高下低的闹了一天，亏你也不来帮个忙儿。本来姐姐的事情，罢咧，可怎么敢劳动你呢！"

从说话人身份来看，"罢咧"和"咧"一样具有方言俚俗色彩。《官话类编》就把"罢咧"作为北方方言词列出：

（32）答：可不是吗/罢咧。从来说，前人开路后人行，若我待我的父母不好，将来我的儿子还能待我好吗？

因此可将单用的"罢咧"看作是"罢了"的方言形式。

"罢咧"作为语气词，有的还带有"罢"留存的结束义，相当于"就完了"：

（33）a. 万幸老天的托，太平无事的到去，就算呵弥咜佛罢咧。（《中华正音》顺天本）

b. 管他呢，中了，好极了；就算是不中，再白辛苦这一荡也不要紧，也是尝过的滋味儿罢咧！（《儿女英雄传》）

c. 汉子家没有本事，该当差罢咧，穿的有甚么关系呢？（《语言自迩集》）

d. 全会：就是到你家里吃了喝了也不能算你还了账，我就跟你去罢咧。（《官话类编》）

7.2.3 "罢咧"让步义

把"罢咧"放在句末，加强主观色彩，表示无奈的让步义，即"就算了"：

（34）a. 阿哥既是讲到这个来，咱们哥儿在这里分手，送得门口罢咧，明个再不用送我来罢。（《中华正音》顺天本）

b. 再说,既要喝酒,必要说说话儿,这里也不是说话的地方儿,一家人罢咧,自然该把二叔请到咱里头坐去。(《儿女英雄传》)

c. 如今已经买定了,只得将就着养活罢咧。(《语言自迩集》)

《语言自迩集》以后就没有让步义"罢咧"的新用例。1909年《中华正音》(华峰文库本)共2例让步义"罢咧",抄录自1824年《中华正音》(顺天本)。1921年《支那语集成》共4例让步义"罢咧",都是从1867年《语言自迩集》中摘录下来的。

7.2.4 "罢咧"限制义

"罢咧"从结束义发展出另一类无奈的主观色彩,即"仅此而已",限制所谈内容的范围,句中常有"不过"与之呼应。限制义"罢咧"的使用时间长于让步义:

(35) a. 不是我作老的口剀,你也是吃人的稀的,拿人的干的,不过一个坐着的奴才罢咧,你可切莫拿出你那外府州县衙门里的吹六房诈三班的款儿来。(《儿女英雄传》)

b. 零卖的杂货上头儿却是不过是勾一年的照顾罢咧。(《中华正音》阿川本)

c. 他也是个人罢咧,还能不按着道理行吗?(《官话类编》)

d. ——上回他断了弦了,过了五六天,又娶了媳妇了。——比从前的怎么样?——不过是以羊易牛罢咧。(《速修汉语大成》)

e. 您这次赢,也不过是运气罢咧。(《家庭支那语》)

7.2.5 "罢咧"申明义

"罢咧"由限制义发展出带有对该句所述之事的申明意味,句中往往有情态副词,只出现在《儿女英雄传》和《语言自迩集》中:

(36) a. 看这样子,将来准是个八抬八座<u>罢咧</u>!(《儿女英雄传》)
　　　b. 看起朋友们,都议论你来,想必你是有点儿<u>罢咧</u>。(《语言自迩集》)

"罢咧"从结束义加强主观色彩发展出让步、限制、申明各义,让步义和申明义都不见于 1867 年以后的语料,限制义则一直使用下去。

对比"罢了"和"罢咧"的语义,归纳出大致的演变路径,可以看到"罢咧"是由"罢了"而来的。

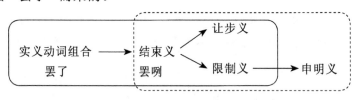

图 7.2 "罢咧"语义演变路径

7.3 否咧

"否咧"是朝鲜汉语教科书中特有的句末语气词,各种朝鲜汉语教科书中的"罢咧"都不超过 5 例,"否咧"的用例数远多于"罢咧"。在考察的语料中,1909 年《中华正音》(华峰文库本)从 1824 年《中华正音》(顺天本)抄录了 2 例"罢咧"和 3 例"否咧",还将《中华正音》(顺天本)中的 2 例"否咧"改写为"不咧":

(37) a. 普天下不拘甚吗地方<u>否咧</u>,再没有卖不出去的。(顺天本)
　　　b. 普天下不拘甚吗地方<u>不咧</u>,再没有卖不出去的。(华峰文库本)

（38）a. 咱们里头<u>否咧</u>，不拘甚吗都是得，咱们酒却是从边哈。（顺天本）

　　　b. 咱们里头<u>不咧</u>，不拘甚吗都是得，咱们酒却是从边哈。（华峰文库本）

任玉函（2013）根据谚文对音材料考察了同时期的轻唇非敷母字，确认"否"的谚文旱/旲记录的是 bu，即"否咧""不咧"同音。

任玉函（2013）认为"否咧"有表假设、原因和条件三种用法，还有一些无法归类。事实上，"否咧"不仅放在一些复句中起到逻辑连接作用，还常常放在单句句末，表示主观态度。将"否咧"和"罢咧"放到一起来考察，既可以看出二者的先后演变关系，也可以更细致地分析其语义。

7.3.1　"否咧"让步义、限制义

和"罢咧"一样，"否咧"也有让步义和限制义用法，但用例较少，语义也不大明确。

让步义"否咧"表示"就算了"，只在1877年《华音撮要》中有3例，1883年《中华正音》（阿川本）抄录了其中1例：

（39）a. ——我的回来咧。——他们怎吗说呢？——说是跑你们的<u>否咧</u>，年年塘塘作死例，却是省彼此啰嗨。(《华音撮要》)

　　　b. 是得，这个是怪不着你啊，全是兄弟恼的。算是兄弟指你一下子<u>否咧</u>。(《中华正音》阿川本)

限制义"否咧"表示"仅此而已"，用例稍多，经常跟在名词性成分后，便容易成为话题标记：

（40）a. 一匹骡子<u>否咧</u>，舍不得借你吗？(《华音撮要》)

　　　b. 好说，一个珠子<u>否咧</u>，谁说没有准价钱？(《华音启蒙谚解》)

7.3.2 "否咧"假设义

朝鲜汉语教科书"否咧"的一大特点就是放在假设分句末尾。1824年《中华正音》(顺天本)21例"否咧"就有7例带有"若",还有一些"否咧"与"万一""要"呼应:

(41) a. 若有错处否咧,你们爷爷们该当劝我改过是得,挂心仇着是得吗?(《中华正音》顺天本)

b. 万一有送文书的否咧,我给你送信的时候儿,人家那里不会送信儿吗?(《华音撮要》)

c. 不用啊,你要勾我理戏否咧,说个别的好说,这一句儿不该听见的话却是实在不顾人家的名头呢。(《华音撮要》)

也有泛指的无条件假设:

(42) 普天下不拘甚吗地方否咧,再没有卖不出去的。(《中华正音》顺天本)

有的句子假设义不明确,"否咧"就相当于话题标记:

(43) a. 你有外货否咧,咱们两头作价,对对否子,也是得。(《你呢贵姓》)

b. 你呢哺哩都瞧瞧,那个头看中的东西否咧,只管往我说罢,我给你留下,再不敢应许别人哪。(《你呢贵姓》)

7.3.3 "否咧"话题义

"否咧"有话题义用法,"罢咧"没有:

(44) a. 各人说的否咧,也有改口的吗?(《中华正音》顺天本)

b. 咱们里头否咧,你呢说得那里是得那里。(《华音撮要》)

c. 咱们里头否咧，咳要拘礼么？（《华音启蒙谚解》）

"咱们里头否咧"的意思是"咱们之间的交情是不用多说的"。
"否咧"的话题义虚化后便成为句中停顿标记，意义接近"呢"：

（45）a. 你呢打着别人否咧，没有这个算板咧？（《中华正音》阿川本）

b. 你若那吗说，一个小桶子否咧，刚勾二十斤的，也给人家退十斤的有吗？那个是水涨船高。小甬子否咧，赶子拿小家伙装上的，自然是东西小的时候儿，皮子不少吗？那里小桶子给你们退十斤的有吗？（《华音撮要》）

7.3.4 "否咧"申明义

话题标记"否咧"前面的成分有时充当全句的对比焦点，因而带有申明义：

（46）a. 一个朋友否咧，怎吗不好意思的错待他吗？（《华音撮要》）

b. 这是通御路大道否咧，迎官接差是他的道理，他劣恶不守本分，好混账啊！（《华音启蒙谚解》）

事实上，话题义、申明义、限制义、假设义并不是那么界限明显，如以下例句：

（47）a. 百数儿来的钱否咧，还算小的吗？（《华音撮要》）

b. 一个伙计里头否咧，也有不给应帐的吗？（《华音撮要》）

c. 一塘否咧，也有少来的吗？（《华音撮要》）

朝鲜汉语教科书"否咧"使用情况统计如下（几种意义均适用的归入话题义）：

表 7.9　朝鲜汉语教科书"否咧"用例统计

	让步义		限制义		假设义		申明义		话题义		合计
1824 顺天	1	5%	5	24%	7	33%	1	5%	7	33%	21
<1877 华音	3	5%	7	13%	19	35%	2	4%	24	43%	55
1877～1894 贵姓					2	67%			1	33%	3
1883 阿川	1	3%	5	13%	11	29%			21	55%	38
1883 启蒙			2	18%			6	55%	3	27%	11

从使用时间先后和语义之间的关系，可以归纳出"否咧"的语义演变路径，如下图所示：

图 7.3　"否咧"语义演变路径

7.4　罢了—罢咧—否咧—呢

前文 7.2 节已讨论"罢咧"是由"罢了"发展而来，并带有一定的方言色彩。朝鲜汉语教科书中的"否咧"则是从"罢咧"语音弱化而来，理由有如下几条：

（1）"否咧"没有结束义用例，"否咧"已经看不出与"否"相关的否定义；

（2）让步义、限制义和申明义用法在"罢咧"和"否咧"中都有；

（3）假设义和话题义等用法只有"否咧"才具备。

1893 年以后的朝鲜汉语教科书均抄录前代用例，未再见到新的"否咧"用例，其义项发展有以下三个途径：

（1）"否咧"的让步义用法本来就不多，应为"罢咧"语义的遗留，"罢咧"让步义用法消失后也随之消失；

（2）"否咧"的限制义由"罢咧"保留至今；

（3）"否咧"的假设义、申明义、话题义等用法也正是"呢"的功能。"否"早已没有实际语义，在语音形式上就逐渐弱化直至消失。1892年以前的朝鲜汉语教科书中"呢"都读 ni，与"咧 niə"有明显的语音对立，就算功能相同，也不会用相同的字形来记录。1911年《汉语独学》"呢"读为 nəi，这是一种弱化的倾向，有可能在语音上与"咧 niə"相混。1922年《国语留声片课本》"呢"开始有了 nə 读音（参见本书第五章）。"呢"从高元音 i 降到央元音 ə，中间有过渡读为复元音 iə 的阶段，就有了和"咧"语音相同的条件。再加上相同的表义功能，"否咧"最终被"呢"取代，不见于后世域外汉语教科书中。

"否咧"是特定时代特定地域的特色词，"咧"和"呢"的语音接近，"否咧"和"呢"语义接近，极有可能反映的是朝鲜人学习汉语的中介语现象。

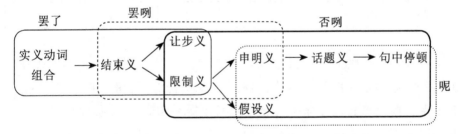

图7.4 "罢了""罢咧""否咧""呢"语义演变路径

7.5 附论：从"了、呢、吗"的弱化看《你呢贵姓》的成书时间

汪维辉（2005）指出，《你呢贵姓》成书时间在1864年至1906年之间，现存抄本有"大正八年己未十一月日修缮"字样，可能是1919年的改装本。汪文同时指出，从用字特点看，《你呢贵姓》和1883年《华音启蒙谚

解》比较接近。1864年至1906年有四十三年之久,成书时段能否缩短呢？这一点对于"呢"的读音弱化问题非常重要。

《你呢贵姓》中"哪"共8例,其中5例是"啊"音变用法,即"哪$_1$",作为"呢"的弱化读音形式"哪"只有3例：

（48）a. 你那个杂货价钱是咱们到底怎吗个讲主法<u>哪</u>？
　　　b. 上下家眷攬具攬多小呀？三十多个家口<u>哪</u>。
　　　c. 你呢老几啊？我却是老二<u>哪</u>。

a例相当于"呢$_1$",b例和c例相当于"呢$_2$",统计如下表所示：

表7.10 《你呢贵姓》"呢""哪"用例统计

呢$_1$			呢$_2$		
呢 ni	哪$_2$na	合计	呢 ni	哪$_2$na	合计
48	1	49	15	2	17
98%	2%		88%	12%	

将《你呢贵姓》的数据放入前表5.21,可以看到,1867年《语言自迩集》尚无"呢$_1$"的弱化形式。1877年《华音撮要》的"呢$_1$"和"呢$_2$"都出现了弱化形式,符合第二阶段的弱化特征和时间。《你呢贵姓》所反映的情况更贴近《华音撮要》,至少可以将《你呢贵姓》的成书时间上限推迟至1877年。

比较其他语料弱化特征发现,《你呢贵姓》的"呢$_2$"弱化程度居于《官话类编》和《日清会话附军用语》之间,列表如下：

表 7.11 《华音撮要》《官话类编》
《你呢贵姓》《日清会话附军用语》"呢""哪"弱化比较

	呢$_1$				呢$_2$			
	呢	哪$_2$	合计	"哪"比例	呢	哪$_2$	合计	"哪"比例
<1877 华音	ni 67	na 4	71	6%	ni 80	na 8	88	9%
1892 类编	ni 828	na^{1,4} 2	830	0.2%	ni 78	na^{1,4} 3	81	4%
?贵姓	ni 48	na 1	49	2%	ni 15	na 2	17	12%
1894 军用	ni 22	na 1	23	4%	ni 16	na 10	26	38%

这样,将《你呢贵姓》的具体成书时间定在1892年至1894年之间。但考虑到短短三年间不太可能发生如此大的变化,再加上书面教材的滞后性,说《你呢贵姓》的成书时间在1877年至1894年之间比较稳妥。

将《你呢贵姓》的成书时间确定在1877至1894之间,不仅符合"呢"的弱化过程,也符合"么""咧""否咧"的弱化情况,参见前文6.3节、7.1节(表7.1至表7.4)和7.3节(表7.9)。另,杨雪漓(2015)根据朝鲜后期汉语教科书的介词使用情况,推测《你呢贵姓》的抄写时间不晚于1900年,也可与本书结论相印证。

第八章 结语

8.1 研究结论

本书考察了京味小说和域外汉语教科书等早期北京话语料,从语义和语音两个方面对这一时期的常见语气词做了系统梳理。

8.1.1 语义分析

语气词的语义分析结合了主观互动和句类分布两个角度,归纳常见语气词的语义功能如下:

"啊"的基本功能是表现说话人对听话人的关注,在不同主观情态意义的句子中作用不同,在感叹句、反问句和陈述句中增强语气,在疑问句和祈使句中减弱语气。

"呢"的基本功能在于表现说话人对听话人的提醒,比"啊"对听话人的要求高。"呢$_1$"主要用于问句中,和提问语气结合,增强了求应功能;"呢$_2$"用于持续义和夸张义句子中,增加了告知对方、强调己方的主观情态。"哩"和"唎"是与"呢"关系密切的其他方言语气词。

"哪"不是独立的语气词,是两个不同语气词的变体,"哪$_1$"是"啊"的语音变体,"哪$_2$"是"呢"弱化过程中的次强语音形式。

"么(吗/嘛)"的基本功能是求回答。"么$_1$"用于是非问、特指问、反复问,又写作"吗",承担了要求听话人回答的功能;"么$_2$"用于反问句和非问句,相当于现代汉语的"嘛",强调内容显而易见,要求听话人保持一致，求答程度比"么₁"略低。

"罢（吧）"的基本功能是要求听话人做出回应。"罢₁"表示命令，要求听话人以行动来回应；"罢₂"表示追问、假设、商酌、推测，要求听话人以言语来回应，比"罢₁"的求应程度低，更依赖语境；"罢₃"表示列举和纯粹语音停顿，求应程度最低，只是占据话语权。

"了"的完成义和时体有关，其语气词身份尚有争议，但"了"在早期北京话语料中还有持续义、夸张义和列举用法，与"呢"的功能有重合之处。

由此总结出语气词的主观互动等级序列，按照说话人对听话人的要求多少，由强到弱依次为：吧＞吗＞呢＞啊＞了。

结合历时的考察，以上常用语气词在一百年内没有明显的语义变化。

8.1.2　语音关系

本书的重点是梳理了大量语料，总结了五组常见语气词的语音弱化关系：

"啊"的语音变体"呀、哪、哇"，在早期北京话中不同程度地违反了语音变体的条件限制："呀"是"啊"的强化形式，比它作为"啊"语音变体的性质更强；"哪₁"有一定的强语气变体性质；"哇"是纯粹的语音变体。

"了"在早期北京话中经历了弱化过程 liao → lo → la → lə，"了₂"比"了₁"先弱化，当弱化为 lo 时，写为"咯"，弱化为 la 时，写为"啦"，所以"啦"并非"了＋啊"的合音，只是"了 liao"弱化过程中的次强形式。

"呢"在早期北京话中经历了弱化过程 ni → na → nə，"呢₂"比"呢₁"先弱化，当"呢"弱化为 na 时，"哪₂"与之同音因而相混，所以"哪₂"并非"呢＋啊"的合音，只是"呢 ni"弱化过程中的次强形式。

"么"在早期北京话中也经历了弱化过程，从 mo/ma 两读→语气词只读 ma →代词后缀弱化为 mə，"吗"在语气词只读 ma 的阶段发生了同音替代,代词后缀"么"进一步弱化,"吗"则止步不前。

"吧"在早期北京话中只是声调变轻,未发生元音央化。

"咧"在19世纪60年代和"了""呢"弱化过程中的次强形式同音,"了""呢"完全弱化后,"咧"只保留在部分方言中。实义动词组合"罢了"弱化为"罢咧",在朝鲜汉语教科书中进一步弱化为"否咧"。"否咧"中的"否"失去语义后,语音形式也消失,剩下的"咧"和处于弱化过程中的"呢"同音,二者语义功能相同,"否咧"就被"呢"取代。

语气词的弱化遵循发音省力原则,弱化的方向是:复元音→单元音→央元音→混元音。改变元音音色之前,声调从曲调、升调、降调变为平调,为音色弱化做好准备。发 a 音时声带松弛,F0 较低,既符合句末降阶的趋势,又符合弱化省力原则。a 进一步弱化为 ə,再进一步就会脱落声母甚至和动词融合发生变韵。

8.1.3　互动语义和语音弱化的关系

结合互动等级序列和语音弱化过程,可以看到其中的对应关系:

语气词在互动等级序列上主观性越弱,弱化发生的时间越早,语音的弱化程度越高;在互动等级序列上交互主观性越强,弱化发生的时间越晚,语音的弱化程度越低。

以上几组语气词弱化和互动等级对应情况如下:

表 8.1　"了、呢、么、罢"互动等级和弱化时间、过程对应

	互动等级	弱化时间①	弱化过程
了	主观性弱	1834/1853/1904	liao—lo—la—lə (单元音化—元音央化—混元音化)

---

① 弱化时间系前文各章依照文献所载整理得出,有可能因发现新材料而提前,准确说是发生弱化"不晚于"的时间节点。各语气词的读音弱化过程系由同一批文献整理得来,故仍可以加以对比,从中看出各语气词读音弱化的先后顺序。

（续表）

	互动等级	弱化时间	弱化过程
呢	主观性强	1834/1871/1922	ni—na—nə（元音央化—混元音化）
么	交互主观性强	1877/1918	mo—ma（元音央化）
罢	交互主观性最强	1885/1907	声调变轻

"啊"没有辅音，没有弱化过程。它反映说话人对听话人的关注，主观性强于"了"，但它对听话人没有要求，交互主观性弱于"呢"。"吧"对听话人的要求最高，但发展至今只是声调和重音变轻，尚未发生元音的低化或央化。五个主要语气词的语义和语音关系如下图所示：

罢　　　　么　　　　　呢　　　　　啊　　　　　了
交互主观性强　　交互主观性弱，主观性强　　主观性弱
语音弱化程度低　　　　　　　　　　　　　语音弱化程度高

图 8.1　语气词互动等级序列和语音弱化程度对应

对于这种对应关系的解释是：交互主观性越强，对听话人的要求越高，就越需要加强情绪和语气的传递，因此读音不能弱，弱化的动力越弱，弱化的过程就发生越晚，自然，弱化程度也就不高；反之亦然。

通过这种对应可以预测，语气词"吗"也会走到元音央化的弱化阶段，即弱化为 mə，只是由于字形和代词后缀"么"完全分化，向 mə 弱化的过程会很长。语气词"吧"也会在更晚的时间走向元音央化，读为 bə。

8.2　研究启示

8.2.1　虚词弱化的反复发生及有限使用

江蓝生（1999）指出，伴随语法化而产生的音变现象是连续的渐变过

程,实词由实变虚后还会继续虚化,离本字的读音越来越远,甚至成为零形式。前文所考察的三组语气词弱化现象正是这样的过程。刘利、李小军(2013)指出,如果一组词语义相同相近,又有相似的演变路径和语气义,某些演变模式就会在汉语史不同阶段反复发生。

以上三组语气词弱化现象先后发生,以不同的语法单位性质("了""么")和语义功能("呢")为条件,在语音上不同程度地弱化,"了"在有的方言中已弱化为零形式,而"吧"尚未弱化为央元音。

这种反复发生的弱化现象还有"的"。它在早期北京话中从 di(1859年《寻津录》)弱化为 də(1943年《华日教室会话》),中间经历了 da 的阶段(1921年《日支对译建筑用语》)①。1927年《支那四声字典》将"的"放在 tê② 条目之下,又加注了 4 个读音:ti^{1,2,4} 和 ta^1,可以看出 di —— da —— də 的前后关系。

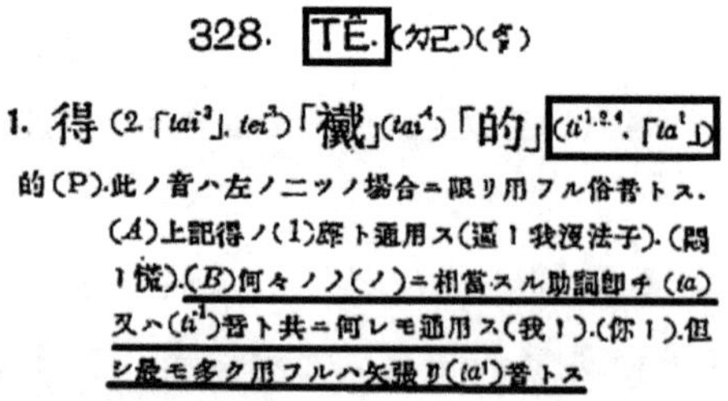

图 8.2 《支那四声字典》"的"注音

译文:"的"这个音用在以下两种情况:A. 与上文所说的"得"的第(1)种情况通用,如"逼~我没法子""闷~慌"。B. 相当于"什么什么的"中的助词"的",即 ta 或 ti 两种读音都通用,如"我~""你~",但用得最多的还是 ta 这一读音。

---

① "的"可能还有个 dê 的阶段。"的"的弱化跟"得"有很大关系,有方言因素的影响。1880年《总译亚细亚言语集》:"拉车用甚么牲口呢?用骡子、驴、马都可以拉得。""得"假名注音为 ダ da。1892年《官话类编》在解释"他走的很快"和"他挣的钱不多"这两句话时说:"在南方常用'得'替代'的','得'可能是'的'的早期形式。"(第二十三课)

② 《支那四声字典》ê 字母还见于"何歌渴"等字韵母。

赵元任（1926）认为，语助词"的"读为"搭"（真搭，是昨儿来搭？）是 de+a 而成，同时也将"啦、哪、吗"分别看作是"了、呢、末"和"阿"的合音。这是因为他所处的时代正好是次强形式和弱化形式并存。加上有和"欧"合音现象（小心欧！不是顽儿兜！）的存在，所以他的解释是从弱到强。事实上，"阿"系列是历时的弱化现象，"欧"系列则是共时的强化现象。

"的"的性质比较复杂，弱化路径虽不如以上三组语气词那么单纯，仍可以看作是虚词弱化过程的反复发生。

早期北京话语料还有关于助词"着"读 zha、后缀"子"读 za 的记录（1872 年《汉言无师自明》），可以看作是和语气词、"的"同一系列的元音 a 化现象。

可见，早期北京话的虚词读音不同程度地弱化，从元音央化到混元音化，这个过程不仅出现在句末语气词位置上，也在其他词法和句法层面的非核心位置反复发生。

8.2.2　应扩大现代汉语的研究范围

以上虚词弱化反复发生的现象启示我们，观察语言现象应放到更长的时间段里来看，现代汉语中的一些现象往往是对曾经的语言现象的有限使用，也就是在一定条件下的复现。

以往对"啦"和"哪"的解释多为"了＋啊""呢＋啊"合音说和语气强化说。通过梳理早期北京话语料，可以看到合音说不成立，强化语气也不是共时层面的纯主观强化，而是"了"和"呢"弱化过程的中间阶段，也就是读音"强→次强→弱"的次强形式。这些次强形式在方言中还能看到留存。次强的语音形式比完全弱化的语音形式主观性更强，当代汉语中在需要加强主观情绪表达的时候就对这些次强形式加以有限使用。除了"啦"和"哪"，调侃时说"神马（什么）"的"马"就是代词后缀"么"弱化前的次强形式，"怎么这么好看捏"的"捏"是"呢"弱化过程中的次强形式"咧"。"的"也是这样。今天的流行语"萌萌哒"正是使用了"的"弱化前的次强形式 da，戏谑时强调"这东西是我滴"则是使用了"的"最强语音形式 di。

扩大现代汉语研究的范围，还可以看到弱化现象的推动力和时代有关。以上考察发现，一百年间语义的变化是缓慢而不明显的，但语音的弱化可以明显地观察到，其中 19 世纪 80 年代和 20 世纪 20 年代是重要的时间节点，许多现象的发生和转变与这两个时间节点密切相关。不止一部语料记录了这些变化，也记录了影响这些变化的历史事件，即官话标准从南京官话向北京官话的转变一波三折。"了"的弱化发生最早，受到南方话的影响的可能性较大，"呢"和"么"的弱化发生较迟，与"了"弱化的类推作用关系更大。

江蓝生（1999）提出，语法化音变的推动力有两方面，即词义虚化程度和句法结构。在早期北京话语气词的弱化音变过程中，官话标准的转变以及由此带来的方言的影响也是重要的推动力。

8.2.3 语气词内部考察需要形式和意义结合

以往对语气词的考察，较多从个人体悟出发，联系语境辨析语义的细微区别。但脱离了形式的意义，只能是空谈，缺乏说服力，也难以达成一致。语气词大多处于句末，所以不容易从分布上来观察。从早期北京话语气词的语音形式入手，结合其语法语义功能的变化，可以看到二者的相互影响。"了"的弱化总是"了$_2$"先发生，"呢"的弱化也是"呢$_2$"先发生，"么"的弱化也和语法单位性质有关。每个语气词根据其内部不同的语义功能，先后发生语音弱化，使得本来相同的语言单位内部产生差异，分道扬镳，用法加速分化，语音弱化的程度就有了更大的分别。

弱化产生了不同读音，所以往往新旧字形混杂，如"啦/咯/哪/吗"等。有的字在历史上曾用来记录相似的功能，有的则只是纯粹的同音字或音近字。不同的字形很容易干扰对语气词的判定，需要追其本源，把握其记音本质,厘清各项语义功能的演变关系。

8.2.4 语气词考察的系统性

语气词只是表现语气的手段之一,在语调的基础上来传递主观情绪和态度。胡明扬(1981)早就提出语气词意义研究的"概括性"和"排他性"原则,储诚志(1994)提出的"最小差异对比法"和"最大共性归纳法"也是要最大限度地确定语气词单独承担的功能。

排除其他语气手段后,徐晶凝(2008a)运用原型范畴理论划出了语气词的一些非典型成员和边缘成员,剩下的典型成员彼此之间互相牵制。刘利、李小军(2013)考察语气词的演变时提出,衍生的新语气词能否存活下来,取决于当时的语气词系统和它所表示的语气强度。因此,存留下来的共时层面的语气词之间必然是有所区别的。例如就求应功能来说,"呢"本身只是提醒功能,需结合疑问语调才能求应,"吗"和"吧"都可求应,但程度不同,"吗"只要求言语回答,"吧"则要求言语或行动回应。语气词的基本功能是传递说话人的主观情绪和要求听话人回应,不同语气词有程度差异,划定互动等级序列正是为了从系统性的角度区分各个典型成员。若是单个考察语气词的功能,就很难排除其他语气手段所表示的意义,也不易辨析各个语气词之间的细微差别。

8.3 研究展望

本书描写早期北京话语气词现象,在南北官话融合的时代背景之下,北京话不可避免地受到了其他方言的影响,如南方方言和东北方言。因早期南方方言材料有限,尚未进一步探讨这种影响的程度和范围。

早期北京话中的"了"和"呢"除了表达主观情绪,还有不同程度的时体功能。汉语方言中这种现象较为普遍,同一个语言单位常常有语气词和时体标记两种定义。要理清二者之间的关系,需要在更广阔的视野之下,结合历时演变来研究。

语气词弱化只是虚词弱化的一种，其他虚词的弱化情况也值得讨论，如"的"的弱化过程与语气词的弱化过程就颇有分别，不同语言单位的弱化受到不同因素的影响，呈现出不同的阶段性，进而可以总结出更具有普遍性的规律。

参考文献

艾溢芳（2016）《高本汉〈北京话语音读本〉整理与研究》，北京大学出版社，北京。
安徽省地方志编纂委员会（1997）《安徽省志·方言志》，方志出版社，北京。
北京大学中文系1955、1957级语言班（1982）《现代汉语虚词例释》，商务印书馆，北京。
曹广顺（1986）《祖堂集》中与语气助词"呢"有关的几个助词，《语言研究》第2期。
曹广顺（1995）《近代汉语助词》，语文出版社，北京。
曹雪芹著、蔡义江评注（2007）《增评校注红楼梦》，作家出版社，北京。
曹雪芹著、刘继保、卜喜逢辑（2008）《红楼梦：名家汇评本》，北京图书馆出版社，北京。
曹志耘、张世方（2000）北京话研究的回顾与展望，《世纪之交的应用语言学》，于根元主编，北京广播学院出版社，北京。
长井裕子［日］（2006）满族作家穆儒丐的文学生涯，莎日娜译，《民族文学研究》第2期。
陈凤霞（1997）蓟县话的"了［·lou］"，《天津师大学报（社会科学版）》第4期。
陈俊芳、郭雁文（2005）汉语疑问语气词的语用功能分析，《中北大学学报》第6期。
陈明娥（2014）《日本明治时期北京官话课本词汇研究》，厦门大学出版社，厦门。
陈淑静主编（1990）《获鹿方言志》，河北人民出版社，石家庄。
陈淑静（1998）《平谷方言研究》，河北大学出版社，石家庄。
陈淑梅（1989）《湖北英山方言志》，华中师范大学出版社，武汉。
陈前瑞（2008）《汉语体貌研究的类型学视野》，商务印书馆，北京。
陈　颖（2009）《现代汉语传信范畴研究》，中国社会科学出版社，北京。
陈　颖（2016）朝鲜时代后期汉语教科书的"咧"，《四川师范大学学报（社会科学版）》第5期。

陈　颖（2017）论汉语语气词的互动等级,《现代中国语研究》第 19 期。

储诚志（1994）语气词语气意义的分析问题——以"啊"为例,《语言教学与研究》第 4 期。

崔希亮（2003）事件情态和汉语的表态系统,《语法研究和探索（十二）》,商务印书馆,北京。

戴维·克里斯特尔［英］（2000）《现代语言学词典》,沈家煊译,商务印书馆,北京。

邓思颖（2010）汉语句类和语气的句法分析,《汉语学报》第 1 期。

范慧琴（2007）《定襄方言语法研究》,语文出版社,北京。

方　梅（1994）北京话句中语气词的功能研究,《中国语文》第 2 期。

方　梅（2014）从互动角度看语气词变异形式的功能,"互动语言学与汉语研究学术讨论会",中国人民大学。

方　梅（2016）北京话语气词变异形式的互动功能——以"呀、哪、啦"为例,《语言教学与研究》第 2 期。

方小燕（2003）《广州方言句末语气助词》,暨南大学出版社,广州。

高晓虹（2010）助词"了"在山东方言中的对应形式及相关问题,《语言科学》第 2 期。

高增霞（2014）从互动角度看"吧"的使用,"互动语言学与汉语研究学术讨论会",中国人民大学。

龚海燕（2015）翟理斯《语学举隅》初探,载中国历史文献研究会编《历史文献研究》总第 35 辑,华东师范大学出版社,上海。

郭继懋（1997）反问句的语义语用特点,《中国语文》第 2 期。

郭利霞（2015）《汉语方言疑问句比较研究——以晋陕蒙三地为例》,南开大学出版社,天津。

郭青萍（1988）安阳话里的特殊语法现象,《殷都学刊》第 1 期。

郭　锐（2008）语义结构和汉语虚词语义分析,《世界汉语教学》第 4 期。

郭　锐、陈　颖、刘　云（2017）从早期北京话材料看虚词"了"的读音变化,《中国语文》第 4 期。

郭小武（2000）"了、呢、的"变韵说——兼论语气助词、叹词、象声词的强弱两套发音类型,《中国语文》第 4 期。

韩志刚(2002)语调是非问句与"吗"是非问句的差异,《似同实异——汉语近义表达方式的认知语用分析》,郭继懋、郑天刚主编,中国社会科学出版社,北京。

何茂活(2007)《山丹方言志》,甘肃人民出版社,兰州。

何文彬(2013a)论语气助词"了"的主观性,《语言研究》第 1 期。

何文彬(2013b)试论句子的客观性和主观性——兼谈现代汉语语气助词的性质,《语言历史论丛(第六辑)》,巴蜀书社,成都。

何文彬(2014)论陈述语气词"呢"的主观性,《语言历史论丛(第七辑)》,巴蜀书社,成都。

何亚南、苏恩希(2007)试论《你呢贵姓(学清)》的语料价值,《南京师范大学学报(社会科学版)》第 2 期。

河北省昌黎县县志编纂委员会、中国社会科学院语言研究所(1984)《昌黎方言志》,上海教育出版社,上海。

贺　巍(1989)《获嘉方言研究》,商务印书馆,北京。

贺　阳(1992)试论汉语书面语的语气系统,《中国人民大学学报》第 5 期。

侯精一(1985)《长治方言志》,语文出版社,北京。

侯精一(2001)试论现代北京城区话的形成,《中国语学》第 248 号。

侯精一、温端政(1993)《山西方言调查研究报告》,山西高校联合出版社,太原。

侯晓晨(2014)晚清《京话日报》(1904—1905)所刊五种小说研究,《明清小说研究》第 3 期。

胡明亮(2014)有合有分的"啊"和"呀",《现代语文》第 7 期。

胡明扬(1981)北京话的语气助词和叹词,《中国语文》第 5 期、第 6 期。

胡明扬(1987)《北京话初探》,商务印书馆,北京。

胡明扬(1991)《语言学论文选》,中国人民大学出版社,北京。

胡明扬等(1992)《北京话研究》,北京燕山出版社,北京。

胡全章(2009)清末民初白话报刊小说大家徐剑胆考论,《明清小说研究》第 4 期。

黄伯荣主编(1996)《汉语方言语法类编》,青岛出版社,青岛。

黄国营(1986)"吗"字句用法初探,《语言研究》第2期。

黄国营(1994)句末语气词的层次地位,《语言研究》第1期。

江蓝生(1986)疑问语气词"呢"的来源,《语文研究》第2期。

江蓝生(1994)《燕京妇语》所反映的清末北京话特色(上),《语文研究》第4期。

江蓝生(1995)《燕京妇语》所反映的清末北京话特色(下),《语文研究》第1期。

江蓝生(1999)语法化程度的语音表现,《中国语言学的新拓展》,石锋、潘悟云编,香港城市大学出版社,香港。

江苏省社会科学院明清小说研究中心、江苏省社会科学院文学研究所编(1990)《中国通俗小说总目提要》,中国文联出版公司,北京。

蒋绍愚(1994)《近代汉语研究概况》,北京大学出版社,北京。

蒋绍愚、曹广顺主编(2005)《近代汉语语法史研究综述》,商务印书馆,北京。

金立鑫(1998)试论"了"的时体特征,《语言教学与研究》第1期。

经　典(2015)《墨江碧约哈尼语参考语法》,中国社会科学出版社,北京。

劲　松(1992)北京话的语气和语调,《中国语文》第2期。

蓝利国(2016)《壮语语法标注文本》,社会科学文献出版社,北京。

黎锦熙(1959/1992)《新著国语文法》,商务印书馆,北京。

李春红(2017)《日据时期朝鲜半岛汉语会话教科书语言研究》,吉林大学博士论文。

李得春(2000)介绍一份19世纪末的汉朝对音资料——《华音启蒙》卷后的《华音正俗变异》,《东疆学刊》第3期。

李　芳(2012)《广东五华县客家方言语法专题研究》,广西师范大学硕士论文。

李　蕊(2010)《狄考文〈官话类编〉研究》,上海师范大学硕士论文。

李仕春、艾红娟(2008)山东莒县方言动词的合音变调,《语言科学》第4期。

李顺群(1999)对外汉语口语教学中的语气助词,《北京第二外国语学院学报》第6期。

李无未、杨杏红(2011)清末民初北京官话语气词例释——以日本明治时期北京官话课本为依据,《汉语学习》第1期。

李小凡(1998)《苏州方言语法研究》,北京大学出版社,北京。

李小军(2013)《先秦至唐五代语气词的衍生与演变》,北京师范大学出版社,北京。

李宇明（1997）疑问标记的复用及标记功能的衰变，《中国语文》第 2 期。

李战子（2002）语气作为人际意义的"句法"的几个问题，《外语研究》第 4 期。

李作南、辛尚奎（1987）呼和浩特汉语方言的一些句法特点，《内蒙古大学学报》第 2 期。

力　量（1998）《汉语集稿》，东南大学出版社，南京。

廖秋忠（1989）《语气与情态》评介，《国外语言学》第 4 期。

林　焘（1987a）北京官话溯源，《中国语文》第 3 期。

林　焘（1987b）北京官话区的划分，《方言》第 3 期。

林　焘、王理嘉（1992）《语音学教程》，北京大学出版社，北京。

六角恒广［日］（1988/1992）《日本中国语教育史研究》，王顺洪译，北京语言学院出版社，北京。

刘　虹（2004）《会话结构分析》，北京大学出版社，北京。

刘　坚、江蓝生、白维国、曹广顺（1992）《近代汉语虚词研究》，语文出版社，北京。

刘　利、李小军（2013）先秦至唐五代语气词的来源及衍生规律，《汉语史学报（第十三辑）》，上海教育出版社，上海。

刘俐李（1989）《回民乌鲁木齐语言志》，新疆大学出版社，乌鲁木齐。

刘　伶（1988）《敦煌方言志》，兰州大学出版社，兰州。

刘　宁（2010）《句末复合助词"罢了"考析》，天津师范大学硕士论文。

刘探宙（2013）烟台芝罘话一种名、动同模式的变韵，《方言》第 2 期。

刘晓晴、邵敬敏（2012）"罢了"的语法化进程及其语义的演变，《古汉语研究》第 2 期。

刘勋宁（1985）现代汉语句尾"了"的来源，《方言》第 2 期。

刘一之（2000）北京话中的"着"，《语言学论丛（第二十二辑）》，商务印书馆，北京。

刘一之（2011）《小额》（注释本），世界图书出版公司，北京。

刘育林（1988）陕北方言略说，《方言》第 4 期。

刘月华、潘文娱、故铧（2001）《实用现代汉语语法》（增订本），商务印书馆，北京。

刘　云（2009）北京话敬称代词"您"考源，《北京社会科学》第 3 期。

刘　云（2011）清末民初京味儿小说家蔡友梅生平及著作考述，《北京社会科学》第 4 期。

刘　云（2013）早期北京话的新材料，《中国语文》第 2 期。

刘　云、周晨萌（2013）释"您"，《语言教学与研究》第 5 期。

刘志远、刘　顺（2012）"罢了"的词汇化及语气意义的形成，《语文研究》第 1 期。

鲁　川（2003）语言的主观信息和汉语的情态标记，《语法研究和探索（十二）》，商务印书馆，北京。

鲁美婷（2013）《晋语保德方言时体助词"了""咧""哩"的研究》，中央民族大学硕士论文。

陆俭明（1982）由"非疑问形式＋呢"造成的疑问句，《中国语文》第 6 期。

陆志韦（1956）《北京话单音词词汇》，科学出版社，北京。

吕叔湘（1941/2002）释《景德传灯录》中"在、著"二助词，《吕叔湘全集（第 2 卷）》，辽宁教育出版社，沈阳。

吕叔湘（1942/1982）《中国文法要略》，商务印书馆，北京。

吕叔湘（1980）《现代汉语八百词》，商务印书馆，北京。

马建忠（1898/1983）《马氏文通》，商务印书馆，北京。

马希文（1983）关于动词"了"的弱化形式 /·lou/，《中国语言学报》第一期。

马希文（1987）北京方言里的"着"，《方言》第 1 期。

孟庆海（1991）《阳曲方言志》，社会科学文献出版社，北京。

孟庆泰、罗福腾（1994）《淄川方言志》，语文出版社，北京。

孟兆臣（2009）从书场献艺到报纸连载——张智兰、庄耀亭、尹箴明的"评讲《聊斋》"，《吉林师范大学学报》第 6 期。

内田庆市［日］、冰野善宽［日］（2016）《官话指南の书志的研究》，好文出版，东京。

潘伟斌（2009）汉语学习何以无师自通？——翟理斯 *Chinese without a Teacher* 研究，《语文学刊》第 8 期。

彭利贞（2005）《现代汉语情态研究》，复旦大学博士论文。

彭宣维（2000）语气意义的语篇组织，《天津外国语学院学报》第 4 期。

齐　灿（2014）《19 世纪末南北京官话介词、助词比较研究》，北京外国语大学硕士论文。

齐沪扬(2002)《语气词与语气系统》,安徽教育出版社,合肥。

齐沪扬(2006)句子中语气成分的同现和交替使用,《中文自学指导》第6期。

钱乃荣(1997)《上海话语法》,上海人民出版社,上海。

钱曾怡、罗福腾(1992)《潍坊方言志》,潍坊市新闻出版局,潍坊。

强星娜(2007)"他问"与"自问"——从普通话"嘛"和"呢"说起,《语言科学》第5期。

强星娜(2008)知情状态与直陈语气词"嘛",《世界汉语教学》第2期。

强星娜(2010)话题标记"嘛"与语气词"嘛",《汉语学习》第4期。

强星娜(2011)话题标记与句类限制,《语言科学》第2期。

屈承熹、李 彬(2004)论现代汉语句末情态虚词及其英译——以"吧"的语篇功能为例,《外语学刊》第6期。

屈承熹(2005)《汉语认知功能语法》,黑龙江人民出版社,哈尔滨。

屈承熹(2006)《汉语篇章语法》,潘文国等译,北京语言大学出版社,北京。

屈承熹(2008a)关联理论与汉语句末虚词的语篇功能,《华东师范大学学报(哲学社会科学版)》第3期。

屈承熹(2008b)提顿词"嘛"与句末虚词"嘛":语法分工与语用整合,《修辞学习》第5期。

冉永平(2004)言语交际中"吧"的语用功能及其语境顺应性特征,《现代外语》第4期。

任晓彤(2010)《元曲选》中的语气词"呀"及其相关问题,《内蒙古工业大学学报》第1期。

任玉函(2013)《朝鲜后期汉语教科书语言研究》,浙江大学博士论文。

邵敬敏(1996)《现代汉语疑问句研究》,华东师范大学出版社,上海。

沈 炯(1994)汉语语调构造和语调类型,《方言》第3期。

沈 力(2003)汉语的直陈语态范畴,《语法研究和探索(十二)》,商务印书馆,北京。

沈 威(2010)《句管控视角下"啊、吧、嘛、呢"之宏观思考与微观检视》,华中师范大学博士论文。

石定栩(2009)汉语的语气和句末助词,《语言学论丛(第三十九辑)》,商务印书馆,北京。

史冠新（2006）《临淄方言语气词研究》，山东大学博士论文。

史冠新（2008）现代汉语语气词界说，《山东社会科学》第10期。

史金生（1995）语用疑问句，《世界汉语教学》第2期。

史金生（2000）传信语气词"的、了、呢"的共现顺序，《汉语学习》第5期。

史金生、胡晓萍（2002）表疑问时"吗"与"呢"的差异，《似同实异——汉语近义表达方式的认知语用分析》，郭继懋、郑天刚主编，中国社会科学出版社，北京。

宋桔（2011）《〈语言自迩集〉的文献和语法研究》，复旦大学博士论文。

宋秀令（1994）汾阳方言的语气词，《语文研究》第1期。

孙立新（2014）潼关方言的"了"字，《渭南师范学院学报》第21期。

孙汝建（1998）《语气和语气词研究》，上海师范大学博士论文。

孙汝建（2005）句末语气词的四种语用功能，《南通大学学报》第2期。

孙锡信（1999）《近代汉语语气词》，语文出版社，北京。

孙雁雁（2013）句末"啊"的交际功能分析——以《家有儿女》语料为例，《语言教学与研究》第3期。

太田辰夫［日］（1950/2013）论清代北京话，陈晓译注、远藤光晓校，《语言学论丛（第四十八辑）》，商务印书馆，北京。

太田辰夫［日］（1958/1987）《中国语历史文法》，蒋绍愚、徐昌华译，北京大学出版社，北京。

太田辰夫［日］（1991）《汉语史通考》，江蓝生、白维国译，重庆出版社，重庆。

太田辰夫［日］（1995）《中国语文论集·语学篇》，汲古书院，东京。

唐圭璋（1965）《全宋词》，中华书局，北京。

完权（2018）信据力："呢"的交互主观性，《语言科学》第1期。

汪如东（2008）泰如片方言中动词后附"啊"的两种结构，《语言科学》第3期。

王飞华（2009）现实关照性与交际关照性——英汉语气系统之异，《浙江社会科学》第12期。

王锋（2016）《白语语法标注文本》，社会科学文献出版社，北京。

王洪君、李榕、乐耀（2009）"了$_2$"与话主显身的主观近距交互式语体，《语言学论丛（第四十辑）》，商务印书馆，北京。

王　力（1943/1985）《中国现代语法》，商务印书馆，北京。

王　力（1989）《汉语语法史》，商务印书馆，北京。

王一川（2006）京味文学的含义、要素和特征，《当代文坛》第 2 期。

王韫佳、阮吕娜（2005）普通话疑问句语调的实验研究，第八届全国人机语音通讯学术会议论文。

韦学纯（2016）《水语语法标注文本》，社会科学文献出版社，北京。

吴福祥（1996）《敦煌变文语法研究》，岳麓书社，长沙。

吴福祥（1998）重谈"动＋了＋宾"格式的来源和完成体助词"了"的产生，《中国语文》第 6 期。

吴福祥（2004）近年来语法化研究的进展，《外语教学与研究》第 1 期。

武　果（2007）语气词"了"的"主观性"用法，《语言学论丛（第三十六辑）》，商务印书馆，北京。

习丹丹（2015）《河北唐山方言语气词研究》，河北师范大学硕士论文。

谢自立（1990）《天镇方言志》，山西高校联合出版社，太原。

辛永芬（2006）河南浚县方言的动词变韵，《中国语文》第 1 期。

辛永芬（2008）豫北浚县方言的"嘞"，《河南大学学报（社会科学版）》第 5 期。

邢向东（1995）内蒙古晋语的语气词"的"、"呀"、"么"，《文科教学》第 2 期。

邢向东（2002）《神木方言研究》，中华书局，北京。

徐美红（2013）《艾约瑟〈官话口语语法〉（1857）研究》，上海大学硕士论文。

许宝华、汤珍珠（1988）《上海市区方言志》，上海教育出版社，上海。

徐晶凝（2000）汉语语气表达方式及语气系统的归纳，《北京大学学报》第 3 期。

徐晶凝（2008a）情态表达与时体表达的互相渗透——兼谈语气助词的范围确定，《汉语学习》第 1 期。

徐晶凝（2008b）《现代汉语话语情态研究》，昆仑出版社，北京。

燕海雄、江荻（2016）《藏语甘孜话语法标注文本》，社会科学文献出版社，北京。

姚　澜（2014）《〈寻津录〉初探》，四川师范大学硕士论文。

杨必胜、陈建民（1984）海丰方言动词的态，《语言研究》第 2 期。

杨杏红（2014）《日本明治时期北京官话课本语法研究》，厦门大学出版社，厦门。
杨雪漓（2015）《朝鲜后期汉语教科书中介词研究》，四川师范大学硕士论文。
杨永龙（2003）句尾语气词"吗"的语法化过程，《语言科学》第1期。
于国栋（2008）《会话分析》，上海外语教育出版社，上海。
袁　丹（2014）汉语方言中的鼻尾增生现象，《语文研究》第3期。
袁毓林（1993）正反问句以及相关的类型学参项，《中国语文》第2期。
远藤光晓（1986/2001）老舍の le と liao，《中国音韵学论集》，白帝社，东京。
岳　辉、李无未（2007）19世纪朝鲜汉语教科书语言的干扰，《民族语文》第5期。
岳　辉（2008）《朝鲜时代汉语官话教科书研究》，吉林大学博士论文。
乐　耀（2011）从人称和"了₂"的搭配看汉语传信范畴在话语中的表现，《中国语文》
　　第2期。
云南省地方志编纂委员会（1989）《云南省志方言志》，云南人民出版社，昆明。
翟　燕（2008）《明清山东方言助词研究》，齐鲁书社，济南。
翟　燕（2013）《清代北方话语气词研究》，山东大学出版社，济南。
张北海（1981）《远东国语辞典》，远东图书公司，台北。
张伯江（1997a）认知观的语法表现，《国外语言学》第2期。
张伯江（1997b）疑问句功能琐议，《中国语文》第2期。
张　丹、赵博雅（2016）保定方言语法特点研究，《北方文学》第5期。
张华克（2005a）《〈清文指要〉解读》，文史哲出版社，台北。
张华克（2005b）《〈续编兼汉清文指要〉解读》，文史哲出版社，台北。
张菊玲（2009）"驱逐鞑虏"之后——谈谈民国文坛三大满族小说家，《中国现代文
　　学研究丛刊》第1期。
张美兰（2003）《〈祖堂集〉语法研究》，商务印书馆，北京。
张美兰（2011）《明清域外官话文献语言研究》，东北师范大学出版社，长春。
张美兰、刘　曼（2013）《〈清文指要〉汇校与语言研究》，上海教育出版社，上海。
张　宁（1986）《建水方言志》，云南民族出版社，昆明。
张卫东（1998）北京音何时成为汉语官话标准音，《深圳大学学报》第4期。

张小峰(2003)《现代汉语语气词"吧"、"呢"、"啊"的话语功能研究》,上海师范大学博士论文。

张西平(2009)《世界汉语教育史》,商务印书馆,北京。

张 彦(2006)句中语气词的分布,《玉林师范学院学报》第1期。

张 彦(2008)语气词韵律特征研究综述,《语言教学与研究》第2期。

张一凡(2014)《〈汉语官话语法〉词类整理与研究》,四川师范大学硕士论文。

张云秋(2002)现代汉语口气问题初探,《汉语学习》第2期。

张子华(2013)《山西方言助词"了"及相关结构研究》,河北师范大学博士论文。

赵元任(1926)北京、苏州、常州语助词的研究,《清华学报》第3期。

赵元任(1968/1980)《中国话的文法》,丁邦新译,中文大学出版社,香港。

郑秋晨(2014)汉语元音对声调感知边界的影响,《心理学报》第9期。

中国大辞典编纂处(1945)《国语辞典》,商务印书馆,北京。

钟兆华(1997a)论疑问语气词"吗"的形成与发展,《语文研究》第1期。

钟兆华(1997b)语气助词"呀"的形成及其历史渊源,《中国语文》第5期。

周 磊(2011)《禧在明〈华英文义津逮〉研究》,上海师范大学硕士论文。

周一民(2002)《现代北京话研究》,北京师范大学出版社,北京。

朱德熙(1982)《语法讲义》,商务印书馆,北京。

朱 敏(2012)《汉语人称与语气选择性研究》,世界图书出版公司,北京。

Arie Verhagen (2005) *Constructions of Intersubjectivity*. Oxford: Oxford University Press.

Bolinger Dwight (1986) *Intonation and Its Parts: Melody in Spoken English*. Palo Alto: Standford University Press.

Boya Li(李博雅)(2006) *Chinese Final Particles and the Syntax of the Periphery*. Leiden: The Leiden University Centre for Linguistics(LUCL), Facalty of Arts.

Brown, P. & Levinson, S. (1987) *Politeness: Some Universals in Language Usage*. Cambridge: Cambridge University Press.

Bybee J., Perkins R. & Pagliuca W. (1994) *The Evolution of Grammar: Tense, Aspect, and Modality in the Languages of the World*. Chicago: University of Chicago Press.

Chen Yujie（陈玉洁）（2013）*The Complexity of liao 'finish' and Its Weakened Form le in the Shangshui Dialect in Henan Province*（《商水方言中的 liao 和 le》），全国汉语方言学会第十七届年会，暨南大学。

Dieter Stein, Susan Wright.（1995）*Subjectivity and Subjectivisation*. Cambridge: Cambridge University Press.

Elizabeth Closs Traugott, Richard B. Dasher（2002）*Regularity in Semantic Change*. Cambridge: Cambridge University Press.

Emile Benveniste（1971）*Problems in General Linguistics*. Coral Gablres Florida: University of Miami Press.

Fan Xiaolei（范晓蕾）（2014）*Tense, Aspect and Modality in Chinese: A Typological Study*. 香港科技大学博士论文。

Jan Firbas（1992/2007）*Functional Sentence Perspective in Written and Spoken Communication*（《书面与口语交际中的功能句子观》），世界图书出版公司，北京。

John Lyons（1977）*Semantics*. Cambridge: Cambridge University Press.

Leech G. N.（1983）*Principles of Pragmatics*. New York: Longman Group Limited.

Li C. N., Thompson S. A.（1981）*Mandarin Chinese: A Functional Reference Grammar*. Berkeley / Los Angeles / London: University of California Press.

M.A.K. Halliday（1994/2010）《功能语法导论》（第2版），彭宣维等译，外语教学与研究出版社，北京。

Ochs E., Schegloff E. A. & Thompson S. A.（Eds.）（1996）*Interaction and Grammar*. Cambridge: Cambridge University Press.

Palmer F. R.（1986/2001）*Mood and Modality*. New York: Cambridge University Press.

Wu Ruey-Jiuan Regina（2003）*Stance in Talk*. Amsterdam / Philadelphia: John Benjamins Publishing Company.

Selting M., Couper-Kuhlen E.（Eds.）（2001）*Studies in Interactional Linguistics*, Amsterdam / Philadelphia: John Benjamins Publishing Company.

Wade Thomas Francis（威妥玛）（1886）*Yü-Yen Tzǔ-Erh Chi*. 中译本：《语言自迩集——19世纪中期的北京话》，张卫东译，2002，北京大学出版社，北京。

语料文献*

北边白血［日］抄写总译、鳟泽彰夫［日］整理（1906/1992）《燕京妇语》，日本好文出版社。【燕京】

蔡友梅（损公）（1921/1984）《新鲜滋味小说21种》，《笔记小说大观》影印本，新兴书局，台北。【滋味】

蔡友梅（松友梅）（1907/2011）《小额》，刘一之标点注释，世界图书出版公司，北京。【小额】

曹雪芹（1991）《红楼梦》，人民文学出版社，北京。

冈本正文［日］（1904）《北京纪闻》，文求堂，东京。

高静亭（1834）《正音撮要》，粤东卒英斋刊本。【撮要】

加藤镰三郎［日］（1924/1939）《北京风俗问答》，大阪屋号书店，东京。【风俗】

老舍（2013）《老舍全集》，人民文学出版社，北京。

刘一达（2003）《爷是大厨》，百花文艺出版社，北京。

刘一达（2008）《画虫儿》，作家出版社，北京。

六角恒广［日］（1991—1998）《中国语教本类集成》，不二出版，东京。本书所用包括以下38种，括号中数字表示《中国语教本类集成》的集数 - 卷数：

    1879 中田敬义译《北京官话伊苏普喻言》（1-1）【伊苏】

    1880 福岛九成《参订汉语问答篇国字解》（1-2）【国字】

    1880/1892 广部精《总译亚细亚言语集》（1-1）【亚细】

---

* 行末【】内为正文中各表所用简称。

1881 吴启太、郑永邦《官话指南》(1-2)【指南】

1885 田中正程译《英清会话独案内》(1-2)【案内】

1894 木野村政德《日清会话附军用语》(5-4)【军用】

1904 足立忠八郎《北京官话实用日清会话》(6-1)【日清】

1905 三原好太郎《北京官话支那语独修》(6-1)

1905 粕谷元《日清会话》(10-2)

1905 金岛苔水《日清会话语言类集》(6-2)【类集】

1905 汤原景政《实用日清会话》(6-1)

1915 佐藤留雄《支那语商业会话》(3-4)

1917/1948 宫岛大八《支那官话字典》(4-3)

1921 宫岛吉敏《支那语语法》(4-1)

1921 福冈庄一郎、幸勉《日支对译建筑用语》(5-3)

1922 宫胁贤之介《家庭支那语》(5-4)【家庭】

1922 樱庭岩《警务支那语会话》(5-4)【警务】

1923 佐佐木微笑《支那语早わかり》(10-2)

1925 铃江万太郎《最新日支会话の早わかり》(10-3)【日支】

1927 权宁世《支那四声字典》(4-2)

1928 佐藤留雄遗著、樱井德兵卫补《商业支那语自习》(3-4)

1929 小野得一郎《医院专用日华会话乃刊》(5-3)【医院】

1932 宫越健太郎、清水元助、杉武夫《短期支那语讲座》(9-1)

1933 宫岛大八《急就篇》(2-1)【急就】

1935 宫岛大八《罗马字急就篇》(2-1)【罗马】

1937 大道弘雄《支那语早わかり》(5-4)

1937 野副重胜《满日银行会话》(5-3)

1938 三原增水《支那惯用语句例解》(7-3)【例解】

1938 佐藤三郎治《支那语会话独习》(6-2)

1939 奥平定世《简易支那语文典》(7-2)

1939 坂本雅春《支那语の要点》(5-2)

　　1939 佟昱昌、近藤子周《最新支那语商业会话》(3-4)

　　1941 宫越健太郎《华语文法提要》(4-1)

　　1941 木全德太郎《支那语书取研究》(6-3)【书取】

　　1942 鱼返善雄《支那语の发音と记号》(4-2)

　　1942 中泽信三《宪兵支那语会话》(5-4)【宪兵】

　　1942 玉木共藏《大东亚共荣圈日用语早ワカリ》(10-3)

　　1943 远藤章三郎《华日教室会话》(6-3)【教室】

穆儒丐(1924)《北京》,盛京时报社,沈阳。

朴在渊、金雅瑛[韩](2009)《汉语会话书》,学古房,首尔。本书所用包括以下4种:

　　1911《汉语独学》

　　1915 李起馨《官话华语教范》【教范】

　　1918 李源生《速修汉语大成》【速修】

　　1921 宋宪奭《自习完璧支那语集成》【集成】

朴在渊、金雅瑛[韩](2011)《汉语会话书续编》,学古房,首尔。本书所用包括以下5种:

　　1906《交邻要素》【交邻】

　　1915～1922 宋宪奭《速修汉语自通》【自通】

　　1915～1924《官话问答》【问答】

　　1924《官话丛集》【丛集】

　　1939 金松圭《"内鲜满"最速成中国语自通》【内鲜】

朴在渊、金雅瑛[韩](2011)《骑着匹(六堂文库)·中华正音(华峰文库)》,学古房,首尔。本书使用以下1种:

　　1909《中华正音》(华峰文库本)【华峰】

莎彝尊(1853)《正音咀华》,尘谈轩刻本。【咀华】

汪维辉(2005)《朝鲜时代汉语教科书丛刊》,中华书局,北京。本书所用包括以下6种:

　　1670 崔世珍《老乞大谚解》

　　1677《朴通事谚解》【通事】

1765《朴通事新释谚解》【新释】

 1795《重刊老乞大谚解》

 1864～1906《你呢贵姓》【贵姓】

 1883 李应宪《华音启蒙谚解》【启蒙】

汪维辉、远藤光晓、朴在渊、竹越孝(2011)《朝鲜时代汉语教科书丛刊续编》,中华书局,北京。本书所用包括以下3种:

 1824《中华正音》(韩国顺天大学本)【顺天】

 <1877《华音撮要》【华音】

 1883《中华正音》(日本阿川文库本)【阿川】

王照(1904/1957)《对兵说话》,文字改革出版社,北京。【对兵】

文康(1850/1986)《儿女英雄传》,浙江古籍出版社,杭州。【儿女】

徐剑胆(1913)《何喜珠·劫后再生缘》,载《白话捷报》。【剑胆】

燕山管窥居士纂、日本石山福治注解(1916)《搜奇新编》,文求堂,东京。

佚名(1996)《中国古典小说名著百部·刘公案》,华夏出版社,北京。

英继[日](1906)《官话北京事情》,文求堂,东京。

御幡雅文[日](1903/1913)《华语跬步》,文求堂,东京。

乐嗣炳(1933)《实用国语会话》,大众书局,上海。【实用】

湛引铭(1919)《讲演聊斋》,载《群强报》。【聊斋】

张美兰(2011)《日本明治时期汉语教科书汇刊》,广西师范大学出版社,桂林。

张美兰、刘曼(2013)《〈清文指要〉汇校与语言研究》,上海教育出版社,上海。

赵元任(1922)《国语留声片课本》,商务印书馆,上海。【留声】

赵元任(1935)《新国语留声片课本》,商务印书馆,上海。【新留】

竹越孝(2012)《兼满汉语满洲套话清文启蒙——翻字·翻译·索引》,神户市外国语大学外国语学研究所,神户。【满汉】

George Carter Stent(司登得)(1871) *A Chinese and English Vocabulary in the Pekinese Dialect*(《汉英合璧相连字汇》),Shanghai: The Customs Press.【字汇】

Giles Herbert Allen(翟理斯)(1872/1887/1901/1922) *Chinese without a Teacher*(《汉

言无师自明)》,Shanghai: A.H. De Carvalho, Printer & Stationer.【自明】

Giles Herbert Allen(翟理斯)(1873)*A Dictonary of Colloquial Idioms in the Mandarin Dialect*(《语学举隅》),Shanghai: A.H. De Carvalho, Printer & Stationer.【举隅】

Hillier Walter Caine(禧在明)(1907/1913)*The Chinese Language and How to Learn It*(《华英文义津逮》),London: Kegan Paul, Trench, Trübner & Co..【津逮】

Joseph Edkins(艾约瑟)(1857/1864)*A Grammar of the Chinese Colloquial Language Commonly Called the Mandarin Dialect*(《官话口语语法》),Shanghai: Presbyterian Mission Press.

Karlgren Klas Bernhard Johannes(高本汉)(1918)*A Mandarin Phonetic Reader in the Pekinese Dialect*(《北京话语音读本》),Kungl. Boktryckeriet. P. A. Norstedt & Söner, Stockholm.【读本】

Lessing Ferdinand(莱辛)& Wilhelm Othmer(欧德曼)(1912)*Lehrgang der nordchinesischen Umgangssprache*(《汉语通释》),Tsingtau: Deutsch-Chinesische Druckerei und Verlagsanstalt.【通释】

Mateer Calvin Wilson(狄考文)(1892/1900)*A Course of Mandarin Lessons, Based on Idiom*(《官话类编》),Shanghai: American Presbyterian Mission Press.【类编】

Percy Joseph Bruce, Evangeline Dora Edwards & Conlin C.Shu(老舍)(1930)*Linguaphone Oriental Language Courses: Chinese*(《灵格风东方语言教程:汉语》),London: The Linguaphone Institute.【声片】

Wade Thomas Francis(威妥玛)(1859)*Hsin Ching Lu*(《寻津录》),Hongkong: China Mail.【寻津】

Wade Thomas Francis(威妥玛)(1867/1886)*Yü-Yen Tzǔ-Erh Chi, A Progressive Course Designed to Assist the Student of Colloquial Chinese*(《语言自迩集》),London: Trübner & Co..【自迩】

"早期北京话珍本典籍校释与研究"
丛书总目录

早期北京话珍稀文献集成

（一）日本北京话教科书汇编

《燕京妇语》等八种　　　　　　四声联珠
华语跬步　　　　　　　　　　　官话指南·改订官话指南
亚细亚言语集　　　　　　　　　京华事略·北京纪闻
北京风土编·北京事情·北京风俗问答
伊苏普喻言·今古奇观·搜奇新编

（二）朝鲜日据时期汉语会话书汇编

改正增补汉语独学　　　　　　　修正独习汉语指南
高等官话华语精选　　　　　　　官话华语教范
速修汉语自通　　　　　　　　　无先生速修中国语自通
速修汉语大成　　　　　　　　　官话标准：短期速修中国语自通
中语大全　　　　　　　　　　　"内鲜满"最速成中国语自通

（三）西人北京话教科书汇编

寻津录　　　　　　　　　　　　北京话语音读本
语言自迩集　　　　　　　　　　语言自迩集（第二版）
官话类编　　　　　　　　　　　言语声片
华语入门　　　　　　　　　　　华英文义津逮
汉英北京官话词汇　　　　　　　北京官话初阶
汉语口语初级读本·北京儿歌

（四）清代满汉合璧文献萃编

清文启蒙　　　　　　　　　清话问答四十条
一百条·清语易言　　　　　清文指要
续编兼汉清文指要　　　　　庸言知旨
满汉成语对待　　　　　　　清文接字·字法举一歌
重刻清文虚字指南编

（五）清代官话正音文献
正音撮要　　　　　　　　　正音咀华

（六）十全福

（七）清末民初京味儿小说书系
新鲜滋味　　　　　　　　　过新年
小额　　　　　　　　　　　北京
春阿氏　　　　　　　　　　花鞋成老
评讲聊斋　　　　　　　　　讲演聊斋

（八）清末民初京味儿时评书系
益世余谭——民国初年北京生活百态
益世余墨——民国初年北京生活百态

早期北京话研究书系
早期北京话语法演变专题研究
早期北京话语气词研究
晚清民国时期南北官话语法差异研究
基于清后期至民国初期北京话文献语料的个案研究
高本汉《北京话语音读本》整理与研究
北京话语音演变研究
文化语言学视域下的北京地名研究
语言自迩集——19世纪中期的北京话（第二版）
清末民初北京话语词汇释